法国蓝皮书
BLUE BOOK OF FRANCE

法国发展报告（2017~2018）

ANNUAL REPORT ON DEVELOPMENT OF THE FRENCH REPUBLIC (2017-2018)

北京外国语大学区域与全球治理高等研究院
北京外国语大学法国研究中心
中国欧洲学会法国研究分会
主　编／丁一凡
副主编／戴冬梅

社会科学文献出版社
SOCIAL SCIENCES ACADEMIC PRESS (CHINA)

图书在版编目（CIP）数据

法国发展报告. 2017－2018／丁一凡主编. －－北京：社会科学文献出版社，2018.9

（法国蓝皮书）

ISBN 978－7－5201－3088－2

Ⅰ.①法… Ⅱ.①丁… Ⅲ.①经济发展－研究报告－法国－2017－2018 ②社会发展－研究报告－法国－2017－2018 Ⅳ.①F156.54

中国版本图书馆 CIP 数据核字（2018）第 161647 号

法国蓝皮书

法国发展报告（2017~2018）

主　　编／丁一凡

副 主 编／戴冬梅

出 版 人／谢寿光

项目统筹／祝得彬

责任编辑／仇　扬　吕　剑

出　　版／社会科学文献出版社·当代世界出版分社（010）59367004

地址：北京市北三环中路甲 29 号院华龙大厦　邮编：100029

网址：www.ssap.com.cn

发　　行／市场营销中心（010）59367081　59367018

印　　装／三河市龙林印务有限公司

规　　格／开 本：787mm×1092mm　1/16

印 张：19.5　字 数：294 千字

版　　次／2018 年 9 月第 1 版　2018 年 9 月第 1 次印刷

书　　号／ISBN 978－7－5201－3088－2

定　　价／98.00 元

皮书序列号／PSN B－2018－729－1/1

本系列蓝皮书由新华联集团和兴源控股有限公司资助出版

北京外国语大学区域与全球治理高等研究院
“区域和国别研究蓝皮书系列”

主编简介

丁一凡 毕业于北京外国语学院（现北京外国语大学）法语系，后赴法国学习，获波尔多政治学院学士、波尔多大学法学院政治学硕士、博士，曾在美国约翰斯·霍布金斯大学国际关系研究院做过访问学者。

在北京外国语大学当过教师，曾在新华社国际部和《光明日报》国际部做过编辑，曾任《光明日报》驻巴黎首席记者，且曾任国务院发展研究中心世界发展研究所副所长。

发表过有关经济全球化、欧元、知识经济、国际金融危机、美国霸权的悖论、美元霸权（合著）、欧债危机启示录、民主悖论等的中文专著8部，《全球化危机与中国解决方案》英文专著一部，编过《权力20讲》一部，发表过学术论文数十篇，在各种全国性报纸、杂志上发表过文章数百篇。用英文、法文在国内外杂志上发表过几十篇文章，也在外国人主编的书中撰写过部分章节，涉及发展问题、汇率问题、环境保护、国际贸易问题等。

现为国务院发展研究中心世界发展研究所研究员、北京外国语大学亿阳讲席教授、外交部国际经济与金融咨询委员会委员、商务部咨询委员会委员、教育部国别与地区研究专家组成员、中国世界经济学会副会长、中国经济社会理事会理事、中国人民外交学会理事、中国欧洲学会常务理事、中国欧洲学会法国研究分会副会长等。

戴冬梅 女，博士，副教授，现任北京外国语大学法语系党总支书记兼副主任。毕业于北京外国语大学（法语语言文学硕士）、巴黎政治学院（国际关系）、巴黎第一大学（外交学硕士）与巴黎第三大学（北京外国语大学与巴黎第三大学联合培养博士，专业方向为法国研究）。曾教授的课程有法语专业本科阶段一年级精读，二年级泛读，三、四年级国际政治和法语实践课，法语专业研究生阶段翻译硕士（MTI）法译汉、中法关系史和中国问题研究。主要研究方向为法语教学、中国法语传播史和法国语言政策。曾发表《法国外语教育政策与教学体系考察》《法语的对外推广》等学术论文20余篇，是《欧洲语言共同参考框架》的主要中译者之一，曾参与或主持普通高中法语课程标准制定、国家外语能力研究、法国语言政策研究等项目，获评校基础阶段教学“陈梅洁奖”、优秀硕士论文指导教师、卡西欧奖教金优秀论文奖、教学成果一等奖和北京市教学成果一等奖及校优秀党员、师德榜样。

摘　要

2017 年的法国是不平静的一年，法国的总统大选及后来举行的议会选举不仅刺激了法国人的政治热情，也在国际舞台上引起了一片哗然。选举过程中高潮迭起，原来被舆论看好的候选人纷纷落马，不太受人重视的中间派人士马克龙却像一匹黑马，冲出重围，最终问鼎总统府爱丽舍宫。在随后举行的议会选举中，马克龙创建的共和国前进党又创造了奇迹。该党创建虽然不到一年，却与一个多年来在政坛上默默无闻的小党民主运动联手，在选举中获得了国民议会的绝大多数席位，成为执政党。

法国出现了一个“强势”政府，使欧洲舆论及世界舆论都松了一口气。2016 年，英国举行全民公决，最终投票结果是脱离欧盟；在美国总统大选中，从未涉足政坛的房地产商特朗普当选。全球公众舆论普遍认为，这是民粹主义崛起的表现，经济全球化受到威胁，欧洲一体化危在旦夕。然而，法国的大选扭转了这种趋势。马克龙在选举中公开打出支持欧洲一体化、支持全球化的旗帜，最终顺利当选。

马克龙当选总统后，立即着手干了两件“大事”，法国的劳工法改革及欧洲一体化建设。德国总理默克尔虽然连任，但联合政府中掣肘的事情不少。“法德轴心”中德国的力量在下降，法国以它的方案来推动欧洲一体化似乎更加强势。

在冷战结束前，欧洲一体化都是按照法国的方案进行的，西德一直从经济上支持法国方案，自己躲在后面。“法国人出主意，德国人出钱”，一直是欧洲一体化发展的路径。但德国统一后，德国开始主导欧洲一体化的路线。欧盟在没有完善一体化规则的情况下，就迅速东扩，完全是因为德国的推动。但松散的欧盟在遇到主权债务危机时，却乱了阵脚。德国与陷入主权债务危机的南欧诸国龃龉不断，互相指责。法国想推进欧盟财政一体化，以此化解主权债务危机。但德国却担心其他国家占了德国的便宜，坚持要先肃清本国债务再谈财政一体化。在“先有鸡还是先有蛋”的辩论中，欧洲一体化却裹足不前。现在，法国在欧洲一体化问题上似乎又具有了优势，法国能再度与德国联手，推动欧洲一体化向前发展，使欧洲更快地走出经济泥潭吗？

在马克龙总统的外交日程上，重点似乎不仅有欧洲一体化，还有恢复法国的大国政治传统，在国际舞台上起更大、更独立的作用。他想加强与美国的关系，恢复法美及欧美的传统盟友关系。但在一个想让美国再度伟大而不大关心其他盟友事务的美国总统那里，马克龙的这套说辞能起多大作用？马克龙总统想让法国在缓和乌克兰局势、推动明斯克进程中起更大作用，并向俄罗斯总统普京“频送秋波”。但在法国、俄罗斯、乌克兰与德国共同参与的四方会谈中，法国在多大程度上能掌握谈判的议程并促成某种妥协呢？马克龙总统在 2018 年年初就对中国进行了国事访问，随后不久又对印度进行了访问。法国似乎在亚洲这个迅速崛起的地区也要表现出存在感。

法国是个不一般的大国，因为它还有广阔的海外省与海外领地，遍布印度洋、太平洋、加勒比海等地。电视知识竞赛节目中往往有一道让人大跌眼镜的题，那就是法国与俄罗斯哪个国家跨越的时区更多。俄罗斯跨 11 个时区，是陆地上跨时区最多的国家。但加上海外领地，法国跨越了 12 个时区。法国也是法语国家联盟的主要支持者，在法语国家联盟中起着特殊的作用。

法国的一些产业在全球也独树一帜，比如农业、奢侈品产业、高端制造业等。但法国的一些产业近些年来也遇到了巨大的困难，在走下坡路。对中国来说，研究法国的这些经验无疑特别重要，因为中国可以从中获得更多的启发。

目 录

Ⅰ 总报告

Ⅱ 政治篇

Ⅲ 经济篇

Ⅳ 外交篇

Ⅴ 社会文化篇

皮书数据库阅读使用指南

总 报 告

General Report

B.1
法国如何扶欧洲一体化大厦之将倾

丁一凡*

摘 要： 2017年法国度过了不平凡的一年。首先，法国的总统大选不仅成为法国近些年来少有的政治舞台秀和法国人非常关心的事件，而且成为欧洲乃至全球媒体都关心的事件。法国又一次成为国际舆论与媒体聚焦的中心。其次，法国新政府的一系列举动牵动着欧洲及世界的神经。法国要推动欧洲一体化，因为它是首先倡导一体化的国家，也是在欧盟内唯一能够对冲德国力量、使欧洲一体化不失去平衡的国家。但是，法国能够像以往那样重塑“法德轴心”吗？特别是，当今的欧盟与那时的欧共体已经大为不同，法德的方案还能一如既往地得到欧洲其他国家的支持吗？最后，法国还是一个世界性大

* 丁一凡，北京外国语大学亿阳讲席教授，中国欧洲学会常务理事，中国欧洲学会法国研究分会副会长。

国，在欧洲、亚洲、大洋洲、美洲都有海外领地，有遍布世界的利益。法国还希望依托法语国家这个纽带，扩大它在世界的影响。

关键词： 法国　政治　总统大选　法国外交

2017 年法国发生了几件大事。首先，在法兰西第五共和国的历史上，第一次选出了一位“中间派”的总统，而这位总统又旋风般地改造了法国政坛，重组了法国第一大中间政党。其次，法国新任总统马克龙在法国进行了一系列改革，旨在重振法国经济，找到法国社会新的黏合剂。最后，马克龙想重新提升法国在欧洲一体化建设中的作用，并借助法国的独特优势，使法国在国际舞台上扮演更重要的角色。

法国是联合国安理会的五个常任理事国之一，是公认的核大国之一，在地区及国际事务中起着重要作用。但是，过去中国没有一个专门的平台关注法国的发展变化。北京外国语大学区域与全球治理高等研究院、北京外国语大学法国研究中心、中国欧洲学会法国研究分会和社会科学文献出版社合作，弥补了这一空白。从今天起，我们会一直关注法国的发展与变化，每年都把我们的观察与分析写出来，编成年度的《法国发展报告》，供对法国感兴趣的中国读者分享。

法国政坛大洗牌

2017 年的法国总统大选是一场特殊的大选。选举的过程跌宕起伏，传统政党的那些大佬们在选举中纷纷落马，而过去基本没有涉足过法国政坛选举的“小鲜肉”马克龙却靠着新组的“前进运动”一路过关斩将，并以较大的优势进入了第二轮选举，与极右翼政党国民阵线候选人玛琳娜 · 勒庞在第二轮选举中对垒。最后的结果当然没有什么悬念。国民阵线在法国舆论中的形象似乎太坏，以至于无论谁在第二轮总统选举中与它的候选人对决，左右派的选民都会集中起来投反对国民阵线的票，所以另外那个人就一定会当选。当年，老勒庞在与希拉克对决时，就是这种命运，他的女儿玛琳娜的命运也没有好多少。①

法国总统选举只是法国政坛大洗牌的序幕。紧接着总统选举的是议会选举。法国政体在西方国家中独树一帜，被称为“半总统制”或“半议会制”，因为虽然总统由全民直接选举产生，有很强的政治正当性，但法国还有对总理负责的内阁。总统除了在国防与外交方面与总理相比有优越性外，在治理国家经济等方面并不比总理拥有更大的职权，总理在国家治理方面也有很大的权威。但是，当总统与总理都属于同一党派时，总统的权威似乎就比总理大了许多，因为总统是全民直接选举出来的，而总理是由总统提名并由议会选举产生的。在这种情况下，总理似乎只是一个总统的“跟班”，一切重要决定都是总统做出的。然而，当总统与总理不属于同一党派时，总理的权威就显现出来，因为他才是内阁真正的领袖，政府部长与官员都要听他的。所以，20 世纪 80 ~90 年代都出现过法国总统与总理不属于一个党派的情况，被称为“左右共治”。在共治时代，总理负责的内阁如果不与总统配合，总统便很难有所作为。

马克龙虽然在总统大选中获胜，但在一个多月后的议会选举中他能否得到多数的议会席位，从而可以顺利执政，仍是舆论关注的焦点。如果马克龙得不到议会多数的支持，他会不会只是个改良版的“虚位元首”呢？在议会选举前夕，马克龙组建的“前进运动”把自己的名字改成了共和国前进党。但这个政党刚刚成立了一年多，能够在法国这个历来政党林立的政治舞台上创造奇迹吗？

在某种程度上讲，马克龙创建的共和国前进党的确创造了一个历史奇迹。在一个多月的时间里，共和国前进党不仅在各选区都推举出了自己的独立候选人，还与另一个所谓的中间派政党民主运动结成联盟，共同参选，不

---

① 详见本书宋卿的《法国总统大选》，第 42 ~53 页。

互相拆台。最终，共和国前进党与中间派政党民主运动组成的联合阵营收获了国民议会577个席位中的350个议席，成功获得国民议会绝对多数。

紧接着，马克龙又对法国的传统右翼政党共和党伸出了橄榄枝，任命共和党人士、勒阿弗尔市长爱德华·菲利普为总理。马克龙曾在社会党总统奥朗德的政府中任职，在左翼社会党内有一些支持着，现在又任命了右翼共和党人士为总理，可谓“左右逢源”。马克龙领导的共和国前进党主张超越传统左右翼的理念分歧和党派之争，兼容并蓄，博采众长。在经济政策上奉行右翼自由主义，倡导改革创新、促进就业、增强市场活力、刺激经济、减轻赋税；在社会政策上奉行左翼价值理念，重视民生教育，维护社会公平正义；在外交政策上似乎要信奉以独立自主为核心的“戴高乐－密特朗”主义，以欧盟为重点，以“法德轴心”为抓手，努力捍卫欧洲一体化，平衡发展同世界各大国关系，努力维护法国在欧盟内部和国际舞台上的地位和影响力。①

马克龙政府很快就依靠共和国前进党在国民议会的绝对多数，通过了劳动法改革法令，对劳动市场放松管制，让企业拥有更多的雇人与裁员的自主权。法国的失业率居高不下，主要归咎于劳动法太过于严格。企业雇人与裁员的自由度太低，以至企业不愿雇人，生怕雇个新人弄不好惹一身臊。过去，法国曾尝试修改劳动法，对初次就业的青年人给予一个试用期，在这期间企业有更大的裁员自由度。但这些改革均因为政治上支持度不够而最后以失败告终。马克龙总统目前有超乎寻常的政治支持度，在议会通过提案没有什么困难。但如果修改后的劳动法对促进就业，特别是青年就业作用不大，那么未来马克龙政府就难辞其咎，在法国这个喜欢抗议的国家未来的社会动荡一定会很大。

欧洲一体化建设也许会重新起步

马克龙的当选让欧洲甚至整个西方世界都松了一口气。从2016年起，

① 详见本书吴国庆的《法国新政党格局的变化》，第10～41页。

西方国家的政坛上就不断出现“黑天鹅”现象。先是英国全民投票，决定退出欧盟；然后，特朗普打着民粹主义的“美国优先”的口号当选美国总统，公开反对自由贸易并要与各贸易伙伴重新商讨各种贸易自由的安排。欧美的政治互动折射出一种民众躁动不安的情绪，反映出民众对传统政治集团执政政策的不满。欧洲的难民潮不断发酵。大量的难民因翻船死在地中海里，这让欧洲这个大讲人权的共同体感到惴惴不安，欧洲各国的国际恐怖主义活动也随着难民潮的发展而不时引起民众的恐慌。在这种背景下，欧洲各国民粹主义领导人在各种选举中大出风头，借着民众的不满情绪要上台执政，扭转经济全球化列车前进的方向。

法国大选前，公众担心法国也会被裹挟进这场民粹主义大潮，而英国脱离欧盟造成欧洲民众对欧洲一体化的质疑不断升级。法国是欧洲一体化的倡导国之一，如果法国的极端主义政治家执政，欧洲的发展前景令人担忧。国民阵线的候选人玛琳娜·勒庞在选举中就造势说，她当选后很可能会举行全民公决，让民众决定是否要退出欧盟，退出欧元区，重新拾起法国的主权来保卫法国人民。

马克龙与玛琳娜正相反，在竞选中公开声明支持欧洲一体化，并用民粹主义上台的危险来拉选票，调动一些法国选民的情绪。马克龙当选总统后，在庆祝活动中，特意选了贝多芬的《欢乐颂》来做背景音乐，凸显法国属于欧洲大家庭的气氛。从欧盟主席到德国总理，欧洲各国领导人纷纷向马克龙致意，祝贺他当选法国总统。欧洲领导人由衷地感谢马克龙，把他当作拯救欧洲一体化的“救星”。

马克龙果然不负众望，入主爱丽舍宫第二天就到德国会见德国总理默克尔。应该说，法德两国领导人与战略设计者们都想把英国脱欧的挑战转变为机会，变成推动欧洲一体化继续前进的动力。

英国加入欧共体本来就是个颇有争议的话题，当年戴高乐将军在总统任上曾两次否决英国加入欧共体的申请，就是认为英国入欧后会破坏推动欧洲大陆统一的大计。据说，后来蓬皮杜总统在任上放了英国一马，打开欧共体大门，其实是为了缓和跟美国的关系，争取用英国来说服美国。无论如何，英国加入欧共体后，一直在欧洲一体化建设问题上起绊脚石的作用，反对除了统一市场外的一切一体化措施，甚至争取英国例外。英国既不是申根条约的成员，也不是欧元区的成员。2010 年一些欧元区的国家爆发主权债务危机后，欧盟也曾努力通过财政一体化来彻底解决困扰欧元区的货币与财政不匹配的问题，但往往遭到英国的坚决反对而未果。现在，英国主动提出脱离欧盟，法德似乎看到了推动欧洲一体化的历史性机遇。①

二战以来，欧洲一体化的重要决定都是法国先在背后推动，然后获得德国的支持，最终在欧共体内通过的。所以，很长一段时间以来，欧洲一体化也被认为是法国人出主意，德国人出钱。但是，从柏林墙倒塌起，德国的自信心更强了，在欧洲一体化方面也更主动了。欧盟东扩就是德国人主动推动的。虽然，德国人推动欧盟东扩有自己的私心，因为那些东中欧国家以往和现在都是德国的市场，但德国人还是打着很高的道德旗号，声称不能让那些对苏联式共产主义模式失望的东部欧洲兄弟得不到西部欧洲人的帮助。欧盟东扩后，因为一体化进程没有进展，遇到困难时，欧盟就会出现“群龙无首”和“莫衷一是”的局面。欧元区的主权债务危机就是典型的例子。

德国总理默克尔虽然再度当选总理，但因为选择党等力量的上升，打破了德国传统政治格局的平衡，联盟党无法单独组阁。而在与其他政党谈判组阁的过程中，默克尔几度陷入困境。最终，在向德国社会民主党（简称社民党）做了巨大让步后，默克尔终于组成了联盟党与社民党的大联合政府，但把许多重要内阁成员让给了社民党。考虑到社民党与联盟党的不同立场，再考虑到基督教社会党与基督教民主党之间出现的裂痕，这一届德国政府恐怕难以在推动欧洲一体化方面有太大的作为。可以说，马克龙政府在推进欧洲一体化进程中的优势更大。但马克龙政府至今仍没有拿出具体的推进欧洲一体化的方案，也许是因为德国政府前一阵的“难产”，法国没有立即与德国商谈推进欧洲一体化的事宜。

无论如何，2018 年应该是以法国为主推出欧洲一体化方案最佳的时间。

① 详见本书张骥的《2017 年法国总统大选与马克龙政府外交政策》，第 220 ~ 238 页。

否则，随着难民潮的发展，美国货币政策转向对欧洲可能产生一定的负面外溢效应；中东乱象可能会对欧洲产生更大的影响；欧盟内部的离心力可能会进一步加大，导致欧洲一体化大厦的倾斜。

法国维持世界大国的努力

法国新任总统马克龙上任后，开始试图展现法国作为世界大国的影响力。马克龙试图改善与俄罗斯的关系，当选后马上邀请普京访法，同时他要重温法国与美国在历史上形成的特殊关系，邀请了美国总统特朗普参加法国国庆。他出访中国，表示重视中国在亚洲的作用，但也很快访问了印度，并大赞印度是法国在亚洲不可或缺的战略伙伴。马克龙声称，他要恢复戴高乐与密特朗时期的法国独立外交政策，重新树立法国在世界上独树一帜的地位。

2017 年 5 月 29 日，俄罗斯总统普京受邀访问法国。马克龙与普京就叙利亚局势、乌克兰问题等国际事务“坦诚、直接地”交换意见，呼吁加强在叙反恐合作，并同意依照旨在解决乌克兰问题的“诺曼底模式”，尽快举行新一轮四国峰会。法方呼吁继续推动明斯克进程，缓和乌克兰局势。希望依照“诺曼底模式”，尽快举行法国、俄罗斯、德国、乌克兰共同参与的四方会谈。法俄还同意组织两国民间团体参与的论坛，让双方的经济、文化和青年等各领域人士坦诚对话，消除误解。

马克龙 2017 年 5 月在北约第一次见到特朗普，握手时还特意与特朗普进行了腕力较量，故意向媒体表示，法国不会向美国做任何让步。但同年 6 月，马克龙又打电话邀请特朗普在法国国庆时访问法国，并共同出席阅兵式。为了纪念美国参加第一次世界大战 100 周年，美军代表与法军一起参加检阅。马克龙请特朗普参加阅兵式，又邀请他在埃菲尔铁塔上吃大龙虾，这些活动无疑拉近了两国领导人之间的距离。马克龙通过对美的这些举动，表现出他可以主导法美关系，起码让法国民众很兴奋，加强了民众对新总统外交政策的认同。

马克龙虽然试图推行某种更加平衡的法国外交政策，他把这种独立的外交政策归于戴高乐 - 密特朗主义，这却让局外人弄不明白。戴高乐推行的独立外交政策众所周知，比如他决定退出北约的军事一体化组织，并把北约的总部请出了巴黎，搬到了布鲁塞尔。但密特朗决定参加美国率领的联军，出兵参加了第一次海湾战争。密特朗式的法国独立外交与戴高乐式的独立外交似乎有不同的含义。马克龙到底会实行什么样的独立外交政策呢？也许未来出现更大的国际危机时，我们才能对此看得更清楚。

法国在全球还有不少“势力范围”，法国的海外省与海外领地遍布印度洋、太平洋、加勒比海，所属海洋面积不小，在海洋经济上也有一定的优势。非洲中部、西部与北部有大量的法语国家，法语国家联盟也是法国非常想依靠的力量。我们在评估法国在国际舞台上的力量时，不仅要考虑法国在欧盟中的地位，还要考虑法国在全球的存在。法语国家共同体曾经是试图与英联邦匹敌的国家集团，法语至今仍是包括联合国组织在内的众多国际组织的第二大官方语言。这些“软实力”仍然在国际舞台上起着不可低估的作用。我们在《法国发展报告（2017～2018）》中努力想反映法国这些不同的侧面，让读者对法国有一个更加立体的认识。[①]

法国在全球的影响力当然与其自身的实力有直接的关系。法国曾经是欧共体内最大的农业强国，农业出口也曾长期排名世界第二，法国的农业现代化经验对中国来说也是个不该被忽视的案例。法国的奢侈品产业一直在世界上领先，这与法国被认为是当代社会典雅生活的代表息息相关。奢侈品产业的利润极高，与其生产成本极不成比例。中国经济正在从高速发展到高质量发展转变，未来对奢侈品的需求会大幅度增长，我们也许能从法国的奢侈品产业发展中得到某些启发。法国的高端制造业，包括高铁、航天、航空、通信设备、民用核能等都曾在世界市场上独领风骚，但最近几年在走下坡路。法国为何没能继续引领高端制造业的发展潮流，是个很值得研究的问题。通过研究法国的经验，也许中国能够得到更多的启发，争取从法国失败的教训中获取经验，避免再犯相同或相似的错误，能够更好地安排自己的发展日程，获得更大的成功。

---

① 详见本书赵永升的《海外省/海外领地与法国的世界强国地位》，第95～102页。

政 治 篇

Politics

B.2
法国新政党格局的变化

吴国庆*

摘 要： 法兰西第五共和国实行多党制，其政党格局随着政治力量的消长而不断地变化。2017年总统大选和立法选举以前，法国政党格局经历了右翼居优的三极化格局时期、右左翼轮流居优的两极化格局时期、左右翼轮流居优的三极化格局时期。在2017年的总统大选和立法选举中，诞生了新政党格局。法国选民因传统政党未能解决法国经济、政治和社会深层次的问题以及传统精英腐败等而选择了法国政坛上的一颗新星埃马纽埃尔·马克龙及其共和国前进党。新政党格局是在2017

* 吴国庆，中国社会科学院欧洲研究所研究员。研究方向为：法国政治与社会。主要著作有《当代法国政治制度研究》《战后法国政治史（1945～1988年）》《战后法国政治史（1945～2002年）》《法国政治史（1958～2012年）》《法国政治史（1958～2017年）》《法国政党和政党制度》《法国“新社会”剖析》《列国志·法国》（2003年第一版）、《列国志·法国》（2011年第二版）、《列国志·法国》（2014年第三版）等。

年大选和立法选举中的政治力量突变中诞生，呈现左、中间、右、极右四极化发展趋势，其中，新中间政党在四极中居优。新政党格局在法国“政党法”下运行，多党多变更为突出。新政党格局使中间政党参与传统左右两大党的政治替换，从而打破了“钟摆原理”；它遏制和打击了法国和欧洲正在泛滥的民族主义、民粹主义、极端主义以及疑欧、反欧和退欧思潮，有利于克服欧盟怀疑论和重启欧洲一体化进程；也有利于对第五共和国进行深度的改革，增强法国的硬实力和软实力，以便延续戴高乐将军所梦寐以求并为第五共和国历届总统所传承的法国的“大国梦”“强国梦”。

关键词： 政党格局　共和国前进党　中间政党居优　四极化

一　2017年大选和立法选举前政党格局

2017 年大选和立法选举以前，法国政党格局的发展变化大体上经历了右翼居优的三极化格局时期（1958～1974 年）、右左翼轮流居优的两极化格局时期（1974～1988 年）、左右翼轮流居优的三极化格局时期（1988～2017 年）。

（一）右翼居优的三极化格局时期（1958～1974年）

法兰西第五共和国（简称第五共和国）初期的所有政党，包括第四共和国（1946～1958）遗留下来的“旧政党”[①] 和第五共和国初期建立的新政党，按照法国传统的政治划分法以及对夏尔·戴高乐（Charles de Gaulle）、

① 戴高乐对第三共和国和第四共和国政党的称谓，载国际关系研究所编译《戴高乐言论集（1958～1964）》，世界知识出版社，1964，第 390 页。

戴高乐主义（le gaullisme）和第五共和国政体的立场和态度，大体可以划分为左翼、中间政党、右翼。左翼有社会党、法国共产党（简称法共）、抵抗运动民主与社会联盟等，中间政党有激进党、人民共和党等，右翼有保卫新共和联盟、劳工民主联盟、独立人士和农民全国中心等。同时，也存在极左（托派工人斗争）和极右（布热德运动）等小政党，不过它们的实力、作用和影响很小。这个时期，主要是左翼、中间政党、右翼驰骋在法国政治舞台上，从而形成了三极化的政党格局。

左翼方面，社会党是1905年建立的百年以上的“老房子”[①]，最初支持戴高乐执政和第五共和国宪法（简称1958年宪法），为第五共和国成立做出了贡献。但是，由于1959年7月第51次全国代表大会对戴高乐和戴高乐主义进行了错误的分析和判断，社会党逐渐改变对戴高乐及其政府的态度，正式站到反对派的立场上。法共于1920年成立，历史悠久，在第四共和国初期曾经拥有80.4万党员和1/4的选民，在1946年议会两院选举中赢得第一大党的位置，并先后参加二战后的五届政府，其领导人担任过副总理和部长。然而，从第五共和国成立之初，法共对戴高乐、戴高乐主义、第五共和国政体、戴高乐内外政策（阿尔及利亚政策除外）都持反对立场，加上戴高乐派（简称戴派）的排挤和打击，法共实力明显下降。

中间政党方面，激进党成立于1901年，历史悠久。它曾经是第三共和国和第四共和国重要的左翼政党。第五共和国成立后，激进党转变为中间政党，曾经赞同戴高乐上台执政，支持1958年宪法，在第五共和国初期的几届国民议会中拥有相当多的席位。然而，激进党的这种立场也造成党内的分裂，其实力有所下降。人民共和党成立于1944年，1945年拥有23.5万党员和1/4选民，是第四共和国政坛上的中坚势力。在第五共和国初期，人民共和党赞同戴高乐执政，支持1958年宪法，与戴派度过蜜月期。随后，人民共和党与戴高乐政权在经济政策和欧洲联合问题上发生严

① 莱昂·布鲁姆于1920年在社会党第18次全国代表大会上发表题为《为了保住老房子》演说，对“社会党·工人国际法国支部”的称谓，载《政治文选（1919～1920）》，巴黎社会主义百科出版社，2003，第127页。

重分歧。在这之后，人民共和党采取中间路线，以便聚集和壮大中间势力，与左右抗衡。

右翼方面，独立人士和农民全国中心是旧政党，起初全力支持戴高乐重新上台执政，参加政府工作，在第一届国民议会中拥有 118 个席位。但是，独立人士和农民全国中心在经济和外交政策方面与戴高乐产生龃龉，在阿尔及利亚和欧洲建设等问题上与戴高乐发生分歧，也导致党内发生分裂。1966 年，吉斯卡尔派从独立人士和农民全国中心拉出队伍成立独立共和人士全国联盟，它推行自由主义、中间主义和欧洲主义。与戴派关系上，瓦莱里·吉斯卡尔·德斯坦（Valéry Giscard d'Estaing）提出“赞成，但是”的策略。右翼的另一翼戴派的一些派系于 1958 年 10 月联合成立保卫新共和联盟，拥护戴高乐、推行戴高乐主义、支持 1958 年宪法和第五共和国政治体制。保卫新共和联盟凭借戴高乐的个人威望和“戴高乐主义普遍化”[①] 扩大自己的队伍和影响，在当年 11 月第一届立法选举中一举成为议会多数派，并组织以保卫新共和联盟为主的第一届政府。保卫新共和联盟一跃成为执政党。随后，保卫新共和联盟先后改名为“第五共和国民主人士联盟”（1967 年）、“保卫共和国联盟”（1968 年）、“共和国民主人士联盟”（1971 年）。在此期间，戴派政党是第一届至第五届国民议会中的单独或者联合多数派，戴派领袖戴高乐和乔治·蓬皮杜（Georges Pompidou）先后担任三届总统，组织和领导 10 届政府。戴派政党如日中天，从而形成了右翼居优的三极化政党格局。

正是在右翼居优的三极化政党格局下，法国建立了第五共和国政体，高速地发展了经济和军事，增强了硬实力和软实力，并建立起“半总统半议会的政治体制模式”“国家市场为特征的经济发展模式”“强调社会公平的社会治理模式”“独立自主的外交”等，从而实现了二战后法国一直追寻的“大国梦”“强国梦”。

---

① 雅克·夏普萨尔、阿兰·朗斯洛：《1940 年以来的法国政治生活》，上海译文出版社，1981，第 354 页。

（二）右左翼轮流居优的两极化格局时期（1974~1988年）

1974年大选后，法国政党格局发生了重大的变化。

中间政党方面，人民共和党自1962年与戴派分道扬镳并退出政府成为反对派后，对戴高乐提出的总统由间接选举改为直接和普遍选举坚决抵制，导致党内的分裂，在1962年立法选举中失利。在1965年大选中，人民共和党总统候选人让·勒卡尼埃（Jean Lecanuet）作为中间政党代表在第一轮投票中遭到淘汰，但他与左翼总统候选人弗朗索瓦·密特朗（François Mitterrand）一起成功地阻击了戴高乐将军在第一轮投票中立即当选的企图。人民共和党因在选举中多次失败并于1967年停止活动，从而使中间势力受到极大的削弱。激进党也因为与戴高乐政见的分歧同戴派不和，在1958年和1962年立法选举以及地方选举中连连失利，导致党内四分五裂。其中，激进党右翼则向戴派靠拢，激进党左翼则向社会党靠拢。自此，激进党虽然作为中间政党仍然存在，但其实力严重削弱。总之，中间政党在逐渐地走向没落。

左翼方面，社会党在1969年总统竞选中惨败后整顿组织，联合一些左翼小政党和派别成立"新社会党"。接着，它和共和制度大会党于1971年6月在埃皮内召开了"社会主义者统一代表大会"，正式创立社会党。在大会上，密特朗当选为第一书记。统一后的社会党提出了激进的民主社会主义理论和纲领，注重在新中产阶级中发展党员，从而使社会党这座"老房子"现代化，其实力有了很大的增长。法共不仅在这个时期的大选和立法选举中连连败北，而且其选民人数也在急剧减少，从而引发党内的思考，努力寻找新理论，探索新道路。法共于1968年12月发表《尚皮尼宣言》，表示要独立自主地制定战略和策略，提出和平民主地过渡到社会主义的方针。接着，法共于1976年召开的第22次全国代表大会通过在法国建设"法国色彩的社会主义"。由于左翼两大党立场和态度的转变，这两大党开始互相接近，终于在1972年6月达成《共同执政纲领》，走向联合的道路，从而使左翼的实力和影响日益扩大。

右翼方面，戴派政党实力一度因为戴高乐和蓬皮杜去世以及党内派别的纷争而削弱。为了重振戴派，雅克·希拉克（Jacques Chirac）于1976年12月解散共和国民主人士联盟，联合戴派的各个派别成立“保卫共和联盟”。希拉克当选该党主席。戴派新党成立后，其政治力量回升，构成右翼执政党的主要力量。右翼的另一翼独立共和人士全国联盟于1978年改名为共和党，同年联合其他小党派和俱乐部成立法国民主联盟。法国民主联盟凭借吉斯卡尔·德斯坦总统的威望扩大实力和影响。该党在当年第六届立法选举中取得良好成绩，与保卫共和联盟“老大哥”平起平坐。

1974～1981年，在法国政坛上形成了右翼居优的四大政党（保卫共和联盟、法国民主联盟、社会党、法共）驰骋法国政坛、左右两大派主宰法国政局的两极化格局。在右翼居优的两极化政党格局下，法国克服了20世纪70年代中后期两次石油提价导致的经济危机，同时结束了“辉煌30年”①。在这期间，法国社会结构完成从传统向现代化的转型，形成了以传统中产阶级和新中产阶级为主的中产阶级社会。

20世纪70年代后期，社会党和法共由联合走向破裂，保卫共和联盟和法国民主联盟因政见分歧加深而关系紧张，自此，四大政党相互争夺和倾轧。在1981年总统换届选举中，四大政党各自提出本党的总统候选人参加竞选。密特朗及其社会党利用选民要求变革的心理提出《为法国提出的110条建议》，取得大选和立法选举的双胜利，密特朗荣任第五届总统，社会党和法共在第七届国民议会中组成左翼多数派并联合执政，右翼成为在野党，使得左右翼互换位置，从而在1981～1986年在法国政坛上形成了左翼居优的左右两极化政党格局。在这种政党格局下，密特朗和社会党进行了大刀阔斧的改革：推广、扩大的国有化，实行地方权力下放，改革司法制度，增加劳动者权利，给予视听机构独立和自由，实施比例代表制的选举制度，消除不平等现象等。左翼的激进改革震撼了国内外。

密特朗和社会党的改革深度和广度可谓空前，但依然不足以解决深层次

---

① 〔法〕让·富拉斯蒂耶：《辉煌30年和意外革命（1946～1975）》，法亚尔出版社，1979。

的经济和社会问题，经济不景气，失业进一步恶化，从而引起法国民众的不满。左翼联盟再次破裂，法共游离于左翼和右翼之间，社会党的实力和影响减弱。正是在这种背景下，保卫共和联盟在 1986 年第八届立法选举中取得胜利，实现第一次左右共治（1986～1988 年），从而使左右翼再换其位，右翼成为执政党，左翼成为在野党，形成了右翼居优的左右两极化格局。在右翼居优的左右两极化政党格局下，希拉克政府进行“反攻倒算”，推行自由主义的改革：将国有企业私有化，恢复单记名多数两轮投票制，但保留了左翼对社会改革的某些成果。与此同时，右翼执政党推行右翼的经济和社会政策，实施双架马车的外交与防务①。

（三）左右翼轮流居优的三极化格局时期（1988～2017年）

1988 年第六届大选和第九届立法选举再次导致法国政党格局发生重大的变化。

左翼方面，密特朗再次当选第六届总统，社会党赢得立法选举的胜利并在第九届国民议会中组成多数派，从而结束了第一次左右共治。社会党虽然上台执政，但政绩不佳，经济逐渐下滑，失业日益严重，腐败丛生，政治和经济丑闻不断，社会问题增多，从而使社会党内部意见分歧日益加深，派别日益发展，并开展明争暗斗。在 1991 年 12 月召开的意识形态大会上，社会党决定与资本主义的关系上从“革命决裂”改为“批判关系”，以温和的“社会民主主义”替代了激进的“民主社会主义”。

法共做了多方的努力，但效果不明显，20 世纪 80 年代末加速了衰退的过程。在 1988 年总统选举的第一轮投票中，法共总统候选人安德烈·拉茹瓦尼（André Lajoinie）只获得 6.76% 的有效票，降至历史最低点，在其后的第九届立法选举中也仅获得 11.32% 的有效票。党员减少到 25 万人。原因在于：第一，随着 20 世纪 70 年代以来法国工人阶级总数的减少，传统工业基地的非工业化，法共的社会基础日益缩小。第二，法国共产党（以下

① 密特朗总统和希拉克总理共同负责外交与防务。

简称法共）党员约有 1/4 是外籍工人，其中大多数是非熟练工人、失业者和临时工，使法共的政治素质下降。第三，法共为紧紧追随苏联共产党的路线付出了沉重的代价，其威信和影响迅速下降。第四，法共内部关于党的路线和策略的争论在 1991 年达到高潮，分裂进一步加剧，政治危机日益深化。第五，法共的理论、纲领和政策滞后。针对这样严峻的政治形势，法共于 1994 年召开的第 28 次全国代表大会提出了“超越资本主义”的口号，1996 年召开的第 29 次全国代表大会决定以“新共产主义”替代“法国色彩的社会主义”。尽管如此，法共还是不能适应国际形势以及法国政治和社会新变化，仍然处于历史性的衰退。

右翼方面，保卫共和联盟因在 1988 年大选和立法选举中的双失利而四分五裂，从而造成党内关系的紧张。保卫共和联盟于 1990 年 2 月在勒布赫日召开全国大会，通过了希拉克和朱佩的联合动议，选举希拉克为党的主席。大会度过该党和戴高乐主义运动历史中最大的危机，克服了该党和戴高乐主义运动历史中最严重的分歧，达到了团结的目的。保卫共和联盟坚持奉行希拉克主义（le chiracisme）。法国民主联盟是一些小政党拼凑起来的松散组织，内聚力差，群众基础薄弱，在 1988 年大选和立法选举失利后也处于分裂状态，其实力和影响进一步削弱。

值得注意的是，极右国民阵线头目让 - 马里 · 勒庞（Jean-Marie Le Pen）在 1974 年首次参加总统竞选时还是默默无闻的小人物，在 1988 年总统竞选的第一轮投票中竟然一举夺得 14.38% 的有效票，仅次于密特朗、希拉克和无党派人士雷蒙 · 巴尔（Raymond Barre），排在第四位。国民阵线成立于 1972 年 10 月，其主席勒庞一直为希特勒和法西斯张目，宣扬狭隘的民族主义，提出“法国是法国人的!”“法国人第一，移民滚回去!”等排外主义和种族主义口号。国民阵线的势力和影响迅速地膨胀，给法国带来一次“政治地震”，引起国内外的极大不安。

值得注意另一现象是：自 20 世纪 80 年代末以来，绿党和生态学派的崛起。在 1989 年 3 月的市镇选举中，绿党获得了 600 个以上的席位，控制了 15 个市镇市长和 40 个市长助理的职位。在 1989 年 6 月的欧洲议会选举中，绿党获得了10.59%的有效票，夺得了9个席位。在1992年3月的大区选举中，绿党的实力与影响进一步扩大。绿党诞生于1984年，它提倡生态和环保，反对社会贫富两极分化，主张社会公正和平等。绿党的诞生和发展为左翼增添了有生力量。

通过1988年总统选举和议会选举，法国政治生态发生了具有标志性意义的变化，法国左右两极化政党格局已被突破，从而形成了左翼、右翼、极右翼三足鼎立的态势，就目前而言，则是左翼居优的三极化政党格局（1988～1993年）。在这种政党格局下，密特朗总统先后组织了三届政府，实行既不国有化也不私有化的经济政策，采取严厉措施防止腐败蔓延，与失业做斗争，以“罗卡尔方法”处理新喀里多尼亚问题。在这期间，通过1988年省议会选举、1989年市镇选举和欧洲议会选举、1992年大区和省议会选举，法国政治力量开始了右升左降。

1993年，保卫共和联盟和法国民主联盟取得第10届立法选举的胜利，成为国民议会中的第一大党和多数派，实现第二次左右共治（1993～1995年），从而形成了右翼居优的三足鼎立的格局（1993～1997年）。这种政党格局下，右翼政府实施经济和社会复兴计划，再次私有化，使法国经济开始复苏，失业现象有所缓解，从而使政治力量继续朝向右升左降的方向发展。1995年举行总统换届选举，希拉克在戴派和右翼选民支持下一举夺魁，登上第七届总统宝座，并任命他的亲信阿兰·马里·朱佩（Alain Marie Juppé）为总理并组织右翼政府，从而结束了第二次左右共治，但继续保持右翼居优的三极化政党格局。

1997年，希拉克总统在朱佩怂恿下解散议会，提前举行立法选举，原本可以利用经济大好形势再次赢得立法选举的胜利，但是，他们弄巧成拙，社会党利用选民不认同右翼政绩的心理，取得立法选举的胜利，在第11届国民议会中组成多数派，实现了第三次左右共治（1997～2002年），从而形成了以左翼居优的三足鼎立的政党格局（1997～2002年）。在这期间，社会党人利昂内尔·若斯潘（Lionel Jospin）领导的多元左翼政府推行左翼经济和社会政策，实现了法国经济向以信息为标志的“新经济”过渡，社会结构进一步现代化，总统任期改为五年，提高妇女政治地位，实行35小时工作制。

2002年举行第八届大选，希拉克再次当选总统，但在第一轮投票中出现出人意料的结果。以往的大选，通常是传统两大党戴派和社会党候选人在第一轮投票中获得选票最多的前两名，进入第二轮角逐。此次大选则是由右翼候选人希拉克（得票率为19.71%）和极右翼候选人让-马里·勒庞（16.95%）赢得第一轮选举，双双进入第二轮角逐。这说明在三极化的政党格局中，极右势力进一步发展壮大。国民阵线主席的胜出引起了世界和欧洲的极大震惊和不安，使法国选民理智起来，左右政党联合组成“共和阵线”，在第二轮投票中成功地阻击了极右势力的企图。接着，保卫共和联盟乘胜追击，在第12届立法选举中大获全胜，取得第一大党地位，使传统两大党再次互易位置，结束了第三次左右共治，从而形成了以右翼居优的三极化政党格局。2007年，戴派领袖尼古拉·萨科齐（Nicolas Sarkozy）赢得第九届总统选举的胜利，戴派人民运动联盟①成为第13届国民议会第一大党，继续保持右翼居优的三足鼎立的格局（2007~2012年）。在此期间，右翼加大政治和社会改革的力度：限制总统权力，提高议会作用，实行权力下放，改革社会保障和退休制度。在此期间，右翼实施积极的财政政策，度过了2008年开始的金融和经济危机，加大对实体经济的投入，进行经济结构调整，加大投资力度，提高法国国际竞争力。尽管如此，法国经济并未走出低谷，失业十分严重，贫富差距继续拉大。

正是在这种背景下，社会党领袖弗朗索瓦·奥朗德（François Hollande）于2012年当选第十届总统，同时赢得当年第14届立法选举的胜利，使左右翼互换其位。社会党控制总统职位并组成左翼政府，从而形成了左翼居优的三足鼎立的政党格局（2012~2017年）。社会党虽然取得大选和立法选举的胜利，但左翼另一翼法共继续历史性的衰退。法共总统候选人在第8届和第9届总统选举中的得票率连创新低，在第10届总统选举中已经提不出自己的总统候选人。法共在第12届、第13届、第14届国民议会中的议员席位分别为21

① 由保卫共和联盟于2002年11月改名为人民运动联盟。

席、15 席、10 席，逐届在减少，在第 14 届国民议会中无力组成单独的议会党团。法共在法国政坛上已经边缘化，目前如同欧洲其他国家的共产党一样看不到复兴的前景。左翼的另一翼绿党于 2010 年改名为“欧洲生态－绿党”，在第 14 届国民议会中拥有 17 席，已经成为仅次于社会党的第二大左翼势力。在此期间，左翼执政党进行政治体制改革，简政放权，采取反腐败新措施，打造廉洁、透明、高效的政权。加大投资力度，促进生产。简化劳动法典，增加劳动力市场的灵活性。扩大职业培训，力拼就业。尽管如此，由于改革并未触及法国政治、经济和社会深层次问题，效果十分有限。

二　2017年大选和立法选举中新政党格局的诞生及其原因

（一）2017年大选和立法选举中新政党格局的诞生

为了迎接 2017 年大选，法国主要政党早在一年前就进行筹备。从法国主要政党筹备大选到 2017 年 1 月选战，原有的政党格局依旧发挥着主导作用。在这期间，法国民众、法国舆论、法国民意机构也集中关注在野的戴派政党及其大佬、执政的社会党及其头面人物、极右国民阵线及其党魁的动向。

戴派政党人民运动联盟在 2012 年总统选举和立法选举中遭受沉重打击，再加上 2010 年大区选举、2011 年省议会选举和参议院改选的失利，致使该党各大阵地全面丢失，彻底沦为在野党，促使该党就选举失利和党的身份特性、价值观、路线方针等问题进行深刻反思，出现对党内政治路线的辩论。作为该党中右代表、前法国总理弗朗索瓦·菲永（François Fillon）表示要坚持共和传统，应与国民阵线的极右立场与言论划清界限；作为该党右翼代表让－弗朗索瓦·科佩（Jean-François Copé）和萨科齐的支持者对此不以为然，认为目前党内右翼代表的是法国的民意，不应受意识形态的束缚。两条政治路线之争集中体现在菲永和科佩争夺党首位置上。在 2012 年 11 月党主席选举中，经过人民运动联盟全体党员投票，科佩当选，它标志着科佩的政治路线取得胜利。随后，戴派政党经过了组织整顿加强了凝聚力，利用奥朗德总统和执政党社会党在经济和社会政策上的失误，在 2014 年市镇选举、欧洲议会选举和参议院选举以及 2015 年省议会选举和大区议会选举等一系列选举中可谓顺风顺水，导致右升左降。为了创造出跨越“传统界限”“面向所有法国人”的“广泛联盟”以便迎接总统换届选举，人民运动联盟于 2015 年 5 月改名为“共和党”。共和党党章和内部条例①规定：“民主原则适用于党领导机构的选派，也适用于参加国家选举中候选人的选派”，“党员决定参加国家选举候选人的选派和正式提名”。共和党在民主化道路上前进。随着总统换届选举日期的临近，共和党更是踌躇满志，志在必得。根据党章的规定，共和党在 2016 年 11 月举行戴派政党历史上首次的总统候选人“公开初选”，由于基督教民主党与独立人士和农民全国中心的加入，所以称为“右翼和中间派公开初选”。在七名候选人参加的竞选中，菲永脱颖而出，成为戴高乐派政党的总统候选人。

社会党赢得 2012 年大选和立法选举的胜利后，于 2012 年 10 月在图卢兹举行第 76 次全国代表大会，确定了政治方针，选举了新领导人。在大会召开之前，由全党投票通过新党章和内部条例。新党章和内部条例②规定：从中央到地方各级的党首，包括中央、省联合会和地方支部党首都由直接选举产生；社会党内的“共和国总统候选人通过赞同共和国价值观和左翼价值观的所有公民以及愿意参加社会党联合选举的左翼政治组织的公民初选产生”；在地方议会中社会党议员占优势的情况下投票选举地方政府的行政长官时，社会党要事先在所在地区的全体党员进行预选，产生社会党的行政长官候选人，再由地方议会进行投票表决；创建党员参与民主的各种形式，如直接参与决定党的总方针和党章，定期的全国会议讨论党员提出的议题，就有关问题直接向党员咨询；加强对党外开放民主。社会党在民主化道路上又前进了一大步。由于社会党在施政过程中政绩不佳，法国经济继续恶化，财政赤字和公共债务问题仍然严重，失业率上升，民众产生不满，奥朗德总统

① 《共和党党章和内部条例》，www. républicains. fr/，2015。

② 《社会党党章和内部条例》，www. parti-socialiste. fr/，2012。

及其政府的支持率双双下降，致使奥朗德总统在2014年的市镇选举、欧洲选举和参议院选举以及2015年的省选举和大区选举等一系列选举中连连丢失阵地，出现左降右升的政治格局。社会党于2015年6月在普瓦捷召开第77次全国代表大会，审议该党在国内、欧盟等方面的政策和党的建设思路，打算在2017年大选和立法选举中打翻身战。根据新党章和内部条例的规定，社会党在2017年1月举行“公民初选”，左翼激进党、民主人士和生态主义者联盟、亲政府的生态党和民主人士阵线也前来参加。在参加公民初选的七名候选人中，前国民教育部部长和现任国民议会议员伯努瓦·阿蒙（Benoît Hamon）如黑马，战胜众多候选人，当选社会党总统候选人。

国民阵线新头目玛琳娜·勒庞（Marine Le Pen）在2012年大选首轮的得票率超过其父亲让－马里·勒庞历次竞选总统的成绩，国民阵线在当年立法选举中所获选票仅次于社会党和人民运动联盟，极右势力在继续扩张。为了迎接新的选举，小勒庞实施“去妖魔化”战略，主动淡化民粹主义和极端民族主义的言论，利用各种场合声明国民阵线是一个普通政党，反对被扣上“极端势力”的帽子。国民阵线的战略取得成效，在2014年3月市镇选举中总共获得1498席，在14座拥有10000居民的城市中执政。同年5月国民阵线在欧洲议会选举中跃居群党之首，震动了法国政坛。同年9月在参议院改选中，国民阵线获得两席，首次挤进参议院。在2015年3月省议会选举的第一轮投票中得票率远远超过法国最大的执政党和在野党。同年12月在大区议会选举第一轮投票中国民阵线的得票率大幅领先共和党和社会党。国民阵线正在强势崛起。至此，国民阵线已经拥有近三分之一的选民，从而使左翼、右翼、极右翼三足鼎立的政党生态和政党格局进一步巩固。小勒庞更是踌躇满志，在2016年2月8日宣布参加2017年的总统竞选。

从2016年至2017年1月，法国民意机构频频进行的民意测验表明，鉴于社会党声誉不佳，共和党取而代之的可能性越来越大，其总统候选人菲永人气日益旺盛，是最热门的总统候选人，很可能会是下一任总统。国民阵线和小勒庞的民意指数也节节攀升，在即将来临的大选第一轮投票中，小勒庞有极大的可能夺得得票率最多的前两名候选人的位置，然后进入第二轮决战。社会党总统候选人阿蒙在多次的民意测验中排在菲永和小勒庞之后。

出人意料的是，正当法国选战在如火如荼的热烈气氛中进行之时，法国《鸭鸣周刊》于2017年1月底至2月初连续披露，菲永担任议员期间长期让他的妻子和两个子女以助手名义领取工资但并未真正工作，法国媒体一边倒地谴责菲永，认定这个事件是“空饷门”事件。“空饷门”事件使法国选民再次看到法国政治精英的腐败，菲永名誉一落千丈，其竞选团队陷入混乱和困难境地，支持菲永的中间派政党基督教民主党与独立人士和农民全国中心也离他而去，戴派的传统右翼选民对菲永的热情骤减，民意支持率随即暴跌，从而彻底地改变了法国总统选举的选情。

法国选民对传统两大党极度失望，法国舆论也不再“以左右论英雄”。他们将目光转向一颗正在升起的新星——前进运动领袖、前经济部部长埃马纽埃尔·马克龙（Emmanuel Macron）及其政党。马克龙2014年以社会党党员身份进入第二届瓦尔斯政府，2016年4月6日在他的故乡亚眠创建前进运动，同年8月31日辞去政府成员职务。他在离职的告别演说中引用了法国小说家和剧作家马塞尔·帕尼奥尔（Marcel Pagnol）的名句，辞职“不是去买一座海岛，而是扬帆出海”，以彰显他志行高远。他以“前进运动”为依托参选总统竞选，直指总统宝座。马克龙是“反建制”的代表，他严厉批评现行的政治、经济、社会建制，提倡进步主义。他不囿于左右意识形态，提出彻底地改革现行建制的纲领，法国学界称之为“马克龙主义”（le macronisme）。2017年2月以前，马克龙的人气还远远落后于共和党、国民阵线和社会党的三位总统候选人，然而，自2017年2月中旬起，马克龙人气一路飙升，在3月多次民意测验中始终领先于小勒庞、菲永、阿蒙、“不屈服的法国”创始人让－吕克·梅朗雄（Jean-Luc Mélenchon）等总统候选人，最终在两轮投票中取胜，登上第十一届总统的宝座，从而实现了年仅39岁马克龙的远大理想。

随着马克龙人气的上升，前进运动也逐渐发展壮大。马克龙在建立前进运动之初将该组织定性为超越左翼和右翼的中间政党，“绝对不偏不倚的中间”性（l’extra-centre），正式名称为“政治生活革新协会”，旨在使法国政治生活道德化和现代化。在承认“前进运动”价值观的条件下，该党接受各方成员，包括其他党派的成员，其党员不需要缴纳党费。根据“前进运动”声明，2016 年 4 月拥有 1.3 万党员，9 月党员人数达到 8 万。该党于 2016 年年底已经在地方上建立起 2600 个委员会基础组织。在这期间，“前进运动”的成员主要由独立经营者、私营企业管理人员、公务员、农业经营者和失业者组成，也就是说，“前进运动”的社会基础是法国的中产阶级特别是新中产阶级——知识阶层。“前进运动”以法国中上层社会阶层为社会基础，这正好与国民阵线以法国下层社会阶层为社会基础形成鲜明的对照。

“前进运动”在赢得总统宝座后，为了迎接立法选举和组建议会多数派，于 2017 年 5 月 8 日改名为共和国前进党。在立法选举的竞选中，共和国前进党根据马克龙提出的“更新、男女人数均等、正直廉洁、政治多元和同意马克龙的纲领”五个标准挑选和公布了包括民主运动在内的 511 名候选人名单，与共和党、社会党、国民阵线等约 30 个政党参加竞选并提出总共 7877 名候选人角逐席位（包括共和国前进党的候选人在内）。

6 月 11 日，立法选举进行第一轮投票。统计结果表明，共和国前进党与民主运动联盟得票率为 32.33%（共和国前进党的得票率为 28.21%，民主运动的得票率为 4.12%），共和党与民主人士和独立人士联盟的得票率为 18.80%（共和党的得票率为 15.77%，民主人士和独立人士的得票率为 3.03%），国民阵线的得票率为 13.20%，“不屈服的法国”的得票率为 11.03%，社会党得票率为 7.44%，法共得票率为 2.72%，左翼激进党得票率为 0.47%。共和国前进党得票率遥遥领先于其他党派，形成一股势不可当的旋风，而左右传统两大党一败涂地。

6 月 18 日，立法选举进行第二轮投票。统计结果表明，共和国前进党与民主运动联盟得票率为 49.12%（共和国前进党的得票率为 43.06%，民主运动的得票率为 6.06%），两轮投票共获得 350 席（共和国前进党获得 308 席，民主运动获得 42 席）；共和党与民主人士和独立人士联盟得票率为 25.27%（共和党的得票率为 22.23%，民主人士和独立人士联盟的得票率为 3.04%），两轮投票共获得 130 席（共和党获得 112 席，民主人士和独立人士联盟获得 18 席）；社会党的得票率为 5.68%，两轮投票共获得 30 席；“不屈服的法国”的得票率为 4.86%，获得 17 席；法共的得票率为 1.20%，获得 10 席；国民阵线的得票率为 8.75%，获得 8 席；左翼激进党的得票率为 0.36%，获得 3 席。共和国前进党在国民议会 577 席位中获得过半数席位，成为议会的第一大党，并与民主运动一起构成议会多数派。

从“前进运动”的创建到改名为共和国前进党短短的一年多时间，马克龙不仅获得总统职位，而且共和国前进党构成国民议会第一大党和多数派，成为法国第一大党。法国改变了以左翼居优的三极化格局，一个新的政党格局从此正式诞生了。

（二）新政党格局诞生的原因

《鸭鸣报》的爆料彻底地改变了 2017 年大选的选情，看似是偶然事件颠覆了原有的政党格局并促进新政党格局的诞生，然而，在其偶然因素中可以看到深层次的原因。第一，法国选民看到，无论传统的左翼或者右翼政党，在轮流执政过程中都未能解决进入 21 世纪以来法国深层次的政治、经济和社会问题，致使法国经济长期不景气、国际竞争力逐渐削弱、贫富两极分化有所扩大、失业日益严重、安全逐渐地恶化，国际地位也在逐渐地下降。法国选民对长期轮流执政的社会党和戴派政党已经极度失望。与此同时，法国选民看到，新成立的“前进运动”（后来改名为共和国前进党）是超越传统左右翼的另类政党，其“绝对不偏不倚的中间性”可能为法国政治带来新气象，可能为法国民众带来新希望，因而法国选民选择了马克龙的政党。第二，法国选民通过《鸭鸣报》的爆料还看到，传统的政治精英长期地高居“庙堂”之上，他们并不称职，脱离群众，产生腐败，道德亦有问题，希望通过选举更换老旧政治精英。与此同时，法国民众看到，前进运动领导人大都曾经是无党派社会贤达和从事职业者，大都未经历过政治生涯，大都是新面孔，与老旧政治精英有所区别，因而选择了马克龙、前进运动和共和国前进党及其领导人。法国民众希望他们新的选择能够克服老旧精英的缺陷，为今后的法国政治增添廉政氛围。第三，马克龙及其政党在大选和立法选举中提出的纲领和口号，迎合了多数法国选民的要求，为法国民众带来希望。因此，法国选民选择马克龙及其政党就是为了对法国政治、经济和社会进行深刻地改革，以便振兴法国经济，恢复法国的国际竞争力，遏制贫富两极分化，使民众安居乐业，继续法国的大国梦和强国梦。

三　新政党格局的特征

（一）新政党格局在2017年大选和立法选举的突变中诞生

2017 年大选和立法选举以前，法国政党格局的变动，在一般情况下都是要经过欧洲议会选举和地方选举（大区议会选举、省议会选举、市镇选举）的渐变过程，最终经过大选或者立法选举的质变来完成，从而诞生新政党格局。归根到底，法国选民使用手中的选票，按照对参加竞选的政党及其候选人的满意度，对执政党或者在野党及其候选人进行选择，从而引起法国政治力量和政党实力的消长，导致政党格局的变化。

这次法国政党格局的新变化也脱离不了这个窠臼，也是在 2017 年大选和立法选举的关键时刻发生的。不过，这次新政党格局没有经过 2014 年市镇选举、欧洲议会选举和参议院选举以及 2015 年省议会选举和大区议会选举这种渐变的过程。这是因为，在 2014 年和 2015 年的欧洲议会选举以及一系列地方议会选举中，只有戴派政党等右翼政党、社会党等左翼政党、极右国民阵线参加竞选，选举的结果导致戴派政党和极右国民阵线实力上升，社会党等左翼实力下降，从而引起了政党格局的渐变。按照这样的政治轨迹，共和党和国民阵线将在第 11 届大选和第 15 届立法选举中取得胜利，诞生的新政党格局理应是左翼与右翼互换其位置，从而形成以右翼居优的三极化政党格局。在这种新政党格局下，国民阵线实力更强。实际上，2017 年 1 月以前，法国政治力量和政党实力就是在这样的政治轨迹中变化的。

然而，引发这次政党格局新变化的主导政治力量——“前进运动”以及后来改称的共和国前进党是在 2016 年诞生的，并未参与原有政党格局的渐变过程。“前进运动”以及后来改称的共和国前进党第一次参加2017年大选和立法选举立即引发政党格局的突变，中断了原来政治格局的演变过程，导致诞生了另类的政党格局，则是此次法国政党格局变化的最明显特征。

（二）新政党格局的内涵为四极化

目前，法国全国性的政党按政治属性可以分为左翼、中间政党、右翼、极右、激进左翼和极左。

左翼政党有社会党（1905年）、欧洲生态－绿党（2010年）、法共（1920年）、左翼激进党（1972年）、民主人士和生态主义者联盟（2015年）、民主人士阵线（2014年）、生态主义党（2015年）、生态主义一代（1991年）、独立生态主义运动（1994年）、进步主义者运动（2009年）、明天起（2017年）、7月1日运动（2017年）等。

中间政党有共和国前进党（2016年）、民主运动（2007年）、民主人士和独立人士联盟（中间人士党、瓦卢瓦激进党①、民主欧洲力量、现代左翼、新民主生态等于2012年组成）、基督教民主党（2009年）、我们抵制运动（2016年）、我们公民们（2013年）、公民一代（2015年）、自由民主党（2008年）、领土运动（2015年）、公民联盟（2014年）、激进运动（2017年）等。

右翼政党有共和党（2015年）、独立人士和农民全国中心（1949年）、右翼激进党（1972年）、法兰西崛起（2014年）、保卫法兰西运动（1994年）、保卫法兰西联盟（1992年）、正直的法国（2012年）、保卫法国主权和独立联盟（2003年）、法国纳税人联盟（1999年）、保皇党人联盟（2001年）、新生态主义党（1993年）、狩猎、钓鱼、自然与传统运动（1989年）、共和人民联盟（2007年）等。

极右政党有国民联盟（2018年6月1日国民阵线改名）、法兰西党（2009

① 为了显示其传统性，2011年激进党将初建时党部所在地——巴黎一区瓦卢瓦（Valois）地名加在激进党名称前，故激进党又称为“瓦卢瓦激进党”。

年)、南方同盟（2010 年)、共和全国运动（1999 年)、主权、身份与自由党(2011 年)、法兰西民族主义党（1983 年)、法兰西行动（1898 年）等。

激进左翼和极左政党有“不屈服的法国”（2016 年)、左翼党（2009 年)、反资本主义左翼（2011 年)、共和与公民运动（2003 年)、共和与社会主义党(2009 年)、工人斗争（1939 年)、反资本主义新党（2009 年)、独立工人党(2008 年)、法国工人共产党（1979 年)、社会主义新左翼（2015 年)、革命左翼(1992 年)、共同目标与替换党（2009 年)、齐心协力党（2013 年）等。

根据 2016 年统计，社会党党员有 8.6 万，共和国前进党党员有 37.9 万(2017 年 8 月)，共和党党员有 23.8 万，国民阵线党员有 5.7 万。社会党、共和国前进党、共和党、国民阵线拥有党员的数量在它们同属的政治派别中都居首位，是同属政治派别中第一大党。

法国主要政党所拥有的选民数量，通过 2017 年大选第一轮投票中法国主要政党总统候选人所获得的有效票百分比即可显示：在 3600 万参加投票的选民中（占登记选民的 77.77%)，埃马纽埃尔・马克龙获得 24.01% 的有效票，玛琳娜・勒庞获得 21.30% 的有效票，弗朗索瓦・菲永获得 20.01% 的有效票，伯努瓦・阿蒙获得 6.36% 的有效票。它说明，社会党、共和国前进党、共和党、国民阵线拥有选民的数量在它们同属的政治派别中都居首位，是同属政治派别中第一大党。法国主要政党所拥有的选民数量，还可以通过 2017 年 6 月立法选举中法国主要政党的得票率证明，社会党、共和国前进党、共和党、国民阵线拥有选民的数量在它们同属的政治派别中居首位。

总之，从拥有党员数量和在国民议会占有席位看，社会党代表左翼极，共和国前进党代表中间极，共和党代表右翼极，国民阵线代表极右翼极，在当前的法国政治中形成了四极化的政党格局，亦即左翼极、中间极、右翼极、极右翼极驰骋在当前的法国政坛。

（三）新政党格局以中间政党居优

马克龙领导的共和国前进党作为中间政党在 2017 年大选和立法选举中

异军突起，占据法国政治舞台的中心位置，并在新政党格局中占优势地位，这是新政党格局的最大特征。

在此以前，法国中间政党命运多舛，经历坎坷。第五共和国建立初期的中间政党——人民共和党和激进党，前者穷途末路而消亡，后者严重分裂并日渐衰弱。20 世纪 70 年代，吉斯卡尔·德斯坦总统和吉斯卡尔派把法国民主联盟打造成为中间政党与戴派政党和左翼政党抗衡，该政党在吉斯卡尔·德斯坦总统任职期间曾经在法国政坛上发挥重要作用，但是，随着吉斯卡尔·德斯坦总统任期的结束和 1981 年竞选总统的失败，法国民主联盟也日渐式微。1988 年法国民主联盟支持的总统候选人和法国民主联盟参加立法选举的双失利，以及 1995 年总统换届选举中法国民主联盟放弃竞选，致使法国民主联盟进一步削弱，导致该党不断分裂，终于在 2007 年消亡。在法国民主联盟不断地裂变中，产生了一些中间小政党，如新中间党、民主运动等，但是，这些中间小党派势单力薄，在法国政坛上影响小、作用小。

为什么在 2017 年大选和立法选举前法国中间政党难以生存和发展呢？其一，长期以来，法国选民寄希望于戴派政党和社会党，在全国性选举和地方选举中大多把票投向传统的两大党，即便有时部分选票投给其他政党，那也是为了对左右两大党进行惩罚以示警告。所以，中间政党在全国性选举和地方选举中难以单独地生存和发展。其二，法国在全国性选举和地方选举中，采用“单记名多数两轮投票制”，造成在第二轮角逐中各个政党必须结成选举联盟并向左右集结，也使中间政党受到抑制，难以单独生存和发展。其三，在法国政党两极化和三极化时期，中间政党往往受到戴派政党或者社会党甚至国民阵线的挤压和蚕食。例如，2002 年保卫共和联盟拉走法国民主联盟相当部分著名人士成立人民运动联盟，使法国民主联盟受到严重的打击。其四，法国主要中间政党——法国民主联盟本身就是松散的政治团体，是由吉斯卡尔派、社会民主人士中心、激进党、社会民主运动组成，没有牢固的基层组织和群众基础。一旦发生分歧，就会立即失去生命活力。

在 2017 年大选和立法选举中，中间政党之所以能够复兴，马克龙政党之所以迅速崛起并在法国政党中鹤立鸡群，除了在文章第二部分中指出的新政党格局诞生的原因外，这里要指出的是，与旧中间政党比较，新中间政党具有不同的特点：其一，旧中间政党如法国民主联盟等虽然称为中间政党，倡导中间主义，但是，它们的纲领往往偏右，它们往往在各种选举中与右翼结盟，经常与右翼联合执政，人们把它们与右翼联系在一起统称为中右政党或者干脆称为右翼政党不无道理。而马克龙政党成立之初就声称要超越左右政治划分，倡导绝对不左不右的“中间主义”，推行马克龙主义，实际上与传统的左右翼切割，也与旧中间政党划清界限，从而给人焕然一新之感。2017 年 8 月公布的共和国前进党党章①载明，其宗旨是要兴起“一个共和的、进步主义的、世俗的、欧洲的政治运动”。其二，根据共和国前进党党章，该党在组织结构和运作方式也与旧中间政党甚至传统左右两大党有很大的差别：(1) 党的领袖称为总代表 (le délégué général)，任期 3 年，连任不得超过两届。(2) 在一些中央机构中的成员必须男女对等。(3) 地方机构只设置地方委员会，具有很大自主性，党员自选参加。从党员中任命介绍人 (les référents) 作为中间人联系地方委员会。(4) 党员同时也可以拥有其他党派的身份，而旧中间政党和传统左右两大党党章规定，一旦该党党员参加其他政党，则要立即除名。(5) 党员不交党费。(6) 以“自行遴选” (la cooptation)、“协商一致任命” (les désignations par consensus)、“抽签” (le tirage au sort) 等方式任命党首或者代表，而传统左右两大党则是采取投票选举的方式。共和国前进党认为，采取新的任命方式，可以避免产生“长期盘踞地方的封建把头” (les baronnies locales)。

新中间政党之新和共和国前进党声誉鹊起吸引了众多参加立法选举的候选人，他们纷纷抛弃原来的政治属性和党派属性前来“归顺”，打着共和国前进党的旗号或者顶着共和国前进党名义参加竞选，从而徒增了参加立法选举的共和国前进党候选人的数量。新中间政党之新和共和国前进党声誉鹊起

① https：// en - marche. fr.

也刺激了旧中间政党，他们纷纷焕发出活力，努力探索复兴之路。例如，曾经四分五裂的瓦卢瓦激进党借助共和国前进党之“东风”，正在寻求统一的途径，准备与左翼激进党商谈，重新联合起来。

（四）新政党格局下的多党多变更加突出

法国多党制的特点就是政党数量众多，进入21世纪更加突出。根据全国竞选账目和政治资金委员会[①]统计，1990年仅有28个政党和政治组织；2013年上升为408个，其中56个有资格获得公共财政资助[②]；2015年为451个；2016年为493个，其中53个有资格获得公共财政资助；2017年为365个。法国舆论挖苦说，法国不产石油产“政党”。法国政党众多，主要原因是法国民众政治参与范围扩大以及政治和社会诉求增加，因此法国民众参加政党和政治组织的热情高涨，2017年法国民众参加政党的数量猛增到110万~130万。它与同一时期欧盟和邻国政党日渐衰落和党员的大幅度减少形成鲜明的对照（西班牙除外）。

法国多党制的另一特点则是政党变化莫测。左翼主要政党社会党成立时原名“社会党，工人国际法国支部”，1969年5月保留社会党称谓，但不再加上工人国际法国支部的副称，1969年7月改名为新社会党，1971年再次命名为社会党。2017年总统选举和立法选举惨败后，社会党出现分裂，改名的呼声很高。戴派政党先后七次变换名称。中间政党更是变化无常。吉斯卡尔派标榜“中间政党”，是典型的莫里斯·迪韦尔热（Maurice Duverger）的名著《政党概论》中的内生党，先后改名为共和党、法国民主联盟。法国民主联盟本身就是一个松散的中间政党，进入21世纪不断裂变，分裂出许多中间政党，如新中间党、民主运动等。激进党从20世纪70年代起分裂为左翼激进党和右翼激进党，加上瓦卢瓦激进党，就有三个不同政治倾向的激进党。2017年12月9日，激进党和左翼激进党召开激进党人重新统一大

---

① 全国竞选账目和政治资金委员会法文为“la Commission nationale des comptes de campagne et des financements politiques（CNCCFP）”。

② 参加竞选的政党在50个选区至少获得1%的选票即可获得公共财政资助。

会后，合并重新命名为激进运动，从而使瓦卢瓦激进党处于休眠状态。极右国民阵线也多次更换名称，它在2017年总统选举和立法选举失败后，党内严重分裂，为了改善形象和整顿组织，于2018年6月1日改名为国民联盟。

法国政党多变的原因很多，就主要政党如戴派政党和社会党而言，每次改名后都能够与历史切割，改善形象，为以后的选举赢得选民的支持，获得更多的选票，最终取得选举的胜利，上台执政。

（五）新政党格局下的政党跨国化

在欧洲一体化形势下，法国政党纷纷走出国门，加入泛欧洲政党组织，从而使法国许多主要政党跨国化。社会党于1992年加入欧洲社会党，共和党于1999年成为欧洲人民党的成员，法共参加了2004年成立的欧洲左翼党，国民阵线加入了欧洲极右组织。

（六）新政党格局在“政党法”下运行

从第五共和国成立到1988年的30年间，法国政党既无法律地位又缺乏财政手段，被称为政党的“法国模式”①。自20世纪70年代以来，随着法国政党职能的发展和活动的扩张，政党财政入不敷出，于是，它们采取非法手段获取资金，一些政党大佬也趁机谋取私利，从而导致80年代法国政党的严重腐败和堕落。②

为了遏制法国政党的腐败，法国议会先后于1988年3月11日通过《政治生活资金透明法》③、于1990年1月15日通过《政治生活资金筹措法》④、

---

① Nicolas Tolini, *Le financement des partis politiques*, Dalloz, 2007, p. 29.（尼古拉·托利尼：《政党财政》，达洛兹出版社，2007，第29页。）

② 关于20世纪80年代法国腐败的蔓延及其防范措施，可参阅吴国庆：《法国政治史（1958～2012）》，社会科学文献出版社，2014，第216～217页。

③ Loi n°88 – 227 du 11 mars 1988, relative à *la transparence financière de la vie politique*, JO, 12 mars 1988, p. 3290.

④ Loi n°90 – 55 du 15 janvier 1990, relative à *la limitation des dépenses électorales et à la clarification du financement des activités politiques*, JO, 16 janvier 1990, p. 639.

于1993年1月29日通过《预防腐败与经济生活和公共程序透明法》[①]、于1995年1月19日通过《政治生活财政法》[②]。法国议会还于2017年9月15日颁布《政治生活信任法》[③]。上述法律，加上1901年7月1日《结社法》[④]、《1958年宪法》[⑤]、《选举法典》[⑥]、国民议会章程[⑦]、参议院章程[⑧]，构成了具有法国特色的“政党法”。

《结社法》规定了社团（包括政党）成立，无须审批，只需事先向社团总部所在大区政府或省政府申报社团的名称、宗旨、地址以及社团的管理人姓名、职业、住址和国籍并附上一份社团章程即可。《1958年宪法》第1章第4条第1款关于“政党及政治团体得参加竞选。政党及政治团体得自由组织并从事活动……”的规定，在法国宪政史上首次在国家大法中确认了政党的存在、创建政党的自由并能够自由活动，特别是规定了政党的功能主要是“参加竞选”。《1958年宪法》还规定政党参加政治活动的民主原则和遵守男女平等原则，还规定了议会两院中成立党团的权利以及保护反对党和少数派的特殊权利。《政治生活资金透明法》《政治生活资金筹措法》《预防腐败与经济生活和公共程序透明法》《政治生活财政法》确认了政党的法律地位，即法人资格和拥有账户；总统候选人和议员候选人的竞选经费由国家财政统一开支；严格地规定政党在竞选中开支的范围；当选的总统和议员必须在就任时和离任后申报个人的财产，总统的财产在《政府公报》上公示；参加竞选的政党必须建立从中央到地方的选举资金筹措协会和管理财政的代

---

① Loi n°93 - 122 du 29 janvier 1993, relative à *la prévention de la corruption et à la transparence de la vie économique et des procedures publiques*, JO, 30 janvier 1993, p. 1588.

② Loi n°95 - 65 du 19 janvier 1995, relative *au financement de la vie politique*, JO, 21 janvier 1995, p. 1105.

③ Loi n° 2017 - 1339 du 15 septembre 2017 *pour la confiance dans la vie politique*.

④ 乐启良：《近代法国结社观念》，上海社会科学院出版社，2009，第238～243页。

⑤ 《1958年宪法》，载《世界各国宪法》编辑委员会编译《世界各国宪法·欧洲卷》，中国检察出版社，2012，第267～282页。

⑥ *Code électoral* (*Texte en vigueur en* 2017), Conseil constitutionnel, 2017.

⑦ Le bureau de l'assemblée nationale, *Le réglement de l'assemblée nationale*, 2015.

⑧ Le bureau du Sénat, *Le réglement du Sénat*, 2008.

理人体制，使政党财政公开和透明；规定法人不得向政党赠款以及自然人向政党赠款的上限；建立对违反者的处罚制度。《政治生活信任法》规定，禁止部长、议员和地方民选代表雇用自己的亲属作为助理；议员助理的薪酬将会被更加严格地审计，以确保真正用于履行职务；总统候选人需要进行财产公示，对利益冲突和盈利活动进行申报；创立“民主银行”，并任命“信用协调人”，帮助各类选举候选人及其政党同银行进行协商，安排竞选财政。《选举法典》规定政党参加国家选举的具体条件和办法以及参加国家选举候选人开支的上限。议会两院章程开辟专门章节对议会党团做出规定。

法国虽然没有一部统一的政党法，但是，通过宪法以及一系列有关政党的法律和法规所构成的具有法国特色的“政党法”，对政党的产生、组织、运作、财政、纪律、监督做出了规定，在严格和严厉程度上甚至超过了某些欧洲国家所拥有的一部完整的“政党法”。

正是通过有关政党和政治组织的法律法规，法国政党逐渐地走向规范化和法治化，从而在相当程度上遏制了法国政党及其要人的腐败行为，在相当程度上减少了法国政治生活中的丑闻发生，并促使第五共和国政治生活在民主化和现代化道路上迈出了一大步，也使法国政党格局在法治轨道上运行、发展和变化。

四　新政党格局对法国和欧洲政治的影响及其存在的问题

（一）新政党格局对法国和欧洲政治的影响

1. 突破左右“钟摆原理”，中间政党也参与政治替换。西方两党制中，常见的现象就是当左翼政党在选举中获胜并上台执政时，右翼政党在沦为在野党后则会在下次选举中收复失地，再次替换左翼成为执政党，左翼政党则沦为在野党，就如钟摆向左摆后，便会自动向右摆，循环不息。当然，不是每一次选举都在政治替换。有可能每次都在政治替换，也可能两次或多次选举后实现政治替换。总之，无论每次实现政治替换还是每两次或多次实现政治替换，都是遵循“钟摆原理”。这主要是出于人民不想一党持续独大的表现。

尽管法国实行多党制，在新政党格局诞生以前，无论是右翼居优的三极化格局时期，还是右左翼轮流居优的两极化格局时期，都是右左两大党——戴派政党和社会党主宰法国政治。它们按照西方两党制的钟摆原理，轮流执政，轮流担任总统，轮流控制议会两院（参议院则是20世纪70年代后由右左两大党轮流控制）。在左右轮流居优的三极化格局时期，国民阵线作为极右极政党也深刻影响着法国政治并参与政党格局的演变。但是，由于单记名多数两轮投票制使用，中左右翼客观上形成了阻击极右的“共和阵线”，多数选民对国民阵线心存疑虑，从而构成了“玻璃天花板”效应。[①]国民阵线一直无法在大选的第二轮中取胜和在立法选举中赢得多数席位，上台执政。因此，左右轮流居优的三极化格局时期，依然是左右两大党轮流执政，轮流担任总统，轮流控制议会两院。在新政党格局诞生以前的三次左右共治，更加深刻地证明了“钟摆原理”。

新政党格局的诞生，则突破了非左即右或者非右即左的“钟摆原理”，打破了戴派政党和社会党轮流主宰政权的历史规律。作为中间政党“前进运动”总统候选人埃马纽埃尔·马克龙当选第五共和国第十一届总统，上台执政，主持法国政坛，造就了左、中、右轮流执政的政治生态。作为中间政党的共和国前进党赢得立法选举的胜利并在国民议会中组成绝对多数，也突破了议会中左右轮流控制国民议会的“钟摆原理”和历史规律。目前，共和国前进党是国民议会中的多数派，反对派则是左右两翼共和党和社会党以及极右翼国民阵线，同时还存在极左和其他极右反对派。

共和国前进党是第15届国民议会的多数派，共和国前进党人弗朗索瓦·德吕吉（François de Rugy）当选第15届国民议会议长。共和国前进党还组成了第15届国民议会中七个议会党团中最大的议会党团，总共有314名成员。共和国前进党人分别在国民议会八个常设委员会中的六个常设委员

① 《“玻璃天花板”的反思》，法国《欧洲时报》2015年12月15日。

会中担任主席，控制着绝大多数常设委员会。这样的国民议会的政治态势，有利于执政的共和国前进党从事立法，实现其政治纲领。

2. 遏制和打击了法国和欧洲民族主义、民粹主义和极端主义思潮和势力。2017 年法国大选和立法选举与前几届法国大选和立法选举所处的政治环境不同，在西方世界，2016 年英国公投脱欧、特朗普当选美国总统、意大利修宪公投失败等一系列“黑天鹅”事件，促使早已存在法国和欧洲民族主义、民粹主义和极端主义的沉渣泛起。

在法国，国民阵线的政治纲领和该党候选人的言论，都证明了他们是法国民族主义、民粹主义和极端主义的典型代表。国民阵线在 2014 年和 2015 年一系列选举中强势崛起以及国民阵线主席玛琳娜·勒庞在 2017 年大选第一轮投票中获得前两名并进入第二轮角逐，证实法国的民族主义、民粹主义和极端主义也在滋长。一些极左小政党和极右小政党在 2017 年大选和立法选举中的得票率提升，也证实了法国民族主义、民粹主义和极端主义的势力在上升，并大有泛滥的态势。

作为新政党格局的主导政治力量的共和国前进党提倡进步主义，在其党章中规定了共和国前进党的宗旨之一就是要兴起“一个进步主义的政治运动”，有力地遏制和沉重地打击了当前在法国和欧洲盛行的民族主义、民粹主义、极端主义思潮及其代表的势力，从而使在法国和欧洲盛行的民族主义、民粹主义和极端主义思潮开始减退，这些思潮所代表的政治势力也有所削弱。

3. 遏制和打击了疑欧、反欧和退欧的思潮和势力。2004 年 10 月，欧盟 25 国在意大利罗马签署了《欧盟宪法条约》。根据有关规定，该条约必须在欧盟成员国全部批准后才能生效。在法国举行公民投票前，已有西班牙等 9 国批准了欧宪。然而，《欧盟宪法条约》确在 2005 年 5 月法国公民投票中被否决，从而引发了欧洲一体化 50 年来最严重的危机。它说明法国存在一股不小的疑欧、反欧和退欧的思潮和势力。

2016 年英国通过公民投票决定退欧，再次激活了法国的这股思潮和势力。在 2017 年大选中，极右国民阵线总统候选人玛琳娜·勒庞表示，如果她当选总统，她会如同英国那样就法国是否退欧组织公投。她诅咒“欧盟将从世界政治地图上消失”。[①]“不屈的法国”的总统候选人让-吕克·梅朗雄在2017年参加总统竞选的口号就是“欧盟，要么我们改变它，要么我们离开它”。共和人民联盟总统候选人弗朗索瓦·阿瑟利诺（François Asselineau）、团结与进步党总统候选人雅克·舍米纳德（Jacques Cheminade）、反资本主义新党总统候选人菲利普·普图（Philippe Poutou）、我们抵制运动总统候选人让·拉萨尔（Jean Lassalle）四位总统候选人在2017年总统竞选中明确地表示无论如何法国都要脱离欧盟。总之，在法国第十一届大选的11名正式总统候选人中，就有7名总统候选人疑欧、反欧和退欧，可见，这股思潮和势力在2017年大选和立法选举中已经十分猖獗。

然而，法国毕竟是欧洲联合创始人让·莫内（Jean Monnet）的故乡，法国还是欧洲一体化的单发动机或双发动机之一，至今主流政党都支持欧洲走向联合的道路。在2017年大选和立法选举中，以马克龙及其政党为主的一方，加上菲永及其共和党和伯努瓦·阿蒙（Benoît Hamon）及其社会党，都积极地挺欧，希望在改革欧盟的基础上成立欧元区议会和设立大规模的欧盟投资计划。因此，马克龙赢得大选的胜利和共和国前进党赢得立法选举的胜利，就是对疑欧、反欧和退欧思潮和势力的胜利。共和国前进党在其党章中还规定，它的另一宗旨就是要兴起“一个欧洲政治运动”，通过改革进一步促进欧洲一体化。正因为如此，以新中间政党居优的四极化政党格局有力地遏制和沉重地打击了疑欧、反欧和退欧的思潮和势力，从而使法国和欧洲树立了对欧元区的信心，克服当前的欧盟危机，重新推动欧洲建设，创新欧洲一体化运动。

4. 有利于对第五共和国进行深度的改革。2017年法国总统选举中出现了罕见的现象，所有正式总统候选人，无论左翼、右翼、中间政党、或者极右和极左政党的总统候选人，一律打着“反建制”[②]（l'antisystème，即反体

① 玛琳娜·勒庞（Marine Le Pen）于2017年3月26日在里尔市集会上向支持者的演讲。

② 《从菲永到勒庞2017法国大选候选人集体反建制?》，法国《欧洲时报》2017年2月6日。

制或反体系、反制度）的旗号，提出以反建制为主要内容的竞选纲领。在本届总统候选人反建制中，要求建立第六共和国的呼声十分强烈。

在法国，要求修改宪法和成立第六共和国的呼声由来已久。进入 21 世纪，以第六共和国接替第五共和国的呼声更加强烈。2017 年大选中，社会党总统候选人阿蒙在竞选纲领中建议 2017 年夏季举行第六共和国筹组会议；梅朗雄早在 2014 年 9 月发起“支持第六共和国运动”，阿瑟利诺、普图、极左工人斗争发言人纳塔莉·阿尔托（Nathalie Arthaud）等总统候选人都附和赞同；玛琳娜·勒庞则极力推销另类的“第六共和国”。上述总统候选人因其政治属性的不同，所提倡的第六共和国内涵有所差别。然而，他们所提出的第六共和国也有相同之处：第五共和国总统超集权化（la surprésidentialisation）不能适应现代化社会，第六共和国总统应是“仲裁角色”；第五共和国总理及其政府已经边缘化，第六共和国总理及其政府应拥有真正意义上的行政权；第五共和国实行半议会制，第六共和国则实行议会制。

然而，在 2017 年总统选举中，所有正式总统候选人呼吁对第五共和国进行深刻的结构性改革。所有的正式总统候选人对现行的第五共和国政体、公务员编制、税务改革、35 小时工作制、社会保障制度改革、退休年龄改革，以及在移民、伊斯兰问题、核能等政策方面都提出不同的看法和主张，要求立即进行变革。他们的主张实际上反映了法国民众和选民的愿望和要求。2016 年 1 月，巴黎政治学院政治生活研究中心发表了“民意之路”的民意调查表明，2009 年至 2015 年希望对现行建制进行深刻改革的被调查者年年保持在 46% ~ 53%。总之，无论社会上层还是社会底层、政治精英还是民间都强烈呼吁，立即对法国现行的第五共和国建制进行深刻和结构性的改革。

2017 年大选，法国选民则把这项迫切任务赋予了马克龙。为什么法国选民选出马克龙总统并希望他立即对现行政治制度进行深度的改革呢？这是因为，法国选民选择马克龙就是选择马克龙的政治纲领，赞同了马克龙主义。

马克龙的政治纲领和马克龙主义的主要内容是：第一，在马克龙担任总统任期内的目标之一是带领法国人民恢复信心，另一个目标是通过深度的改革把法国塑造成为21世纪的强国。为了达到这一目标，“我们将采取为法国注入活力、促进法国繁荣发展的一切措施：提高劳动力市场灵活性、扶持企业发展、鼓励创新。作为自由解放基础的文化教育以及创造与创新将是我行动的核心”。① 第二，马克龙在进步主义与保守主义之间坚定地选择了进步主义 。马克龙认为，进步主义就是反对保守主义、反对民粹主义、反对极端主义，推动法国现代化。前欧洲议会议员、马克龙的铁杆粉丝让-路易·布朗热（Jean-Louis Bourlanges）直截了当地指出，马克龙主义就是进步主义。马克龙写作并于2016年在法国出版的《变革》一书②，充满对法兰西未来的憧憬并涉及对法兰西现行建制变革的方案，体现了以进步主义为主要内容的马克龙主义。第三，马克龙淡化左右意识形态，提倡现实主义和务实主义，提倡的是用最好的方法来解决问题，“我希望大家能够达成共识：要讲究实际”。③ 在马克龙的政治纲领中，经济领域的主张与右翼共和党的主张非常接近，社会领域的主张与左翼社会党的许多理念大同小异，他还采纳中间派的观点，主张廉洁政治。第四，在外交方面，马克龙坚持历任法国总统的独立自主的外交方针，更加积极和务实，推行反恐绝对优先和欧洲优先的方针，实施大国平衡的外交和多边主义的外交。他呼吁各国携手打造一个“新的全球契约”④，实现兼具包容性和可持续性的全球化。

由此可见，以共和国前进党居优的四极化政党格局，有利于对第五共和国进行深刻的改造，有利于增强法国的硬实力和软实力，有利于实现法国的“大国梦”“强国梦”。

---

① 《埃马纽埃尔·马克龙总统就职演说》，载北京外国语大学法语学习编辑部《法语学习》，2017年5月21日第22期。

② 〔法〕埃马纽埃尔·马克龙：《变革》，罗小鹏译，四川人民出版社，2018。（Emmanuel Macron, *Révolution*, XO Édition, 2016.）

③ 〔法〕埃马纽埃尔·马克龙：《变革》，四川人民出版社，2018，第187页。

④ 马克龙于2018年1月24日在瑞士达沃斯世界经济论坛上的演讲。

（二）新政党格局存在的问题

1. 国民议会中同时存在三个主要反对党，参议院中共和国前进党是少数派。在政党格局两极化时期，左右两大党轮流执政，一个政党执政（戴派政党或社会党），另一个政党（社会党或戴派政党）作为反对党存在。在政党格局三极化时期，一个政党执政（戴派政党或社会党），另外两个政党（社会党或戴派政党、国民阵线）作为反对党存在。在新政党格局四极化时期，则是一个政党执政（共和国前进党），同时存在三个反对党（戴派政党、社会党、国民阵线），增加了反对派的分量，从而对执政党在立法和实施内外政策产生一定的影响。

经过2017年9月24日参议院的部分改选，在参议院348名总席位中，共和党拥有151席，社会党拥有77席，中间党联盟拥有46席，而共和国前进党只拥有26席。共和国前进党原来打算赢得参议院选举的胜利并组成以该党为主的多数派计划落空，其主要原因是马克龙在改革议员津贴中实际上取消了对议员所在地区的补助，从而引起地方绅士的不满，由这些绅士组成的选举团在参议院部分改选中决心把票投向共和党和其他政党，导致共和国前进党在参议院选举中的失败。共和国前进党在参议院中不占优势地位，对执政党的改革立法在参议院的通过造成了困难。

比如，马克龙在改革中需要修改1958年宪法时（例如将议员减少1/3的改革），必须议会两院联席大会占全体3/5的票数才能获得通过，也就是说，在议会两院总共925议员中（国民议会577名议员，参议院348名议员），必须有555名议员投票支持才能修改1958年宪法。而共和国前进党仅有334名议员（国民议会308名议员，参议院26名议员），加上民主运动的议会两院45名议员也不过379名议员，还缺少176名议员的支持。为了改革和修改1958年宪法，马克龙及其共和国前进党还要努力争取其他政党议员的支持，任务十分艰巨。当然，马克龙还有另一种选择，他可以绕过议会直接使用公投来进行改革，从而达到修改1958年宪法的目的。

2. 共和国前进党能否赢得欧洲议会和地方选举还是未知数。共和国前进党能否在未来赢得欧洲议会选举和地方选举胜利还是未知数，这些选举的结果对执政党掌控法国政局的发展方向将产生影响。

3. 极左“不屈的法国”动向值得注意。法国极左翼领军人物让 - 吕克·梅朗雄早在2016 年2 月10 日以“不屈的法国”候选人宣布参加总统选举。他的竞选纲领是以“公民革命”建立第六共和国，将“总统君主制”改为“稳定的议会制”。对高收入者实行高税收制度，收入超过平均中等收入20 倍的富人征收100% 的个人所得税。在对外政策上，法国退出北约，脱离欧盟，反对全球化。梅朗雄在2017 年大选第一轮投票中获得19. 58% 的有效票，有如一匹黑马，排在第四位，仅次于“前进运动”总统候选人马克龙、国民阵线总统候选人小勒庞、共和党总统候选人菲永。在同年6 月立法选举两轮投票中，“不屈的法国”的得票率分别为11. 03% 和4. 86%，总共获得17 席。在约30 个政党参加的立法选举中，“不屈的法国”所获得的席位排在第四位，仅次于共和国前进党、共和党、社会党。“不屈的法国”的党员人数迅速增长，2017 年4 月为32. 8 万人，6 月立法选举后号称50. 8 万人。“不屈的法国”的拥趸主要是法国下层民众。作为极左领军人物梅朗雄及其政党的成立和发展势头，对新政党格局将产生不可忽视的影响。

B.3
法国总统大选

宋　卿*

摘　要： 2017年法国总统大选引起全球瞩目。在民粹主义泛滥、极端政党崛起，“反全球化”言论甚嚣尘上的大背景下，政治新人马克龙赢得2017年法国总统大选，为法国的未来和欧洲一体化重拾希望。法国政治也因此经历了历史性的代际交替。本次总统大选昭示着法国政治生态的根本性改变，即传统政党旁落式微，内部分化明显；中右翼政党和极右翼政党界限模糊，有合流趋势；传统左右之争演变为全球化和反全球化之争；法国民众对政客的信任赤字和民主疲劳愈发明显；法国政治从大西洋主义回归戴高乐主义。马克龙携共和国前进党在议会选举中大获全胜，避免左右共治，为其大刀阔斧地推行改革铺平道路，但是内政外交仍面临不少严峻挑战。

关键词： 法国总统大选　法国政治生态　马克龙　民粹主义

2017年法国总统大选前所未有地引起全球瞩目，对欧洲一体化乃至国际政治的走向产生了广泛而深刻的国际影响。一方面，欧盟前景同法国总统大选息息相关。近年来，欧盟深受债务危机、乌克兰危机、难民危机、恐怖袭击危机的困扰，2016年6月英国“脱欧”公投意外通过，进一步加剧了

* 宋卿，上海国际问题研究院国际战略研究所助理研究员，主要研究方向：法国外交、中法关系、法语非洲国家安全、海外利益保护等。

欧洲面临的危机。同历史上一直与欧洲大陆保持“若即若离”关系的英国不同，法国是欧洲一体化的创始国和欧盟的核心发动机，如果这台发动机熄灭，意味着对欧洲一体化进程的毁灭性打击。另一方面，法国总统大选是阻挡民粹主义浪潮在欧洲乃至全球泛滥的关键和试金石。2016 年以来，“黑天鹅”事件频发，“逆全球化”和民粹主义浪潮在全球泛起。唐纳德·特朗普（Donald Trump）当选美国总统和英国通过公投开启“脱欧”进程两个标志性事件，宣告了民粹主义和逆全球化的声音在世界大国中得到了积极响应，并进而鼓舞法国国内的民粹政党和逆全球化势力。

2017 年 5 月 7 日，“前进运动”候选人、前经济部部长埃马纽埃尔·马克龙（Emmanuel Macron）在 2017 年法国总统选举第二轮投票中获得超过 65% 的选票，战胜了极右翼政党“国民阵线”主席玛琳娜·勒庞（Marine Lepen），当选新一任法国总统。这对于法国和整个欧洲而言无疑是一则福音，成为阻击“逆全球化”和民粹主义的标志性事件。年仅 39 岁的马克龙成为法兰西第五共和国近 60 年历史上最年轻的总统，为法国政治带来了新鲜血液。

一　法国政坛大地震

（一）共和党和社会党党内初选纷纷爆冷

2017 年法国总统大选在党内初选阶段便意外连连，共和党和社会党的党内初选纷纷爆出“黑马”，令法国政界人士大跌眼镜。在法国最大的右翼政党共和党①方面，总统候选人资格初选第一轮投票于 11 月 20 日举行，法国前总理弗朗索瓦·菲永得到了 44.1% 的支持率，另一位前总理阿兰·朱佩以 28.6% 的支持率位列第二，高调复出参选并被媒体一致看好有望胜出的法国前总统尼古拉·萨科齐（Nicolas Sarkozy）仅获得 20.6% 的支持率，

① 前身为前总统希拉克创立的人民运动联盟，2015 年萨科齐任主席时改为现名。

并承认落败。11 月 27 日共和党举行初选第二轮投票，菲永战胜朱佩成为右翼共和党总统候选人。

在党内初选前，法国媒体和法国选民都将焦点集中在朱佩、萨科齐身上，菲永并不被看好。然而菲永并不在乎外界对他的质疑，甚至在竞选初始阶段选择与媒体保持一定的距离，没有追求过高的曝光度，而是致力于基层的选举准备工作。BFM 电视台分析认为，也许正是因为菲永重视基层选民的呼声，他最清楚选民的诉求，因此在三轮电视辩论阶段抓住了选民的心。

社会党方面同样变数连连。其一，奥朗德总统表示不参选，成为法兰西第五共和国以来第一位不谋求连任的在位总统。其二，总理马纽埃尔・瓦尔斯（Manuel Valls）推行有悖于社会党选民利益的社会和经济政策，6 次使用宪法第 49 条第 3 款，就此与左翼选民群体产生了不可逾越的鸿沟，因此败给前教育部部长贝诺瓦・阿蒙（Benoit Hamon）。阿蒙此前不为人看好，但其竞选纲领思路独特，其中的明星条款，即设立 600 欧元全民基本生活保障收入（Revenu universel d'existence）使其支持率节节攀升。

许多法国公民认为，共和党初选相当于总统大选。多个民意调查显示，无论谁代表社会党参选，都会在首轮总统选举中被淘汰。而共和党的候选人则会在第二轮投票中击败极右翼政党国民阵线领袖勒庞，当选总统。换言之，鉴于目前执政的社会党一团混乱，反体制的极右派国民阵线在法国两轮制大选中较为吃亏，菲永入主爱丽舍宫几乎已成定局。

（二）“空饷门”事件：分水岭

2017 年 1 月，就在共和党候选人菲永踌躇满志、四处竞选时，以挖人隐私见长的《鸭鸣报》（*Canard Enchaine*）接连披露菲永在担任法国国民议会议员时长期让自己的妻子佩内洛普及儿子领取国家给每位议员的助手津贴，而他们从未做过实际工作。菲永的“空饷门”事件一触即发。1 月 31 日，法国警方搜查了菲永在议会的办公室，开始进行调查。菲永对此迅速做出反应，于 2 月 6 日公开回应“空饷门”事件，承认自己有错，但是拒绝退出选举。祸不单行的是，另外两桩丑闻给“空饷门”火上浇油。其一，佩内洛普被曝出在菲永的富豪朋友开设的《两个世界》杂志社挂名“文学顾问”坐领10万欧元；其二，菲永被爆料有一名“友人”为他价值数万欧元的订制西装买单。总之，由“空饷门”引发的一系列丑闻对于向来在公众面前塑造“清廉正直”形象的菲永而言无疑是晴天霹雳，对其选情产生直接负面影响：曾一路领先且达到25%以上的民调支持率一下子跌落至20%以下，后来虽经努力其选民支持率重新回到20%，但是菲永的支持率在候选人中排在了第三位。处于“强弩之末”的菲永于3月初接连举行多场集会，挽回了部分支持者的忠诚度及民意，但大势已去。

无独有偶，从2017年1月中旬开始，民调支持率处于领先地位的极右翼候选人玛琳娜·勒庞也曝出了“空饷门”事件。2月20日玛琳娜·勒庞领导的国民阵线总部突然遭到了法国警察的搜查，原因是为了查证勒庞是否不正当地使用了欧洲议会的资金（勒庞为欧洲议会议员），即用欧洲议会的资金支付她在法国活动时的警卫员和助理的工资。2月22日勒庞的两名前助手被法国警方拘留调查。然而对于这些指控，玛琳娜·勒庞及其政党公开予以否认，并发布声明称：有人利用和操纵司法当局，目的是破坏国民阵线的竞选活动，但是法国人民完全有能力分辨出真实案件和政治阴谋之间的区别。值得注意的是，与菲永不同，勒庞的支持率并没有因为“空饷门”而出现下滑，始终保持在26%～27%，并处于所有11位总统候选人首位。

法国总统大选中接连出现“空饷门”显示出下列问题。首先，连爆“空饷门”说明2017年法国总统大选较以往竞争更为激烈，法国左右翼政党之间的厮杀已趋白热化。其次，接连两次“空饷门”事件都出自右翼政党领导人，反映出法国右翼政党及其领导人缺乏自律，为获取金钱和利益常打擦边球，结果聪明反被聪明误，在关键时候栽跟斗。最后，“空饷门”丑闻的爆发与法国左翼执政党社会党利用行政和司法资源打击右翼对手不无关系。

（三）从团体到政党：马克龙一骑绝尘成“黑马”

原经济部部长马克龙于2016年4月6日组建运动团体，取名“前进运动”（En Marche !），8 月 30 日辞掉经济部部长职务，11 月辞掉财金监督员职务，并且因为他在国家行政学院毕业后为国家服务未满 10 年而按规定偿还国库 5 万欧元①。马克龙原先的支持率一直落后于勒庞和菲永排在第三位，“空饷门”事件使马克龙成为最大受益者，超越菲永排到了第二位。当然，马克龙做了充分准备，步步为营。一方面，理念得当。比如经济政策方面，他自诩为“就业候选人”，超越“政治正确”，推行实用主义和平衡主义，为企业做减法，减轻赋税，盘活企业资源；同时有“底线思维”，强化国家作用，在社会福利方面做加法，考虑弱势群体利益。他提出“全民失业保险人人受益，领取失业保证金成为基本权利，雇主和雇员都有份，主动辞职和被炒鱿鱼的失业者皆有权领取失业保证金，但失业者在领取失业保证金期间必须接受工资收入差距不太大的岗位，否则将失去领取失业保证金的权利。”②。另一方面，策略得当。比如，为消除颇受大众非议的私人银行家的不利形象，马克龙大刀阔斧地对其资产进行了合法优化的技术处理。他作为总统候选人在政治生活透明化监督局的资产申报表一目了然：没有房产，只有若干小型风险投资③。为了争取广大华裔选票，马克龙在刘少尧遇害后成为第一个也是唯一一个接待刘氏家属的总统候选人。竞选总统必须拥有三大台柱：党派的支持、雄厚的财力和遍布全国、坚定不移的支持网④。马克龙运筹帷幄且对政务亲力亲为，在短短半年构建了其无可比拟的支持网：第一，建制派支持。包括社会党、共和党在内的绝大部分政客已表示支持马克龙，延续法兰西第五共和国历史上建制派政党共同围剿国民阵线的传统。第二，宗教团体支持。法国国内穆斯林团体和犹太团体都公开表示支持马克

---

① 〔法〕朱元发：《五月爱丽舍宫——马克龙政权和法国政治生态》，巴黎太平洋通出版社，2017 年 12 月，第 16 页。

② 〔法〕朱元发：《五月爱丽舍宫——马克龙政权和法国政治生态》，巴黎太平洋通出版社，2017 年 12 月，第 48 页。

③ 〔法〕朱元发：《五月爱丽舍宫——马克龙政权和法国政治生态》，巴黎太平洋通出版社，2017 年 12 月，第 16 页。

④ 〔法〕朱元发：《五月爱丽舍宫——马克龙政权和法国政治生态》，黎太平洋通出版社，2017 年 12 月，第 20 页。

龙。第三，海外法国人士支持。以中国为例，在沪法国人投票显示44%的在沪法国人支持马克龙，而支持勒庞的仅有3%，这种巨大落差也体现在其他主要海外大城市。正是这种扁平化全覆盖的支持规模，确保马克龙能在一个月之内将“前进运动”变为赢得国民议会选举的政党。

（四）非主流成主流：马克龙和勒庞进入第二轮总统大选

法国政坛呈现出主流政党集体败北、非建制派得天下的格局。在《费加罗报》报道的法国总统选战的形势图上，数十年来代表传统左右两翼的红色与蓝色彻底消失，取而代之的是让人倍感异样的橙色（象征“前进运动”）与紫色（代表国民阵线），这是第五共和国政治史上破天荒的第一次[①]。两名获胜候选人都属于非建制派（非传统主流政党）。马克龙虽脱胎于精英体制，底色是社会党，但他把“前进运动”包装成超越传统左右政党，开辟中间道路，同主流保持距离，被法国主流视为非建制派。勒庞所在的国民阵线是典型的反建制派。两者总得票率约为46%，再加上极左翼的梅朗雄（得票率为19.2%），意味着非建制派已经获得了全国总票数的65%以上，成为多数派。法国政治中的这种意外并非偶然，而是有其强大的内在驱动力，反映出法国人政治意识的深刻变化，体现了法国政坛上各种力量的冲突与组合，暴露了第五共和政体中的结构性问题，也昭示着这个国家未来的政治发展前景。

二　本届法国大选折射出法国政治生态的变化

第一，传统政党式微，内部分化明显。天下大势，分久必合，合久必分。法国政党也逃不出这一历史逻辑。传统政党候选人得不到本党党内大佬的支持是本次大选的显著特点，党内凝聚力缺失。在共和党内部，菲永在

① 李旦：《戴高乐主义与第五共和政体——法国政治“不能承受的轻和重”?》，《欧洲研究》2017年第4期，第99页。

“空饷门”后仍执意参选，引发党内100多人宣布退出阵营，其中包括竞选团队经理帕特里克·斯特凡尼尼（Patrick Stephanini）、发言人蒂埃里·索莱尔（Thierry Solere）、让-佛朗索瓦·科佩（Jean-Francois Cope）和布鲁诺·勒梅尔（Bruno Le Maire），为菲永由盛转衰至最终失利埋下伏笔。个别党内大佬之后虽重新支持菲永，也只是无替选方案后的无奈之举。无独有偶，社会党内部，代表社会党传统价值的阿蒙在党内初选胜出后并未得到包括奥朗德在内的社会党自由派大佬的支持。可见，传统政党处于迫切面临重新洗牌的历史时期。

第二，中右翼和极右翼界限模糊。目前在欧洲政坛呈现出“双向”运动趋势，即随着反建制派势力节节攀升，很多中右翼传统政党为了分流其选票，纷纷抛出许多具有反建制派色彩的政治纲领以实现“借力”；而同时，一些反建制派在坚守自身反欧元、反移民的立场之上进行自我“洗白”，从而呈现出一定的建制派色彩。奥地利选举中，年纪轻轻的库尔茨带领人民党获胜的主要原因是该政党从原来的中右翼往右翼靠拢，变成了激进型的政党。库尔茨在担任奥地利外交部部长及移民融合部部长时，就多次明确表示要限制难民入境，对移民问题持强硬立场。在法国中右翼政党党内初选中，菲永之所以凭借“黑马”姿态脱颖而出，是因为其政治纲领中有许多激进措施，迎合了大部分选民的心理，比朱佩的“温和型”立场更具有煽动性。这客观上反映出法国社会的保守主义、民粹主义根基深厚。

第三，左右之争演化为全球化和反全球化之争。法国传统左右政治分野始于大革命时期。长期以来，法国政坛基本呈现出中左派和中右派轮流坐庄的“钟摆效应”，中间派和极端派则在夹缝中求生存。但随着内外危机叠加，各类因素交织，传统左右政党均无法在短短的几年任期内进行体制改革并根治问题，这导致了选民对于传统政客的信任赤字。民心思变，思考法国出路。国内矛盾非常激烈，不同的社会力量、社会群体之间高度对抗，形成了“改革开放”和“封闭保守”的二元对立局面。法国大选第一轮投票显示目前法国的11位候选人中有8位明确要求退出欧盟、欧元区或北约，大选议题被引向全球化与反全球化、欧洲一体化与反欧洲一体化的博弈。而大选中的外交政策争论实质上是马克龙的“开放的独立外交路线”和勒庞的“封闭的独立外交路线”之争①。

第四，高弃投率和白票率折射出法国民众对政客的“信任赤字”和“民主疲劳”。据 Elabe 民调所估计，在社会党党内初选时，有 170 万 ~ 190 万选民参加了当天的投票，比 2011 年社会党第一次举行党内初选时第一轮有 270 万人投票的情况失色不少。此外，总统大选第二轮弃票率高达 24.47%，超过 2007 年的 16.22%，2012 年的 20.53%，创下自 1969 年以来法国总统选举第二轮投票弃票率的第二高峰。白票和无效票数量与 2012 年相比增加了一倍，达到了 350 多万张。传统上，法国大选第二轮采取的是“排除法”，即排除更加讨厌的候选人。在此情况下还呈现出如此高的弃票率和白票率，一方面反映出主体人群对马克龙的不满，日后对其执政而言会形成一股强大的社会抵制力量；另一方面反映出法国社会负面情绪高且不容忽视。

而在立法选举中，法国选民弃票率创造了法兰西第五共和国 1958 年建立以来历次议会选举之最，高达 57.4%。主要原因如下：1. 法国人民对法国政治和选举报以漠视态度，认为投票权利理应让位于周末休息的权利。2. 支持马克龙，但鉴于其稳操胜券而觉得没有必要锦上添花。3. 鉴于对自己支持的政党十分失望，因此尽管不支持马克龙仍听之任之。总之，弃票率之高客观反映出马克龙的民意基础仍旧有松动的可能，需要不断扩大其铁盘。

第五，法国政治从大西洋主义回归戴高乐主义。戴高乐在 1958 年建立法兰西第五共和国，在执政期间对外、对内所提出的一系列基本构想及其奉行的一系列指导原则被称为“戴高乐主义”。其本质包括三个方面：民族主义、独立自主、集权主义。对外政策方面，戴高乐奉行独立自主的外交政策，拒绝依附美国，试图恢复法国的大国地位。对内政策方面，强调总统在第五共和政体中的核心地位②。但自萨科齐以来，法国总统的亲美色彩愈加

① 张骥：《开放的独立外交——2017 年法国总统大选与马克龙政府的外交政策》，《欧洲研究》2017 年第 5 期，第 113 页。

② 李旦：《戴高乐主义与第五共和政体——法国政治“不能承受的轻和重”?》，《欧洲研究》2017 年第 4 期，第 103 页。

明显，被视为对戴高乐主义的“背叛”。马克龙意欲拨乱反正，其竞选纲领代表“马克龙主义”，是“戴高乐主义和中间派的一种不同寻常的混合”，[①] 也可以说是戴高乐主义在新的历史条件下的升级版。马克龙对戴高乐主义的继承首先表现在意识形态领域的务实态度，反对左右壁垒分明的法国传统政治格局，意在团结全体法国人。这种政治上的反体制、反主流的态度吸引了很多期待变革的不同派别的法国人士，其中不乏政界人物如共和党前总理德维尔潘，法国共产党前总书记罗伯特·于。在一些重大根本原则上，如对待全球化上，马克龙支持建设欧盟的态度则与体制内的传统左右派政党基本一致。

三　法国未来展望

作为新任总统，马克龙起点颇高，前景被看好，主要得益于手中的四张牌。第一，议会牌。6 月 18 日，马克龙总统率领的共和国前进党及其盟党民主运动党在 577 个席位中联手砍下约 350 个席位，避免了左右共治，确保其推进改革。值得注意的是，共和党、社会党党员对共和国前进党的“投诚”行为已形成一定规模。社会党从 284 议席坠崖式落到 29 席，甚至不到 1993 年的一半（57 席），究其原因，其中有大量票源流向共和国前进党。在可预见的未来，法国国民议会将出现罕见的“一超多弱”格局。德国《明镜周刊》甚至开始将马克龙称为“埃马纽埃尔一世”。第二，组阁牌。马克龙带领的新一届政府由 23 名部长和国务秘书组成，在政治“光谱”上实现左中右平衡；在性别比例上实现男女平等（22 名内阁成员中有 11 位女性）；人员数量上实现精简治理（前任社会党政府历次组阁都在 30 人以上）；人员构成上纳入公民社会（成员包括著名的环保人士、电视节目主持人等）。这同马克龙在竞选初期所承诺的“中间道路”“女性候选人”“公民社会候选人”等高度一致，增加

---

① 李旦：《戴高乐主义与第五共和政体——法国政治“不能承受的轻和重”?》，《欧洲研究》2017 年第 4 期，第 113 页。

了民众对他的信任感。第三，外交牌。马克龙在外交领域学习速度很快，上任后第二天即赴德国向默克尔“虚心请教”，释放出强化“法德轴心”的积极信号；北约峰会上同美国总统特朗普的“握力比拼”为其形象加分不少；通过邀请普京、特朗普访法，代表欧盟率先向俄美领导人释放善意，展现接触合作姿态；上任后第四天即与国际奥委会主席巴赫通电话，表达其对巴黎申办2024年夏季奥运会和残奥会的绝对支持，7月11日亲自率巴黎申奥代表团赴洛桑进行陈述，为最终胜利保驾护航。第四，公关牌。马克龙具有极强的公关能力，被法国媒体称为“市场营销的产物”。特朗普退出《巴黎协定》后，马克龙立即用英语录制了视频并在其中表示“要令地球再次伟大”（Make the Planet Great Again），暗讽特朗普的竞选口号“令美国再次伟大”（Make America Great Again），并表示法国欢迎美国科学家和其他支持气候协定的各行业人士。一周后，爱丽舍宫便建立专门网站方便美国人注册申请。此举无疑是一次成功的公关行为，加强了法国在全球治理事务中的存在感。

不过，马克龙在内政、外交方面仍面临诸多挑战。内政方面，在经济和社会政策上，马克龙推行了劳动法，其“国退民进”理念旨在扶植私企，短期内盘活资源初见成效，但要兑现5年内减少90万失业人口、削减600亿欧元政府公共开支、撤销12万个公务员岗位的目标还是任重而道远。政党方面，社会党、共和党、国民阵线的力量在不同程度上得到削弱，短期很难对马克龙构成威胁。其中社会党办公大楼出售被视为“从此退出历史舞台”的信号，勒庞因大选辩论发挥失常、军师佛罗良·菲力波（Florian Philipot）退党、政党理念模糊等一蹶不振，目前意欲通过更改党名重整旗鼓。但是从中长期看民粹主义仍根基深厚、伺机而动。一方面，共和党新党魁洛朗·沃基耶（Laurent Wauquiez）理念充斥民粹主义色彩，共和党和国民阵线合流成为大概率事件；另一方面，民粹主义政党在奥地利和意大利的影响力扩大，和国民阵线在欧洲议会层面形成合力。因此，算上政策落地所需要的周期，马克龙实际上推行改革的机遇窗口期时间并不多，应尽快扭转就业低迷、恐怖主义盛行的态势。无论在政治、经济纲领，还是在对待欧盟和全球化问题上，极左派梅朗雄与极右翼勒庞可形成共同夹击马克龙之势。

新总统必须面对弥合左右分歧、提升法国经济地位、处理社会安全等问题。

此外，街头政治不可避免。马克龙欲推行改革，必定会触及不同阶层的利益，其“不左不右”的中间路线虽然宣称会顾及各方利益，但是在具体实施过程中也很有可能陷入损害各方利益的境地。要顶住街头示威、同工会谈判以及最大限度地推行改革，马克龙必须得把好百姓的脉搏。这涉及一个变量，那就是法国的国民性。法国民众的耐心十分有限且稍纵即逝。这对马克龙提出了很高的要求。因此，算上政策落地所需要的周期，留给马克龙改革的窗口机遇期并不多。马克龙是否会遭遇“奥巴马陷阱”？奥巴马医改得罪了美国的中产阶级，马克龙是否会在选民的一片期待声中灰溜溜地收场？这些都不得而知。但有一点很确定，马克龙不是传统意义上的政客。他既拥有政治家所需的顶层设计和底线思维，又掌握了银行家的精明计算和利益交换之道。到目前为止，马克龙已向世人展现出远超其年龄的老练和娴熟。

在外交方面，马克龙推行欧洲主义和多边主义。在欧洲一体化方面，马克龙支持自由开放的价值观，强调作为欧盟成员国的责任，这使得法国可以较好地处理与欧盟其他国家的关系。马克龙力求恢复法国在欧盟不可替代的影响力，重建英国脱欧后的“法德轴心”，并在此基础上推动欧盟全面改革。目前，基民盟/基社盟和社民党的重新合作令人担忧：社民党成为内部掣肘者，批评默克尔对社民党的左翼主张让步过多，兄弟党基社盟也开始表现出离心离德的倾向。默克尔的内外影响力面临缩水，这成为法德合作的双刃剑：一方面为马克龙掌握“法德轴心”的领导权提供了客观条件，但另一方面，默克尔的权力减弱对推动欧盟改革而言并非福音。这一现实窘境可能对欧盟未来的发展造成消极影响，这将反映在欧盟在欧元区、共同防务和难民等议题的未来走向上。

在全球议题方面，马克龙首先将国家安全作为法国对外政策的重中之重。在美国日渐浓厚的孤立主义倾向下，马克龙认识到依靠自己承担防务和安全的责任。他强化国家权威，将国防预算提升至 GDP 的 2%，增加 1.5 万名警力、5000 名欧洲边境警察；强化打击恐怖主义的国际合作，集中针对那些直接威胁法国的地区和势力，为萨赫勒五国联合反恐集团提供支持。但是，这些政策在法国两年来遭受20余次恐怖袭击、300多人死亡的大背景下产生多大的遏制效果还是一个问号。此外，如果法国的经济和财政状况得不到有效改善，安全、福利、发展对资源需求的矛盾将长期困扰法国政府。①

在气候治理方面，马克龙致力于维护《巴黎协定》成果，在巴黎举办首届“一个地球峰会”（One Planet Summit），为《巴黎协定》的达成寻求政治和经济支持。但各国减排行动能持续多久，法国如何在美国退出《巴黎协定》后维护自身引领者的地位和影响力，都将是马克龙值得思考的问题。

四 结论

法国前经济部长、“前进运动”候选人埃马纽埃尔·马克龙当选为新一任法国总统，成为法兰西第五共和国近60年历史上最年轻的总统，也是法国历史上首位来自两大传统党派之外的总统。他率领共和国前进党在议会选举中大获全胜，为其推行国内改革提供合法性。但议会反对党的羸弱使得民众与政府之间缺乏“缓冲阀”。② 未来，如果民众对政府政策的不满升级，在无法通过议会释放压力的情况下，是否会出现1968年街垒冲突？马克龙又能否运用各类手段有效应对危机，化险为夷？在外交方面，马克龙是否能够带领法国推行开放的独立外交政策，并实现法国的伟大复兴？让我们拭目以待。

① 张骥：《开放的独立外交——2017年法国总统大选与马克龙政府的外交政策》，《欧洲研究》2017年第5期，第124页。

② 李旦：《戴高乐主义与第五共和政体——法国政治“不能承受的轻和重”?》，《欧洲研究》2017年第4期，第114页。

B.4

2017年法国新劳动法改革法令的出台与分析*

王　鲲**

摘　要： 2017年5月，马克龙当选法兰西共和国第25位总统。在竞选纲领中，他就承诺将对原劳动法进行大刀阔斧的改革。9月初，法国新劳动法改革法令出台。这部法令与2016年社会党政府推行的劳动法改革时隔仅一年。2016年劳动法产生过程艰难曲折，间接导致了社会党在随后的总统竞选中落败。2017年劳动法改革是马克龙交出的第一份答卷，其涉及的领域有哪些，是否得到民众支持，引发了什么反响，预期会有什么效果？

关键词： 法国劳动法改革　社会运动　就业政策

2017年5月，马克龙当选法国第25任总统。他上任之后所做的第一件大事便是进行新的劳动法改革。经过与工会长达两个半月的协商、暑期紧张的撰写、最高行政法院的审议，政府总理菲利普和劳动部部长佩尼科于8月底共同向外界发布了这部法令的草案。草案于9月中旬获得国民议会的授权，9月22日，马克龙总统签署了该法令，于25日颁布生效，签署过程通过电视进行了直播。11月28日，该法令获得国民议会的高票通过，准备于

---

* 本文受北京外国语大学一流学科建设资助，项目名称：马克龙劳动改革与法国新型劳资关系研究。

** 王鲲，北京外国语大学法语系副主任、讲师，主要研究方向：社会学、国际关系。

2018年3月29日经参议院通过，获得正式法律地位。

这个法令的出台，主要是针对法国长期以来挥之不去的就业难题，希望通过提高企业用工的灵活性，来提振劳动力市场，从而缓解失业压力。该法令分为5大项、36条具体措施，内容包括灵活处理企业协商规则、合并企业内的员工代表机构、降低解雇标准、规定补偿上限、建立自动离职法律框架等。这一系列改革措施赋予了企业与职工直接协商的权力，赋予了行业协商更高的地位，弱化了工会的作用，简化了劳资谈判，降低了解雇的司法门槛，减少了企业用工成本，尤其注重提高中小企业用工的灵活性。

相较于2016年瓦尔斯政府出台的劳动法改革法令（Loi El Khomri）所经历的曲折过程，2017年劳动法改革法令的通过可谓是顺风顺水。为什么这两部法令的遭遇如此不同，新劳动法改革法令为什么会那么顺利地出台？法国的政党、工会等有什么反应？新劳动法能否改善就业情况？会给法国经济带来怎样的影响？

一 法国新劳动法改革法令的出台

新劳动法是新政府的第一项重要改革，马克龙视之为“解决法国一切问题之源”。只有进行结构性改革，才能缓解失业压力。在上一届政府中，马克龙曾经担任经济部长，当时就以支持经济自由化著称。然而囿于僵化的行政体制和工会的巨大阻力，加之社会党党内意识形态的掣肘，上一届政府的改革步履维艰。在总统竞选纲领中，马克龙清晰地提出了改革过于繁复、过于僵化的规章制度，给企业和行业协商带来更为贴近现实、注重实效、符合劳资双方利益的解决方案。

法国失业率长期接近10%，青年失业率更高达25%，有些地方的青年失业率甚至逼近50%。失业成为困扰法国的“慢性病”，它不仅给这个西欧发达国家带来了社会贫困，还为极右势力的兴起与恐怖主义的滋生提供了温床[①]。法国

① 慕阳子：《“马克龙改革”在路上》，《世界知识》2017年第20期，第44页。

目前的失业率几乎是英国的两倍。法国政府意识到，想要降低居高不下的失业率，必须先降低企业雇佣和解雇劳工的难度①。

法国政府认为，现行的劳动法典包含的法律制度给予员工过高的福利、赋予了工会过大的权力，不定期雇佣合同（CDI）几乎成了“铁饭碗”，这使企业用工的成本过高，一旦需要裁员，往往导致旷日持久的罢工和谈判，巨额的解聘补偿成为企业沉重的负担，导致企业竞争力低下，投资者畏缩不前。这种情况进一步导致法国企业在全球市场的竞争力下降、制造业外迁等问题，使法国经济长期陷入低增长、高失业、高逆差、高负债的困境。

要想摆脱经济困境，必须从改革劳动法入手。新劳动法改革法令的主旨是盘活法国劳动力市场，通过赋予企业更多灵活性和自主权，使聘用和解聘劳工的程序更趋简化，为劳动力市场松绑，以期借此提升法国经济活力和国际竞争力。该法令为企业，特别是中小企业提供用工便利。中小企业在法国经济中，占有举足轻重的地位。根据法国国家统计局的数据，法国共有包括小微企业在内的中小企业 380 万家，占企业总数约 99%，吸纳了 49% 的就业人口（约 698 万人）。

此次改革对法国经济意义深远，同时也有着一石二鸟的政治意义。首先，马克龙要在立足政坛未稳之际一炮打响，避免其他党派的批评和阻挠，就必须要在新总统人气最高的时期，利用选民求变的心理，在第一时间完成改革法令，以免夜长梦多。事实证明，马克龙很好地抓住了时机，在其他党派还在选后内部重组的时期，就干净利索地完成了这项改革的立法程序，与上一届社会党政府的艰难局面，形成了很大反差。

除了法国内政的需求外，马克龙也需要用这场改革为法国重新回到欧盟的领导核心铺路。在奥朗德任总统时期，法国经济重振困难，而德国在危机面前保持了相对稳定的水平，这种差异一度使“法德轴心”向德国倾斜。

① 葛文博：《刺激经济，法国推动劳动法改革》，人民网，http://world.people.com.cn/n1/2017/0914/c1002-29534109.html，最后访问日期：2018 年 1 月 6 日。

不幸的是，难民危机又让德国在欧盟内刚刚获得的政治话语权大打折扣。随着英国脱欧从票决结果逐步变成现实，法国重新看到了自己在欧盟中影响力的恢复。通过坚定地推动改革，马克龙政府希望向德国和欧盟其他国家展示他的经济抱负和信心，“法德轴心”的政策协调性将得到恢复和加强。两国作为欧盟经济压舱石的作用将体现得更为明显，这有利于欧元区的经济稳定和财政改革的进行，有利于激活欧盟整体的经济活力。

因此，马克龙总统的新劳动法改革是一项志在必得的改革。他在当选前和当选后曾经多次在公开场合表达了改革的决心，并得到了法国公众舆论的呼应。为了这项改革法令的顺利出台，他做了长期的准备和周密的安排。在法令草案出台之前，政府分别与各大工会进行长时间的协商。从马克龙当选后的5月中开始，一直到7月底总理府的会议，历时两个半月。可以说，就此问题政府与工会进行了充分的沟通和协商。因此，从法令8月底公布到9月底签署实施，政府把工会的压力减到了最小。

此外，政府根据宪法第38条的规定，选择使用行政法令的形式来立法，也是一个策略性的安排。一方面，行政法案的时效性强，产生时间短，生效程序简单，总统签字后，即可立即执行。这样的安排可以绕开议会中可能发生的、“马拉松式”的辩论，加快立法进程。另一方面，政府目前在国民议会当中拥有绝对多数，从法令生效到议会审议并批准其法律地位的立法渠道畅通无阻。政府可以在第一时间颁布实施法令，并在其后的三个月里等待议会的辩论和通过。这样既可以尽快收到政策的效果，又可以顺利地将法令提升到法律的高度。这一系列的安排可谓环环相扣，布局缜密。

那么这样一部法令涉及劳动法哪些方面的变化、创新，又是否得到其他政治行动者的支持，在未来会产生哪些影响呢?

二　法国新劳动法改革的主要措施

近年来，法国经济低迷，GDP增速在1%左右徘徊。民众饱受其苦，迫切期待改革，其中对劳动法的改革呼声最高。有调查数据显示，约有63%

的法国人认为现行劳动法在很多方面已不合时宜，40%的人支持深层次改革劳动法，52%的人认为劳动法改革法令将促进就业并激活市场活力。此次劳动法改革法令分为5项法令、36条具体措施。五项法令分别为：

1. 关于加强集体谈判的法令；

2. 关于在企业中重新组织社会经济对话及促进工会职责的行使与体现的法令；

3. 关于劳动关系的可预见性与安全的法令；

4. 关于集体谈判框架的若干举措的法令；

5. 关于职业预防账户的法令。

最主要的变化和创新集中在两个方面，第一个方面是用工制度中裁员规则的变化，第二个方面是劳资双方谈判等级次序的变化。

其一，解雇员工的规则发生了较大的变化。法令对仲裁机构和法庭职权范围、解雇赔偿标准、赔偿追溯期限等做了较为明显的调整。解聘职工的补偿额度从一年工龄抵20%月薪提高为25%，与此同时，企业解雇的仲裁赔偿根据工龄封顶。在企业无理由解雇（licenciement abusif）的情况下，由劳资调解法庭裁定补偿金额，法庭的上诉期限从24个月下降到12个月。30年工龄的解聘补偿封顶，不超过20倍月薪。但假如申诉人上告的理由是歧视或有损雇员根本权利，补偿封顶条款便无效。10年内工龄每年按1倍月薪折抵，超过10年的部分，按1.5倍月薪折抵。法令也预见了保底补偿，超过两年工龄的补偿3倍月薪，不足两年的，补偿1倍月薪。此外，企业因为经济不景气而进行经济裁员（licenciement économique）的情节，为经济原因解雇员工提供理由，企业只需要提供其在法国的财政状况，而不需要提供全球的财政状况。

可以看出，新的劳动法改革法令让企业解雇员工的成本得到了严格的控制，大大提高了可预见性。法国政府网站甚至还提供了解雇成本计算服务。这给达沃斯论坛上认为法国解雇成本太高的投资者吃了一颗定心丸。

其二，雇主、雇员、工会的谈判规则改变了。一方面政府的法令允许11人以下的小企业主与雇员单独谈判，而不需要求助于工会。在法国，几乎所有 11 人以下小企业连一名工会代表也没有。这迫使中小企业在多数情况下必须遵守统一的行业协议的规定（les accords de branche），只有涉及周日工作补偿条件的协议例外，雇主和雇员可以自行谈判。新法令改变了这一局面，允许企业主与雇员就所有不属于行业管辖的问题进行谈判，且无须工会代表参加。多数员工投票表决就可以签署一项协议。

且这条措施将扩大到 11 ~ 20 人的企业。这种规模的小企业若无工会代表，始终可以直接跟一名员工代表讨论问题，无须求助于工会委派代表制。过去，企业员工为了和资方谈判，需要邀请一名工会代表，实际上，通过工会代表，工会组织对劳资协议的最终文本拥有监视权。这对不愿意工会组织插足他们事务的企业主来说是非常积极的改变。法令还允许 20 ~ 50 人的企业和无工会委派的员工代表谈判。这个机制将工会、行业协议的效力置于企业直接谈判和票决之下，因此也被称为谈判次序倒置，实际意图就是要把工会的影响力排除在中小企业之外。

观察家认为，中小企业是法国经济的重要组成部分，这一法令将应用于法国近 700 万领薪雇员，将大大促进中小企业的灵活性与竞争力。企业主联合会对此法令表示支持。而工会组织则表示反对。他们认为工会的角色就此削弱，而普通员工缺乏法律知识、必要的辅导培训和谈判技能，现在的法令容易将他们置于弱势地位，谈成的协议不应具有法律效力。

除此之外，削弱工会势力的还有一项举措，即合并员工代表机构。一部分员工代表机构将与企业委员会合并，企业委员会对部分议题有一票否决权。这是雇主提出的要求。员工代表机构（IRP）合并将通过企业协议实现。今后员工代表机构将从 4 个合并为 2 个。新机构名称为企业理事会（Conseil d'entreprise）。在没有工会代表的情况下，企业理事会可以就协议进行谈判，对涉及职业培训和男女平权问题的协议拥有否决权。但新法令未提及企业理事会的成员人数和为理事会工作的时数，这些细节今后将通过后续法令加以明确。

可以看出，新劳动法改革法令的另一个意图就是通过架空工会给企业松绑，赋予企业更大的用工灵活性，以促进企业减员增效。但是在法国这个拥有悠久工会传统的国家，工会是否会对这样明显触动自己奶酪的新法令泰然接受呢？

三 新法令所引起的反响

劳动法改革触动职工和工会的利益，工会又有着强大的社会动员能力，因此劳动法改革在法国历来是一个非常敏感的问题。失业问题长期困扰法国。法国历届政府为松动过于死板的用工制度均做出过不小的努力，但都阻力重重。希拉克治下的朱佩政府在1995年提出“促进就业合同”和“青年就业合同”时在当年就经历了法国历史上最严重的罢工，德维尔潘政府的“首次雇佣合同”法令虽经议会通过，却迫于街头政治的压力撤回。萨科齐治下的菲永政府曾于2007年要求削减退休金及公务员岗位，2008年推动“星期天工作法令”，2010年继续要求改革退休制度。一系列措施多次引发规模庞大的罢工运动。奥朗德治下的瓦尔斯政府在2016年的劳动法改革试图放松35小时工作制、降低解雇条件，遭到了工会的强烈反对。

不同的是，2017年新劳动法改革法令的出台过程一帆风顺。正如“不屈的法国”运动的领袖梅朗雄所言：“应该到来的雪崩没有发生。”如果说政府为法令的通过做了充分的准备，工会和党派之间的罅隙，也助推了法令的通过。首先在立法层面上，政府利用自己在议会中的多数优势，在8月初议会休会之前获得了制定法令的授权（Loi d’habilitation），从而保证了法令在9月的顺利颁布。接着，11月底，议会经过辩论后，毫无意外地通过了该法令（463票支持，74票反对，20票弃权）。

除了议会路径之外，政府还针对反对法令的街头运动采取了预防措施。从5月23日马克龙接见各社会伙伴代表开始，政府与劳资各方代表就法令的具体条款展开了分头谈判，经过整个夏天，政府反复斟酌将哪些谈判成果纳入法令，其目的在于通过不同条款的选择，引发工会内讧。这个策略是成功的。当8月底法令草案公布时，法国民主工会（CFDT）与工人力量工会（FO）两家因为自己所提的条件基本得到了满足，因此态度犹疑，未全盘否定该法令。比如法国民主工会的秘书长洛朗·贝尔热尽管对此次改革法令的内容表示失望，认为政府错失了一次加强社会对话的良机，改革政策对工薪阶层不利，但是他并“不主张呼吁参加9月12日的游行示威”。而法国民主工会内部分行业工会和法国总工会（CGT）则坚决反对该法令，并呼吁罢工游行示威予以抵制。工会内部出现了多种声音。

法国的雇主联合会组织普遍对新劳动法改革法令表示欢迎。法国中小企业联合会（CPME）主席阿塞林称此改革内容“特别务实”“满足中小企业的实际需求”，但希望保留行业协议在6个议题上的效力，因为在这些问题上，小企业主往往受到仲裁委员会的压制。法国雇主协会（MEDEF）主席加塔兹表示：“政府提出的劳工法改革法令增强了商界领袖的信心……在我们看来，在构筑符合企业实际情况的劳工法过程中，此项改革法令是重要的第一步……雇主协会也自然会按规则行事……我们希望企业能有更多余地，但也接受协商达到的这个平衡点。”法国雇主联合会最终同意了政府的法令。

极左翼政党联盟“不屈的法国”（La France insoumise）议员阿莱克西·科尔比埃尔将改革法令定义为政府对劳工法“明显的侵犯，……这是对劳工法明显的、蓄意的侵犯”。面对议会反对派的无力反对和工会内部不团结的声音，“不屈的法国”运动领袖梅朗雄决定发起攻势，号召在9月法令签字后的那个周末上街游行。但是，由于缺乏事先的协调，他宣布的日期比法国总工会宣布的罢工和游行日期晚了一周多。由于工会有自己的法团主义（corporatisme）传统，不愿意与党派搅在一起，而梅朗雄刚刚从总统大选的落败中走出来，正在试图恢复个人声誉，也不愿意工会来抢风头，故此，两家之间没有做任何妥协，各自组织游行示威，这一局面在很大程度上分散了支持群众的力量。根据内政部的数字，总工会的游行聚集了22万人，而梅朗雄的游行只有3万人参加。11月，法国民主工会和法国总工会发起最后一搏，向宪法委员会提交反对该法令的意见，并再次号召游行，希望将工会中部分反对法令的力量聚集起来，但响应者寥寥，仅8万人参加了游行。宪法委员会已经大体通过了该法令的审议，而各个党派也在为应对接踵而来的失业保险、养老金等其他改革法令积蓄力量。工会和反对党对法令的阻击就这样被政府巧妙地化解了。

与此同时，其他党派因为在刚刚过去的总统大选中落败，正在进行内部重组。左翼社会党在大选中因为内部分裂而败选，至今仍然没能找到新的领袖。社会党中的改革派向中间派共和国前进党靠拢，而更为保守的社会党人滑向了极左阵营。社会党还将长期进行内部调整和重组，对政府的改革法令完全无力应对。

右翼主要反对党共和人党候选人和部分政治元老宣布退出政坛，新生代之间正在为了在下一届党代会争取政治势力而奔走。共和人党处于群龙无首的状态，全然无暇反对政府的新法令。当沃基耶当选共和人党新党魁的时候，新法令已经在议会顺利通过了。极右派国民阵线党也发生了解体，总统竞选期间汇聚到党内的杜邦-艾尼昂和老勒庞的孙女玛琳娜-马雷沙尔·勒庞都退出了国民阵线，玛琳娜·勒庞一时间有将无兵，也顾不上自己在败选演说中的“成为最大反对党”的承诺了。仅有国民阵线党秘书长尼古拉·贝伊言辞激烈地抨击了相关法令：“雇员的社会保障将岌岌可危，短期合同（CDD）将会更加普遍，相比之下长期合同会减少。员工的福利被削减，政府的这项改革实属‘精心准备的欺诈行为’。”

应该说法令的顺利通过，在很大程度上得益于法国的政治时局和马克龙及其政府对时局的准确判断和对社会伙伴的干预。然而，虽然顺利通过，这个法令的实施效果还是未知数。在法国，50人以下的中小企业中，只有4%有工会，而在没有工会也没有工会代表参与的劳资谈判中，劳动者无疑将处于弱势。他们能否获得相应的知识、信息、能力，进而在与资方的谈判中维护自己的权益成为未知数。

从另一方面来讲，资方收到工会和行业规范的约束会大大减小，对补偿的上限和下限的降低使得企业辞退员工，甚至是恶意辞退（无理由裁员）时的成本可控，这对于法国企业减负增效，提升竞争力，是个相当大的利好。但这样的举措最终是否能够达到降低失业率、提振法国经济的目的，其结果还有待观察。

四 结论

马克龙是一个主张经济自由化的总统。新劳动法改革法令与2016年的社会党强行通过的艾尔·科姆里法一脉相承。新法令的通过得益于总统享有议会多数席位，也得益于在野党派忙于自身重组，无暇顾及政府改革。这样的自由主义倾向的改革在法国社会并非没有遇到阻碍。尽管法国民心思变，在新法令出台后，总统马克龙的支持率还是下跌了10%。所幸他刚刚当选，虽然遇到了阻力，但支持率并未跌破50%，而且随着后续改革的陆续推出，他的支持率也缓慢回升。

对比新旧劳动法改革，可以看出其改革思路如出一辙，但是后者采取的手段相对温和、灵活。另一大区别在于奥朗德的总统竞选纲领里完全没有提出明确的劳动法改革思路，而在执政第5年推出一个高度自由化的法令，令法国人大跌眼镜。与此截然不同，马克龙的竞选纲领里对企业的谈判方式提出了批判，且早就提出必须要改革现有的谈判规则。

另外还有一点不同，就是社会党当时虽然也拥有议会多数席位，但是法令的自由化倾向，让社会党内的不同派别之间产生了重大分歧，继而在议会多数派中出现了自称“投石党”的社会党反对派。正因如此，总理瓦尔斯不得不三次用宪法49.3条，不经议会投票，强制推行法令生效。这一做法也激起了强烈的社会反响。工会发起了声势浩大的抵制劳动法改革法令的运动。由于马克龙领导的共和国前进党是在选后才组成的，议员中相当大比例都来自社会伙伴，初次当选的新议员比例很高，共和国前进党甚至还给他们开班讲授如何履行议员职责。这就决定了共和国前进党的议会阵营内很容易达成一致，非常团结，也不存在重大的意识形态分歧干扰法令的通过。

此次改革法令是马克龙在上一届社会党政府内任经济部长时提出自由主义经济思想的延续和深化。相比2016年，新劳动法改革开局较好。法令公布前通过各种渠道发声，使改革政策成为法国民众关注的焦点。法国民众人心思变，很快接受了新的政治领袖及其政治纲领，改革还算成功。但是，劳动法改革自身并不能直接带来就业，需要更进一步的改革举措，如创造转岗再就业的机制（如转岗职业培训、职工继续教育等）、改革失业保险制度（提高保障水平，降低保障年限，配合利用再就业手段）、改革退休制度（延长退休年限，逐步落实延迟退休等）。

与此同时，劳动法改革法案中放松解聘条件，限定解雇最高赔偿额度，削弱工会作用，必然招致工会的反击和其他政党的诟病。虽然目前法国政治格局调整尚未完成，需要一段时间，但是未来反对党逐步稳定后，势必会就此问题发难。是否能够回应这些发难，最重要的前提是共和国前进党在任期内必须实现经济的提振，改善总体经济形势，用事实说话来回应反对派的责难。这就应了中国人那句话："实践是检验真理的唯一标准。"没有实践上的成果，再好的改革设计也只能落于空谈。新劳动法改革的效果究竟如何，还有待观察。

历史地看，这次改革可以说是法国经济自由化的必然产物，实际上是对20世纪80年代实施的社会政策的一种消解。如果说政客用社会福利来换取选票和政治稳定是代议制民主的副产品的话，自1981年法国社会党执政以来，法国政府赋予了法国社会福利建设过重的意识形态色彩，不断推出社会福利政策来解决失业问题，如推行39小时工作制（在若斯潘政府执政时期缩减至35小时），退休年龄提前，提高最低工资和失业救济水平等。但是这些政策最终增加了企业税收负担和用工成本，压制了企业的活力。

表面上看，劳动法改革是为了改善法国失业状况，背后实际是因为国家财政入不敷出，税收无法继续支撑高水平的社会福利支出。而要想触动劳动保障这块巨大的蛋糕，就要拆解高保障劳动制度的保险栓——工会。我们可以看到，此次改革的两个核心举措就是打压工会和削减福利，其目的就是将法国经济改革朝着自由化的方向推进。

究其根源，国家财政入不敷出的根本原因是资本主义进入金融资本主义发展阶段所带来的后果。也就是说，随着全球化的深入，金融资本实现了在全球的自由流动。金融资本主义的蓬勃发展，导致了资本放弃回报率相对较低的实体经济，转而追逐回报率更高的金融产品。这意味着剩余价值将不再继续投入再生产和科技研发领域。然而，放弃对科技研发的投入，就导致了科技和产品的垄断地位、主导地位的丧失，不可替代性减弱，在资本引导下，实体经济陆续外迁到人力资本和法律成本较低的发展中国家，于是法国的企业，特别是中小企业不景气，造成长期的就业人口大规模失业。

这其中，科技的发展成为关键一环。马克思认为科技是推动生产力发展的重要因素。中国改革开放初期，邓小平也提出“科技是第一生产力”的论断。不仅中国如此，当时世界许多国家都相继提出知识经济的概念。20世纪80年代美国一些经济学家就提出了与古典主义经济学理论相反的观点，即与对生产投资会有某种效益递减的现象相反，对知识生产的投入会产生效益递增的现象①。反观法国的发展，因为华盛顿共识力推经济和金融自由化，法国左右翼政府执政时期有都对此趋之若鹜，而过去由国家主导，集中力量发展出来的支柱产业如航空航天、高铁、核电等优势产业逐步失去了领先优势。这无异于对法国高福利的社会模式釜底抽薪。一面是支柱产业失去竞争优势，另一面是削减福利阻力重重。

而今劳动法改革依旧存在风险。企业经营从实体化转为金融化的威胁始终存在，没有法律保障企业主从辞退员工中抽回的资金会进入再生产循环，而不是投入金融市场。法国经济大局的好坏在很大程度上决定了这部新劳动法改革法令是否会“长寿”。正如法国国民议会左派社会党议员团主席奥利维埃·富尔（Olivier Faure）所声明的：“这些不能达成预期效果的法令将有损劳资关系，……这些解决大众失业问题的举措实质在于削减员工福利。事实上，雇员的利益被这场改革忽视了。”如果不提高法国的科技竞争力，特别是具有世界领先地位的科技研发能力，从而改善法国经济在全球的竞争力，单纯这一项改革只会适得其反，加重的失业问题，加深社会贫富分化，激化社会矛盾冲突。马克龙在接受采访时曾表示，决心对法国社会经济模式进行大规模改革，降低税收，改善法国创新、创业环境，吸引科技人才回流法国，提升法国的竞争力。他也表示了解法国人民迫不及待的心情，但是凡

① 丁一凡：《智慧化世纪》，中国发展出版社，2000。

事都不能够一蹴而就。对新劳动法改革法令和法国经济的未来，我们还需要保持谨慎乐观，拭目以待。

中文参考文献

1. 葛文博：《法国劳动法改革："绝不向懒惰者让步"》，《宁波经济》（财经视点）2017 年 11 月 10 日。
2. 李鸿涛：《法国劳动法改革面临挑战》，《经济日报》2017 年 7 月 13 日。
3. 李楠：《战后法国劳资关系的变化及对我国的启示》，《法国研究》2002 年第 2 期，第 147～156 页。
4. 刘扬：《法国劳动法改革顶层设计之争》，《中国劳动》2016 年 12 月 23 日。
5. 慕阳子：《"马克龙改革" 在路上》，《世界知识》2017 年第 20 期，第 44～45 页。
6. 荣婷：《见贤思齐，师夷长技——浅谈法国劳动法对中国的启示》，《法国研究》2007 年第 1 期，第 33～40 页。
7. 张平：《法国劳动法中解雇权的变迁及其启示》，《清华法学》2012 年 3 月 15 日。
8. 周忆：《论中法两国劳动法基本原则之异同》，《公民与法》（法学版）2010 年 8 月 25 日。

外文参考文献

1. «Code du travail: comment Macron a progressivement éliminé toute opposition», http://www.lejdd.fr/politique/code-du-travail-comment-macron-a-progressivement-elimine-toute-opposition-3505799.
2. «Droit du travail: La réforme "ne crée pas mécaniquement de l'emploi"», prévient Pénicaud, http://www.20minutes.fr/politique/2179259-20171130-droit-travail-reforme-cree-mecaniquement-emploi-previent-penicaud.
3. «En 5 actes, comment Mélenchon et les syndicats se sont progressivement éloignés», http://www.lejdd.fr/politique/en-5-actes-comment-melenchon-et-les-syndicats-se-sont-progressivement-eloignes-3469145.
4. «Popularité: Emmanuel Macron a inversé la courbe», http://www.lejdd.fr/politique/popularite-emmanuel-macron-a-inverse-la-courbe-3522767.

5. «Réforme du Code du travail: “Le texte est quasiment définitif mais il peut être corrigé à la marge”», assure Edouard Philippe, http://www.20minutes.fr/economie/2124387-20170831-direct-ordonnances-midi-saura-prepare-gouvernement.
6. «Réforme du code du travail: la loi El Khomri (ou loi Travail) décryptée», https://lentreprise.lexpress.fr/rh-management/droit-travail/reforme-du-code-du-travail_1713860.html.
7. «Réforme du code du travail français en 2017», https://fr.wikipedia.org/wiki/Réforme_du_code_du_travail_français_en_2017.
8. «Réforme pour le renforcement du dialogue social», http://travail-emploi.gouv.fr/grands-dossiers/renforcement-dialogue-social/article/la-methode-et-le-calendrier.
9. «Réforme du Code du travail: ce qui change dans les entreprises», http://www.lejdd.fr/politique/reforme-du-code-du-travail-ce-qui-change-dans-les-entreprises-3444389.

B.5
马克龙总统的反恐举措*

李书红**

摘　要： 近年来，恐怖主义活动给法国的经济和社会生活带来巨大影响。马克龙总统上任后，履行自己的竞选诺言，将反恐列为优先考虑的重点工作内容，并推出了两项重大的反恐举措，试图从情报和司法方面加强法国的反恐能力。两项措施承袭了多年来法国在相关领域内的经验，缺乏实质性的创新之处，表现出马克龙在反恐事务上的务实与谨慎态度。

关键词： 反恐　情报　法律

法国是国际恐怖主义的主要打击目标国家之一，2017 年上半年，法国本土发生 5 起恐怖袭击事件，截至 10 月，反恐机构还成功阻止了 13 起恐怖袭击计划。① 面对接连不断的恐怖袭击浪潮，法国政府决定将 2015 年 11 月开始的紧急状态有效期延长至 2017 年 11 月 1 日，并实施了 160 次行政搜查，63 宗居留地软禁，设立了 80 个大型活动安全保护区。② 鉴于恐怖袭击带来的危害及其影响力，总统大选期间，各候选人纷纷将反恐纳入自己的

* 本文受北京外国语大学一流学科建设经费资助，项目名称：马克龙时期的法国外交。

** 李书红，北京外国语大学法语系副教授，主要研究方向：欧盟及相关问题研究。

① «Sécurité：ce qu'il faut retenir du discours d'Emmanuel Macron»，http：//www. rtl. fr/actu/politique/securite - ce - qu - il - faut - retenir - du - discours - d - emmanuel - macron - 7790575944，查阅日期：2017 年 10 月 28 日。

② https：//www. interieur. gouv. fr/Actualites/Securite - interieure - et - lutte - contre - le - terrorisme/L - essentiel - du - Projet - de - Loi - renforcant - la - securite - interieure - et - la - lutte - contre - le - terrorisme2.

竞选纲领，表示要采取措施保证法国的安全，对恐怖主义行为给予毫不留情的打击。5 月，新当选的马克龙总统更强调要将反恐作为其施政的优先关注点。上任后 1 个月，马克龙便先后推出了两大举措：1. 成立直接面向总统的国家反恐中心（Centre nationale du contre – terrorisme），加强反恐情报工作；2. 提交并促成议会批准通过《加强国内安全和反恐斗争法》（Loi renforçant la sécurité intérieure et la lutte contre le terrorisme），强化行政机构在反恐斗争中的作用。

一　国家反恐中心

（一）职责

成立国家反恐中心是马克龙在大选时的承诺。2017 年 4 月 20 日，一名法国警务人员在巴黎香街被枪杀，随后恐怖主义组织“伊斯兰国”宣称对此次袭击事件负责。4 月 21 日，总统候选人马克龙表示要在当选后成立一支能在半小时内做出应对的“任务部队”（task force），直接面向总统，以便更有效地打击不断猖獗的“伊斯兰国”恐怖主义威胁。当选后，马克龙积极推进该计划的落实。2017 年 6 月 7 日，国家防务与安全委员会（Conseil de défense et de sécurité nationale）通过决定，国家反恐中心正式成立。

国家反恐中心的主要职责是汇聚法国现有各部委下设的情报机构的力量，打破部门壁垒，加强机构间的沟通与协调，分享情报信息，为制定切实有效的反恐战略，采取有针对性的措施提供信息支持。国家反恐中心没有将工作范围局限在马克龙大选时所确定的打击“伊斯兰国”恐怖主义活动，而是更宽泛地涵盖了包括“基地”组织在内的所有恐怖主义组织。国家反恐中心隶属国家情报和反恐协调处（Coordination nationale du renseignement et de lutte contre le terrorisme），24 小时全天候不间断运转，保证总统能随时了解恐怖威胁的最新情况。在 6 月 7 日的声明当中，总统府强调国家反恐中心的工作重点是统一协调各部门情报，而非新的一级高级别决策机构，也不参与任何具体的反恐行动。

（二）人员配备

高级别的情报协调机构并非马克龙总统的首创，但同以往相比，此次国家反恐中心的人员配备更加强大。国家反恐中心以情报分析人员为主，分别来自与反恐情报工作相关的各个部门。目前，二十多位分析专家已投入工作，希拉克时期国土监视局（Direction de surveillance du territoire）[①] 原头号人物布斯凯·德·弗罗里昂（Pierre de Bousquet de Florian）出任中心领导。其丰富的经验和高声望有利于促进传统上妒忌彼此特权、相互争锋的各个情报部门间的交流与合作。

（三）创建原因

国家反恐中心的组建有多方面原因。首先，国际恐怖主义日益猖獗，活动范围不断扩大，行动日益隐秘。由于反恐离不开情报工作的支持，情报工作在反恐斗争中的重要性不断凸显，如何提升并加强情报工作的效率和力度便成为近几任总统共同关心且无法回避的问题。而近年来法国遭受的一系列恐怖活动更让新当选的马克龙总统必须采取有效措施，确保国家及人民安全。马克龙表示“信息的分享是情报工作的第一战役”。[②] 其次，法国反恐机构纷繁交错，缺乏统一的管理和协调，妨碍提高情报工作的效率。21 世纪初，时任法国总统萨科齐和奥朗德都先后设立了类似国家反恐中心的情报协调机构。但是由于法国的各情报部门直属不同部委，长久以来，各部门形成了各自特有的部门文化和工作方式，相互之间各自为政的情况突出，彼此

---

① 领土监视局为法国内政部下的情报机构，2008 年并入国家情报总局，2014 年更名为国内安全总局，是法国十分重要的情报部门。

② «Sécurité: ce qu'il faut retenir du discours d'Emmanuel Macron», http://www.rtl.fr/actu/politique/securite-ce-qu-il-faut-retenir-du-discours-d-emmanuel-macron-7790575944，最后访问日期：2017 年 10 月 28 日。

缺乏交流与沟通，使协调机构在工作中困难重重，难以取得令人满意的效果。此次马克龙成立新的国家反恐中心，决意打破部门壁垒，使情报工作更加有效地服务于反恐大局。最后，自 2015 年 11 月巴黎遭受一系列恐怖袭击之后，情报部门的工作效率和统筹能力受到多方质疑。国内安全问题状况令人担忧，恐怖主义阴影不断扩大，而之前奥朗德总统又缺乏特别建树，这致使群情激奋。马克龙以情报部门为着手点，加大反恐力度。无论从大选期间的竞选策略还是上任后的执政方向的角度分析，马克龙加大反恐力度不仅是情势所致，更有不容忽视的政治意图。

（四）谨慎的态度

法国反恐情报部门的复杂局面让新上任的马克龙总统在彰显其反恐决心的同时，也采取了较为谨慎的态度。“我无意于撼动现有的反恐机制，而是努力确保各部门的稳定，以持续提升反恐能力和专家分析判断的能力，我希望给情报部门提供必要的手段，增加情报人员的数量和多元化，改善包括司法部门在内的信息情报交流”。[①] 实际上，在宣布创建国家反恐中心之初，各方就对马克龙的这一想法提出了质疑。情报届不少声音担心马克龙此举无疑是在业已纷繁复杂的情报机构又添加了一个冠冕堂皇的官僚机构，非但不能提高情报工作效率，反而会影响现有机制的平衡及稳定，乃至给往往需要快速做出反应的反恐行动带来不便。正是针对这种质疑，政府才多次强调国家反恐中心的协调属性和非决策性及不参与具体行动的特质。但同时，马克龙总统也希望能以此为契机，在 4 ~5 年内全面提升国内安全措施的现代化程度。

（五）法国反恐机制主体结构

法国反恐机制主要由司法部、内政部、武装力量部（原防务部）、公务

---

① «Le renseignement, clé de voûte de la lutte antiterroriste, selon Macron», https://www.boursedirect.fr/fr/actualites/categorie/politique/le-renseignement-cle-de-voute-de-la-lutte-antiterroriste-selon-macron-afp-b5df45bf4b2f2ed9799fdae63035470520b74df5，最后访问日期：2017 年 9 月 21 日。

行动和公共账务部（原经济、财政和工业部的一部分）等多个部委的相关机构组建而成。法国重大的反恐决策源于国家的多个高层机构，各机构的职能各有侧重。

国家防务安全委员会（Conseil de défense et de sécurité nationale，即原国内安全委员会 Conseil de sécurité intérieure）负责制定国内安全和反恐斗争的总体纲要和大政方针，确定工作优先等级。该委员会由总统主持，成员包括总理、武装力量部部长、内政部部长、负责经济和财政预算的部长、外交部部长和总统特召的其他相关部长。此外，作为国内政策的总执行人，总理负责召集与反恐相关的各部部长，协调部署反恐策略和工作。总理主持部际情报委员会（Comité interministériel du renseignement）。该委员会负责协调、指导情报相关部门的工作，委员会的日常工作由直属总理的国防常务秘书处承担。总理办公厅主任在总理的授意下定期召开同安全问题有关的“情报会议”，参加会议的人员包括总统私人参谋办代表、国家防务安全委员会代表、国防常务秘书、各主要情报部门的领导和内政部、国防部、外交部的部长办公厅代表。在部级单位中，内政部下设部际反恐委员会（Comité interministériel de lutte antiterroriste），负责协调各部委反恐行动。

在具体实施层面，内政部、国防部以及经济、财政和工业部都有专门的反恐部门。内政部下设国内安全总局（Direction générale de la Sécurité intérieure）、国家警察总局（Direction générale de la police nationale）、巴黎警察局[①]（Préfecture de police de Paris）和国家武警总局（Direction générale de la Gendarmerie nationale）等单位。国内安全总局创立于 2014 年[②]，是内政部下属的情报部门，“负责收集、汇总和分析涉及国家安全和国家根本利益的情报”，“参与预防和打击恐怖活动”，“监视有极端主义倾向、有从事暴力和损害国家利益危险的个人或团体”，“参与预防和打击与信息技术和通

① 巴黎警察局不隶属国家警察总局，而直属内政部，拥有自己的普通警察和司法警察部门。

② 国内安全总局系原国内中央情报局，2007 年，萨科齐当选后不久便提出合并国土监视局和中央情报局（Direction centrale des renseignements généraux）的改革方案，2008 年，国内中央情报局成立。2012 年奥朗德执政后，将其更名为国内安全总局，隶属国家警察总局。

信技术相关的犯罪活动”①，属保密单位。国家警察总局下设反恐协调部（Unité de coordination de la lutte antiterroriste）、司法警察中央局（Direction centrale de la police judiciare）和边防警察总局（Direction centrale de la Police aux frontières）等部门以及专门的行动小组也都是法国反恐的生力军。反恐协调部负责汇总内政部、武装力量部、公务行为和公共账务部所属各反恐部门的情报，对恐怖主义威胁加以分析和评估，为内政部长采取相应决策提供依据。此外，反恐协调部定期同司法机关交流情况，在欧盟和国际反恐组织中代表法国反恐力量。② 2014 年 4 月，反恐协调部成为反暴力极端化斗争和反圣战组织的关键部门。国家武警总局是法国的一支武装力量，具有武装部队的性质，因此其部分职能归武装力量部管辖。国家武警总局下属的特种行动小组可随时参与反恐行动。

武装力量部下属的反恐机构主要有三个：国外安全总局（Direction générale de la sécurité extérieure）、情报和防务安全局（Direction du renseignement et de la sécurité de la défense）以及总参谋部下属的军事情报局（Direction du renseigment militaire）。国外安全总局的前身是法国的情报和反间谍机构，1982 更名为国外安全总局，主要负责提供源于境外的情报信息，反恐是其两大核心工作之一。情报和防务安全局前身为国防安全和保卫局（Direction de la protection et de la sécurité de la défense），2016 年 10 月 10 日起采用现在的名称。情报和防务安全局为武装部直属的情报机构，是国防领域的抗干扰部门，负责提供相关信息，以确保人员、信息和重点设备、实施的安全。军事情报局成立于 1992 年 6 月 16 日，负责整合各部门的军事情报，加强法国独立自主的局势分析能力和评估能力，在海湾战争的背景下，减少对美国情报的依赖性。

公务行为和公共账务部参与反恐行动的部门主要有两个：国家情报和海

① 法国 2014 年第 2014 ~ 445 号法律第一条和第二条，具体内容参见下列网址：https：//www. legifrance. gouv. fr/affichTexte. do？ cidTexte = JORFTEXT000028887486&dateTexte = &categorieLien = id，最后访问日期：2017 年 9 月 19 日。

② https：//www. police – nationale. interieur. gouv. fr/Organisation/Entites – rattachees – directement – au – DGPN/UCLAT，最后访问日期：2017 年 9 月 19 日。

关调查总局（Direction nationale du renseignement et des enquêtes douanières）和信息处理与反黑色资金流行动小组（Traitement du renseignement et action contre les circuits financiers clandestins）。前者负责收集、分析并公布同资助恐怖主义行为相关的海关信息，后者下设专门调查恐怖活动资金状况的部门，为将恐怖分子绳之以法提供更多的信息支持。

二 《加强国内安全和反恐斗争法》

（一）背景及目的

2015 年 11 月 13 日巴黎及其近郊发生一系列恐怖袭击后，时任法国总统奥朗德宣布法国全国进入紧急状态。此后，鉴于严峻的反恐形势以及欧洲足球锦标赛、总统选举和立法选举等重大事件的安保需要，法国政府多次连续性延长紧急状态的有效期。2017 年 7 月 6 日，法国国民议会表决通过，第六次将紧急状态延长到 2017 年 11 月 1 日。然而，如同法国内政部部长科隆所说，法国不能一直处于特殊状态之下。为此，6 月 22 日，科隆提交了《加强国内安全和反恐斗争法》草案，10 月 3 日国民议会对草案进行表决，10 月 18 日，参议会最终批准了该草案。《加强国内安全和反恐斗争法》主要包含两个目的：一方面，确保持续 718 天的紧急状态在“有效的控制”中落幕；另一方面，建立常态化下的反恐机制，应对恐怖主义威胁，保证人民生活和各项活动的正常进行。科隆指出，反恐法案是针对恐怖主义的持续威胁所采取的一项长久性应对措施，反恐需要人们时刻保持警惕。10 月 30 日，在法国即将结束持续了近 24 个月的紧急状态前夕，法国总统马克龙正式签署此项法律。根据规定，此项法律将在 2 年后再次接受评议。

（二）特点及内容

此项名为《加强国内安全和反恐斗争法》的第 2017 – 1510 号法律大大

加强了行政机构（内政部部长和省长）在反恐斗争中的作用，赋予他们实施软禁、搜查、关闭宗教场所和边防身份核查等措施的权利。除搜查外，行政机构在采取上述措施时无须事先获得司法机构的批准，这引起了关于反恐过程中是否可以弱化司法程序的讨论。

第 2017－1510 号法律的主要内容包括①：

◆在重大事件发生期间设立安全区

当重要活动面临恐怖袭击风险时，省长（如在巴黎，则为巴黎警察局局长）可下令在相关地点设立安全区，警方在安全区内有权在征得被检查人员同意的前提下，对通行的公众及其携带物品和车辆进行包括搜身在内的检查。如被检查人员拒绝检查，警方有权拒绝其进入安全区或将其驱逐于安全区外。如遇特殊情况，安全区有效期不得超过 1 个月。

◆关闭宗教场所

省长（如在巴黎，则为巴黎警察局局长）有权关闭宣传暴力、仇恨、歧视等恐怖主义思想，发表恐怖言论，从事、教唆、颂扬恐怖主义行为的宗教场所。关闭宗教场所的目的仅限于防范恐怖主义活动，关闭时间不得超过 6 个月。

◆个体行政控制和监视措施

个体行政控制和监视措施的目的仅限于防范恐怖主义行为。个体行政控制和监视措施的实施对象包括：有理由被怀疑可能严重威胁公共秩序和安全的任何人；同煽动、协助和参与恐怖活动的个人和组织保持经常性联系的任何人；支持、传播、信奉、教唆或颂扬恐怖主义行为理念的任何人。对上述人员，内政部部长可在知会共和国检察官和当地主管检察官后，采取如下措施。

将其活动限制在不小于市镇的规定范围内，并要求其定期到警察局或武

① 本节所列第 2017－1510 号法律的具体内容均参照法国参议院官方网站公布的文件和 10 月 30 日法国政府公布的法律文件，详细内容参见下列网址：https：//www. legifrance. gouv. fr/eli/loi/2017/10/30/2017 － 1510/jo/texte，http：//www. senat. fr/petite － loi － ameli/2017 － 2018/17. html，最后访问日期：2017 年 11 月 4 日。

警部门报到，同时向相关部门汇报其居住地及其住址变更情况。如果被监控对象书面同意佩带移动电子追踪装置，其活动范围可以扩大到省级区域。个体行政控制和监视措施的有效期不得超过3个月，特殊情况下不得超出12个月。此外，被监控人还可被要求不出现在某些特定区域，不直接或间接地联系有理由被怀疑对公共秩序和安全有潜在威胁的某些特定人员。

◆查访和扣押

查访和扣押仅以防范恐怖活动为目的。根据此项规定，在省长（如在巴黎，则为巴黎警察局局长）的动议下，巴黎终审法院的相关法官可在巴黎共和国检察官批准后，下令查访同恐怖主义活动和严重危害公共秩序和安全活动相关的地点，并扣押该地点内的文件、物品和数据。查访过程中，如发现为恐怖主义活动提供扣押信息的人员，可对其实施不超过4小时的拘留。

◆边境区域检查

有关部门可在港口和机场周边10公里范围内设置边境检查站，对特定出入境人员进行核查，以便于防范和打击跨国犯罪。同一地点的连续核查时间由之前的6小时延长到12小时。

此外，根据此项法律，情报机关可截获并利用电磁波通信信息，但获得的信息只能用于维护国家的根本利益，同时法律还限定了被截获的信息的最长保留期。

（三）各方反映

6月22日《加强国内安全和反恐斗争法》草案提出后，法国各主要政治党派、社会团体及民众围绕着该项草案同维护公民合法权利、司法程序与行政命令关系以及新法案的力度展开讨论。法国国民议会官方网站公布的数据显示，在10月3日法国国民议会对该提案的表决时，561名参加投票的议员中，415人投支持票，127人投反对票，19人弃权。该法案以绝对优势获得通过。支持票主要来自马克龙总统所在的共和国前进党以及中间派政党民主运动党，新左派联盟（原社会党）代表大部分投了支持票。反对票主要来自法国极左翼政党“不屈的法国”、法国共产党和一些人权组织，他们认为该法案不能有效对抗恐怖主义，且有损宪法保证的公民权利。极右翼政党国民阵线领导人玛琳娜·勒庞表示，这个法案只不过是一份没有力度的行政法，不能根除恐怖主义问题。法国右派政党共和党在此次表决中分为两派，以西尤迪（Eric Ciotti）和拉瑞维（Guillaume Larrivé）为代表的强硬派投了反对票，另一部分则投了支持票或弃权。此外，法国部分媒体评论指出，新反恐法案的许多内容实际上是复制了紧急状态下的非常举措，并无实质性的创新之处。10 月 18 日，法国参议院对该项法案进行表决，244 名参议员中，以法国共产党为主体的 22 人投了反对票，法国社会党参议员投了弃权票，法案最终得以通过。内政部长科隆表示，这部反恐法“适合应对当前的恐怖威胁”。[①]

（四）法国现有的主要反恐立法

20 世纪 60 年代，法国为了打击由阿尔及利亚战争引发的极端主义恐怖活动，曾建立了完全不同于普通刑事司法体系的特殊法庭，采取秘密审判原则且不得上诉，但该体系最终沦为政治打压工具。[②] 80 年代，法国国内分裂主义势力和境外恐怖主义势力在法国制造了一系列恐怖活动，法国不得不设立专门的司法系统加以应对。1986 年 9 月 9 日法国通过了第 86－1020 号法律，首次在刑法中引入恐怖主义行为的概念，标志着法国进入了通过司法手段打击恐怖主义的新阶段，并以此为基础逐步建立起独立的反恐立法体系。到目前为止，法国通过了以下主要相关法律[③]。

---

① Gérard Collomb，«Cette nouvelle loi antiterroriste s'adapte à l'évolution de la menace»，http：//www. 20minutes. fr/politique/2137187 － 20170925 － gerard － collomb － nouvelle － loi － antiterroriste－adapte－evolution－menace，最后访问日期：2017 年 10 月 3 日。

② 刘莹：《“圣战”恐怖主义阴霾下的法国反恐问题研究》，群众出版社，2016 年 12 月，第 41 页。

③ 本部分所列法律的选取主要参照 4 个文件：1. «Trente ans de législation antiterroriste»，http：//www. vie － publique. fr/chronologie/chronos － thematiques/trente － ans － legislation － antiterroriste. html；2. 刘莹：《“圣战”恐怖主义阴霾下的法国反恐问题研究》，群众出版社，2016；3. 施鹏鹏：《综合的反恐体系及检讨》，《中国刑事法杂志》2017 年第 1 期，第131～144 页；4. 李雁、耿鹏涛：《法国反恐战略评析》，《法国研究》2016 年第 3 期，第25～33 页。

1986 年 9 月 9 日通过的第 86 – 1020 号法律将恐怖主义犯罪定义为“通过恫吓和恐惧严重扰乱公共秩序”的犯罪，此项法律在普通刑事司法体系内建立反恐刑事司法特别程序，在巴黎检察院内设立专门的反恐部门，由专门的预审法官负责反恐的相关事宜。同时，第 86 – 1020 号法律加大了对恐怖主义犯罪的量刑力度，简化搜查手续，鼓励迷途知返行为，减轻甚至取消戴罪立功人员的刑事责任。同年 12 月，法国通过第 86 – 1322 号法律，成立了专门的反恐重罪法庭，并针对恐怖主义犯罪的特殊性，设置了特别听审制度，听取具有一定专业性和客观性的专家意见。

1995 年 1 月，法国通过第 95 – 73 号法律，允许在公共场所或恐怖袭击潜在目标地区安装视频录像监控系统。同年 2 月 8 日，法国将涉及恐怖主义犯罪的轻罪刑事时效由 10 年延长到 20 年，重罪刑事时效延长至 30 年，便于更加有效地打击恐怖主义行径。

1996 年 7 月 22 日和 12 月 30 日，针对 1995 年在法国发生的一系列由反阿尔及利亚政府的伊斯兰极端组织发动的恐怖袭击事件，法国先后出台了第 96 – 647 号和第 96 – 1235 号两部反恐法律，将“为从事恐怖主义活动而组成团体或达成协议”的行为和窝藏从事恐怖活动人员的行为界定为犯罪。该法律加大对恐怖主义行为的打击力度，授予执法人员在获得检察官授权的前提下，不经嫌疑人同意进行扣押和夜间搜查的权力。

2001 年“9·11”事件之后，法国于 11 月 15 日颁布第 2001 – 1062 号法律，宣布为恐怖主义行为提供资金即构成犯罪，并允许没收恐怖分子的全部财产。同时，该法律还就临时性搜查人员及其携带物品和车辆的措施做出了相关规定。

2006 年 1 月 23 日，法国第 2006 – 64 号法律加强了通信监控，并规定在恐怖活动可造成紧急、严重的危险的情况下，恐怖主义嫌疑犯的刑事拘留时间可被延长至 6 天。该法律扩大了因从事恐怖活动而被取消法国国籍等措施的实施范围，同意在被认定为恐怖袭击潜在目标地增加视频录像监视设备。此外，第 2006 – 64 号法律首次将“网络恐怖主义”纳入立法，允许侦查人员通过网络运营商获取犯罪嫌疑人的链接及网络合约数据。

2014年11月，第2014－1353号法律禁止被怀疑有恐怖主义行为意向的人员出境，将独狼式恐怖主义行为纳入恐怖主义罪行之列，加大对蛊惑恐怖主义行为的打击力度。

2015年7月24日，法国第2015－912号法律是第一部涉及恐怖犯罪信息收集的法律[①]。根据此项法律，情报部门可在规定范围内通过技术手段直接获取恐怖活动嫌疑人的网络信息，并开展追踪调查。第2015－912号法律明确了及时监控应遵循的必要程序：首先情报部门要向总理提出书面申请，总理征询国家情报监控委员会意见后对申请予以回复，有关部门获得批准后方可实施。

2016年6月3日，法国出台第2016－731号《关于加强打击有组织犯罪、恐怖主义及其资助、优化刑事诉讼效率及保障的法律》[②]。该项法律赋予法官和检察官更多的侦查手段，扩大了预防犯罪的范围，强化对恐怖犯罪的刑事打击力度，寻求从源头上切断恐怖活动的资金来源，尝试综合使用行政和财政手段，建立综合的反恐体系。

三　多方面入手，寻求有效的反恐途径

正如法国总理菲利普强调，法律不是反恐的唯一手段，反恐需要开展全方位斗争，涉及文化、社会、公共安全等多个领域[③]。同时，开展积极有效的双边和多边合作，在联合国、欧盟、北约等各级国际组织的框架内寻求标本兼治的反恐策略也是马克龙当选以来的主要措施之一。

---

① 施鹏鹏：《综合的反恐体系及检讨》，《中国刑事法杂志》2017年第1期，第131～144页。

② 具体内容可参见 https：//www.legifrance.gouv.fr/eli/loi/2016/6/3/JUSD1532276L/jo/texte，最后访问日期：2017年10月7日。

③ «L'Assemblée nationale adopte par 415 voix contre 127 le projet de loi antiterroriste en première lecture», http：//mobile.francetvinfo.fr/faits－divers/terrorisme/attaques－du－13－novembre－a－paris/etat－d－urgence－en－france/l－assemblee－nationale－adopte－le－projet－de－loi－antiterroriste－en－premiere－lecture_2401448.html，最后访问日期：2017年10月8日。

2017 年 5 月，在马克龙与俄罗斯总统普京的第一次电话会议当中，两国领导人表示将发展两国在政治、经济和文化领域的传统友好合作，反恐是双方在地区和国际事务上合作的重要内容之一。普京在 5 月访法时表示，反恐是法国和俄罗斯的主要任务。马克龙也宣布即将成立工作小组，协调两国行动。普京指出“只有协调行动才能根除恐怖主义”①。

2017 年 6 月，马克龙在与英国首相特蕾莎·梅会晤后宣布，将采取双方的联合行动计划，加强反恐斗争，重点致力于“强化网络运营商的责任和义务，减少宣传仇恨的内容传播”。之前在 5 月召开的 7 国首脑峰会上，法国及其他 5 国回应英国的倡议，发表了一项反恐联合声明，表示要对大的网络集团增加压力，以更好地消除具有极端主义色彩内容的撒播。马克龙说：“我们决意共同努力，在保证相关信息保密性的条件下，避免让网络沦为恐怖主义的工具。”②

10 月 24 日，马克龙与到访的埃及总统塞西会晤后发表讲话表示，打击与极端组织“伊斯兰国”、“基地”组织等于恐怖主义相关的组织和个人是法国的愿望，法国愿意与埃及加强反恐领域的合作。

在欧盟层面，马克龙在 9 月索邦大学演讲时表示，反恐是推动欧盟发展的关键因素之一，“欧盟应该成为我们反恐斗争中的盾牌”。马克龙还建议设立欧盟情报学院，通过培训和交流，加强各国在反恐当中的合作。此外，马克龙还提议成立专门的欧盟反有组织犯罪和反恐检察院，为反恐提供更多的有效手段。③

---

① «La rencontre d'Emmanuel Macron et de Vladimir Poutine à Versailles», http：//www. la－croix. com/France/Politique/DIRECT－VIDEO－conference－presse－dEmmanuel－Macron－Vladimir－Poutine－2017－05－29－1200850946，最后访问日期：2017 年 9 月 19 日。

② «Antiterrorisme：Emmanuel Macron annonce un plan d'action commun avec Londres», http：//www. lefigaro. fr/international/2017/06/13/01003－20170613ARTFIG00368－antiterrorisme－emmanuel－macron－annonce－un－plan－d－action－commun－avec－londres. php，最后访问日期：2017 年 9 月 19 日。

③ http：//www. france24. com/fr/20170926－direct－emmanuel－macron－grand－discours－europe－union－europeenne－merkel，最后访问日期：2017 年 11 月 20 日。

四 结语

如马克龙在竞选时所说，反恐是他上任后优先考虑的重点工作内容之一，无论是在机构设置（国家反恐中心）、完善立法、强化行政手段（《加强国内安全和反恐斗争法》）方面，还是在开展国际合作领域，马克龙都在努力实现自己的承诺，确保国家安全。但时，恐怖主义的产生和发展具有相当的内在性，要从根本上消除恐怖主义滋生的因素，不仅需要采取强制性的手段，更需要从社会文化、经济发展、政治建设、社会保障、地区稳定、人权等多个方面入手。恐怖主义是全球性的威胁，需要寻找全球性的解决办法。法国是国际恐怖主义袭击的主要对象国家之一，如何切实地保护人民和国家安全，仍然是马克龙总统需要面对的无法回避的挑战。

中文参考文献

1. 李雁、耿鹏涛：《法国反恐战略评析》，《法国研究》2016 年第 3 期，第 25～33 页。
2. 刘胜湘、何慧：《新世纪法国国家安全体制改革评析》，《现代国际关系》2015 年第 12 期，第 36～44 页。
3. 刘莹：《“圣战”恐怖主义阴霾下的法国反恐问题研究》，群众出版社，2016 年 12 月。
4. 刘莹：《制度“痼疾”不解决　法国反恐成效难显》，《法制日报》2015 年 5 月 5 日，第 010 版。
5. 施鹏鹏：《综合的反恐体系及检讨》，《中国刑事法杂志》2017 年第 1 期，第 131～144 页。

外文参考文献

1. Bernard Gorce, «Lespoints forts de la nouvelle loi antiterroriste», https://www.la-croix.com/France/Securite/points-forts-nouvelle-loi-antiterroriste-2017-10-

03 – 1200881632? id_ folder = 1305511&from_ univers = lacroix&position = 1.

2. Gouvernement français, «Livre blanc du Gouvernement français sur la sécurité intérieure face au terrorisme», 2006, www. diplomatie. gouv. fr/fr/IMG/pdf/LIVRE_ BLANC_ terrorisme. pdf.
3. https: //www. interieur. gouv. fr/Actualites/Securite – interieure – et – lutte – contre – le – terrorisme/L – essentiel – du – Projet – de – Loi – renforcant – la – securite – interieure – et – la – lutte – contre – le – terrorisme2.
4. «La rencontre d'Emmanuel Macron et de Vladimir Poutine à Versailles», http: //www. la – croix. com/France/Politique/DIRECT – VIDEO – conference – presse – dEmmanuel – Macron – Vladimir – Poutine – 2017 – 05 – 29 – 1200850946.
5. «La liste de Macron pour relancer l'Europe», http: //www. france24. com/fr/20170926 – direct – emmanuel – macron – grand – discours – europe – union – europeenne – merkel.
6. Le Figaro, «Antiterrorisme: Emmanuel Macron annonce un plan d'action commun avec Londres», http: //www. lefigaro. fr/international/2017/06/13/01003 – 20170613ARTFIG00368 – antiterrorisme – emmanuel – macron – annonce – un – plan – d – action – commun – avec – londres. php.
7. «Lutte antiterroriste: ce qu'il faut savoir sur la "task force" contre Daech d'Emmanuel Macron», http: //www. lci. fr/politique/lutte – antiterroriste – ce – qu – il – faut – savoir – sur – la – task – force – contre – daech – d – emmanuel – macron – 2054478. html.
8. «Le renseignement, clé de voûte de la lutte antiterroriste, selon Macron», https: // www. boursedirect. fr/fr/actualites/categorie/politique/le – renseignement – cle – de – voute – de – la – lutte – antiterroriste – selon – macron – afp – b5df45bf4b2f2ed9799fdae63035470520b74df5.
9. «Loi n° 86 – 1020 du 9 septembre 1986 relative à la lutte contre le terrorisme», https: //www. legifrance. gouv. fr/affichTexte. do? cidTexte = JORFTEXT00000069 3912.
10. «Loi n° 95 – 73 du 21 janvier 1995 d'orientation et de programmation relative à la sécurité », https: //www. legifrance. gouv. fr/affichTexteArticle. do? cidTexte = JORFTEXT000000369046&idArticle = LEGIARTI000023721790&dateTexte = &categorieLien = id.
11. «Loi n° 96 – 647 du 22 juillet 1996 tendant à renforcer la répression du terrorisme et des atteintes aux personnes dépositaires de l'autorité publique ou chargées d'une mission de service public et comportant des dispositions relatives à la police judiciaire», https: // www. legifrance. gouv. fr/affichTexte. do? cidTexte = JORFTEXT000000367689.
12. «Loi n° 96 – 1235 du 30 décembre 1996 relative à la détention provisoire et aux perquisitions de nuit en matière de terrorisme», https: //www. legifrance. gouv. fr/

affichTexte. do? cidTexte = JORFTEXT000000562805.

13. «Loi n° 2006 – 64 du 23 janvier 2006 relative à la lutte contre le terrorisme et portant dispositions diverses relatives à la sécurité et aux contrôles frontaliers», https://www. legifrance. gouv. fr/affichTexte. do? cidTexte = JORFTEXT000000454124.
14. «LOI n° 2014 – 1353 du 13novembre 2014 renforçant les dispositions relatives à la lutte contre le terrorisme (1)», https://www. legifrance. gouv. fr/affichTexte. do? cidTexte = JORFTEXT000029754374&categorieLien = id.
15. «LOI n° 2015 – 912 du 24 juillet 2015 relative au renseignement (1)», https://www. legifrance. gouv. fr/affichTexte. do? cidTexte = JORFTEXT000030931899&categorieLien = id.
16. «LOI n° 2016 – 731 du 3 juin 2016 renforçant la lutte contre le crime organisé, le terrorisme et leur financement, et améliorant l'efficacité et les garanties de la procédure pénale (1)», https://www. legifrance. gouv. fr/affichTexte. do? cidTexte = JORFTEXT000032627231&categorieLien = id.
17. «Projet de loi renforçant les dispositions relatives à la lutte contre le terrorisme, étude d'impact», http://www. assemblee – nationale. fr/14/projets/pl2110 – ei. asp.
18. «Sécurité: ce qu'il faut retenir du discours d'Emmanuel Macron», http://www. rtl. fr/actu/politique/securite – ce – qu – il – faut – retenir – du – discours – d – emmanuel – macron – 7790575944.
19. «Trente ans de législation antiterroriste», http://www. vie – publique. fr/chronologie/chronos – thematiques/trente – ans – legislation – antiterroriste. html.
20. «Unité de Coordination de la lutte AntiTerroriste (UCLAT)», https://www. police – nationale. interieur. gouv. fr/Organisation/Entites – rattachees – directement – au – DGPN/UCLAT.

B.6

法国行政改革

——从中央集权到地方分权

张　敏*

摘　要： 法国是传统的中央集权的单一制国家，中央集权的政府形态有利于法国现代国家的形成，并保证国家的统一和完整。地方政府处于中央政府的严格监管之下，自主权限很小。随着民主政治和经济发展的要求，法国从20世纪80年代开始实行地方分权，迄今历经三次重大改革，初步厘清中央和各级地方行政机构之间的职权分配，建立起中央和地方之间尊重、分担和对话的良好关系。

关键词： 法国　中央集权　地方分权　地方行政单位

前　言

法国一直是欧洲典型的中央集权制的国家，既有深厚的历史积淀，也反映出法国国家发展的需要。中央集权是促进国家构建，提高民族凝聚力，实现国家强大和民族团结的重要手段。然而，民主政治和经济发展要求增强地方公共管理的权力，法国开始逐步而缓慢地实行地方分权政策（décentralisation）。

---

* 张敏，北京外国语大学法语系副教授，北京外国语大学法国研究中心副主任，主要研究方向：法语教学、法国政体与政治、法国文化政策等。

一　地方分权的启蒙与发展

法国以中央集权为特色的政府的形成是历史发展的结果，也是历史发展的需要。在把封建割据的地方势力统一为一个强大的国家的进程中，中央集权是促进国家构建，形成民族统一，提高民族凝聚力，从而实现国家强大和民族团结的重要手段。法国的中央集权特色就完全是在封建君主王朝形成过程中产生的，权力集中于国王。“朕即国家”，太阳王路易十四如是说。权力的集中促进了统一国家的形成，从国家管理的角度上来看，也不无便利之处：在特定的时期和特定的条件下，中央集权能够使国家的管理更平等、更公正，更经济、有效。

1789 年法国大革命的时候，国家的结构已经具备非常明显的中央集权特征了。大革命之后执掌政权的雅各宾派继续加强中央集权，以此巩固革命胜利的成果，保证国家的统一和完整，并且借以在全国范围内更好地实现大革命所倡导的公民的平等权利。在拿破仑统治时期开始实行总督制度。总督是中央政府的代表，由拿破仑本人（当时是第一执政，后来成为皇帝）亲自任命和委派。总督是各省的唯一行政首脑，负责管理地方事务：总督任命 5000 人口以下的市的市长及其副手，并向第一执政及后来的皇帝建议其余市的市长人选。省总督以下还有区总督，他们和市长、镇长一起，形成了中央集权国家管理的中坚力量。

尽管长期以来，中央集权的传统占据着主要地位，但是地方分权的要求和呼声也一直此起彼伏。相对于“中央集权”（centralisation）的“地方分权”（décentralisation）一词体现了法国人民的改革要求。在法国大革命之后的国民公会中，吉伦特派就与雅各宾派意见相左，主张地方拥有更多的自由和权利，实行一定程度的地方分权，只是在当时的形势下，这一主张不可能得以实施。

随着时间的推移，民主进程要求增强地方公共管理的能力和权力，地方分权的呼声日益高涨。主张中央集权和地方分权的势力交替往复，随着时代的更迭，中央和地方的权限此消彼长的趋势日益明显，但其中也不乏反复和倒退。1831 年，统治法国的七月王朝通过法律，恢复了拿破仑执政时期取消的省议会和市议会的选举，其后，省长和市长的行政权得以承认。到了第三共和国时期，地方民主的基础才真正得以确立：1871 年 8 月 10 日和 1884 年 4 月 5 日通过的两部法律，首次从法律角度确认了法国地方机构的基本框架：地方选民的权利得以加强，中央和地方就权限的划分达成一致，省总督依然是各省的行政长官，而经由普选产生的省议会则对省级事务进行审议；除巴黎市外，各市的市长由市议会选举产生，既是市镇的行政长官，又是中央政府的代表。在法国历史上，这是第一次明确地保护地方自治权的行动，省和市镇由此获得了明确的地方行政单位的身份。然而，这两项法律也不乏模糊和不足之处：尽管没有省总督的首肯，省议会依然能够做出一些决定，但是，它没有对省内事务的总决定权，只能对经济问题和日常管理发表意见，总督依然是省内唯一的行政长官。地方民主权并没有得到承认，各地方的地域经济、政治、文化特色仍然被抹杀，1871 年和 1884 年的这两部法律建立的是一个单一的机制，各省、市，不论大小，一视同仁。

此后，真正有利于发扬地方民主，给予地方更多自主权的改革在法国迟迟没有出现。因为在法国的传统中，单一制的国家（état unitaire）一直等同于中央集权（centralisation），公共权力的集中体现了权力中心对公民的一种不信任感，它有利于对人民的控制，可以使权力中心加强稳定感。权力集中于中央政府，各地方行政单位只能扮演分工者的角色，地方行政管理机构绝不能影响中央权力机构。这些根深蒂固的传统思想极大程度地阻碍了地方分权行为的实施，甚至在地方分权的进程中出现倒退。

直到 1945 年之后的第四共和国时期，地方行政单位（collectivités territoriales）自治的原则才首次在宪法中得到承认。1946 年宪法的第 85 条首先宣布："单一的、不可分割的法兰西共和国承认地方行政单位的存在"，并且同时宣称："地方行政单位由民选议会实行自治"，"议会做出的决定由市长或议长保证执行"。1946 年宪法以此确定了地方自治的原则，地方行政单位作为国家政治体制中的一员得以承认，地方公共权力作为公共权力的一部分，成为民主政治权利的基础。

然而，地方自治的观念在政治上和文化上依然受到不小的质疑，被视作对统一的共和国的潜在威胁，加之第四共和国内阁政府不稳，更换频繁，这些宪法条款大多仍停留在字面上，没有得以具体实施。

1958 年的第五共和国宪法从表述上看似乎更为谨慎，宪法第 72 条第 1 款只是简单地重申："共和国的地方行政单位是市镇、省和海外领地。"第 2 款则宣布："地方行政单位由民选议会在法律规定的范围内实行自治。"根据宪法委员会的解释，地方自治的内容相当广泛，主要包含以下几个方面：地方行政单位享有不同于国家的独立法人地位，拥有相应的权利和义务，在规定范围内自由决定地方事务，拥有财政权，等等。不过，与第四共和国时期的情况类似，地方自治依然被视为共和国的"单一性"的对立面，因此，在第五共和国初期，地方依然没有拥有真正的自主权。

与此同时，随着社会经济的发展，地方分权的重要性和必要性也逐渐得到认识和肯定，地方分权成为大势所趋。在 20 世纪 50 年代的法国，铁路、公路乃至航空线路，都呈星形，以巴黎为中心向四周辐射分布，巴黎因而成为交通汇聚之处，进而成为经济、文化和商业交流中心。巴黎地区在工业和第三产业方面都无可争议地成为全国的"霸主"，吸引了越来越多的工商企业，几乎所有大型企业都谋求在巴黎再次发展。巴黎地区这种无序扩展及其在全国政治、经济中所占的超大规模，越来越阻碍法国其他地区的发展。中央集权造成了经济力量的集中，引发了越来越严重的地区发展不平衡，这一弊病促使法国政府实行改革，在全国范围内更好地分配经济活动。20 世纪 60 年代初，法国政府决定建立经济大区，每个大区由邻近的几个省组成；每个大区成立一个省际会议，并任命一个总协调人，就经济发展的第四计划和领土整治，会同私人经济社团来统筹并协调基金的分配和使用。1964 年 3 月的法令则将各大区的协调机构规范化和制度化，总协调人由省长兼任，改称为大区长；1972 年，大区正式成为法国的公共机构。这些政策对促进法国地方经济的发展起到了很好的作用：1955～1975 年的 20 年间，3000 个向地方转移工业中心的方案在外省创造了 400000 个就业机会，法国东西部地区和巴黎大区在工业和第三产业方面的差距明显缩小。不过，各地方行政单位依然缺乏民主自治权，只是中央政府权力的执行者。

二 20世纪80年代的第一次地方分权浪潮

真正意义上的第一次大规模地方分权改革浪潮出现在20世纪80年代，社会党初次执掌政权之后。社会党在纲领上一直把“法国式的社会主义”作为一种理想的社会制度，而权力下放则是“法国式的社会主义”的重要内容。密特朗在竞选纲领中就提出要改革地方行政体制和地方管理制度，甚至提出要取消中央任命的省长制度，以推动地方政权走向民主化，实现地方自治、民众和民间参与的新的公民制度，建立新型的中央与地方的健康平衡关系。在这种思想指导下，在总理皮埃尔·莫罗瓦和内政部部长、改革派人士加斯通·德菲尔的共同努力下，左翼政府促使国民议会于1982年3月通过了《关于市镇、省和大区的权利和自主权的法令》，确定了分期、分批向地方分权的原则。

在这一原则的指导下，一系列法规文件相继出台，声势浩大的地方分权改革开始了。其内容主要包括：第一，增加行政层次，大区成为地方行政单位，设大区议会和大区议会议长，地方行政体制有中央－大区－省－市镇4个层次。第二，每个地方行政单位的行政权由国家代表的手中转到了民选代表的手中，地方民选机构的权力得到加强。大区议长和省议长分别由大区议会和省议会选举产生，是地方的最高行政长官，分别领导大区和省的各行政部门；市长由市议会选举产生，既是中央政府代表，又是市镇的最高行政长官，既执行中央政府的法规法令，又要起草决议和财政预算，执行市镇议会的决定；中央政府任命指派的大区长和省长改称“共和国专员”，不再兼任地方行政首脑，不再直接插手地方事务，作为国家代表，统一领导中央驻地方的机构，保证法律在地方的实施并监督其行政工作，负责听取并向法国总理转达大区议会及其主席的意见。第三，扩大了地方政府的权力。各级议会除有权处理本地财政预算以外，还有权处理城建、交通、教育、住宅建设等事务。各级地方行政单位在职能、职权上各有偏重，大区的主要职能范围是经济计划和社会发展，省的主要职能是管理社会医疗和社会安全保险费用，市镇的主要职能是市镇规划和建设。第四，国家对地方政府行为的监督大为减少。地方政府做出的决定，只要不违反国家的法律法规，无须通过中央政府的批准。中央政府对地方政府的监督主要成为对其“合法性”的监督，并且由过去的事前行政审批变为事后法律监督，监督权主要由总理、各部部长、大区长、省长、行政法官和审计官员等行使。

经历了近两个世纪的中央集权之后，地方民主自治的权利终于得以具体落实。20 世纪 80 年代的这次地方分权改革，增加了地方的生机活力，调动了地方的财力、物力和人力，使各地的地方自然资源、人文资源优势得以发挥，减少了区域经济发展的不平衡，增强了公共服务管理机构的责任心，促进了国民经济的发展。同时，通过加强地方政府机构的权力，还缓解了高度官僚集权现象，减轻了中央的行政负担，简化了审批手续，减少了文牍数量，从而提高了行政效率。

三　进入新世纪：“二次分权改革”

地方分权成为一股不可抗拒的潮流，不论是左翼政府还是右翼政府，都始终坚持权力下放、地方分权的政策。20 世纪 90 年代，地方分权的重点放在如何更好地加强市镇间的合作上。同时，地方政府还拥有了一些新的职责，如职业培训（1993 年）、社区生活多样性（1995 年）、环境保护（1995 年）、年轻人就业（1997 年）和组建城市警察（1999 年）等；1995 年颁布了领土政治与发展纲要，1999 年颁布了领土持续整治纲要，2000 年颁布了有关新城市和团结一致的地方行动新领域的法令。①

2003 年拉法兰政府上台之后，通过修改宪法的形式，将地方分权改革推到

① « Les grandes dates de la décentralisation » , http：//www. vie – publique. fr/decouverte – institutions/institutions/approfondissements/grandes – dates – decentralisation. html （访问日期：2017 年 10 月 20 日）

了前所未有的高度。修改后的宪法第一条就宣布："共和国的组织结构属于权力分散型"，地方分权的改革由此拉开新的一幕。在法兰西共和国的历史上，宪法这一国家的基本大法首次宣布："共和国的结构属于权力分散型"，也就是说，从宪法的角度确立了地方行政区的法人地位及其公共服务能力，承认地方与中央共享公共行政决策权。宪法同时规定，权力分散不能损害国家的统一与团结。此外，大区的法律地位得到了确认，大区与省、市镇一样，成为地方行政单位。

从2004年开始颁布的一系列法令将此次"二次分权改革"（Acte Ⅱ）的内容加以细化。

第一，地方行政单位被赋予新的职能。中央管辖的某些职能转交给地方，认为地方会很好地实施这些职能。允许国家立法机构、政府在向地方政府转让职能过程中，颁布和实施一些临时性试验法规。这些法规在一定时间内可以与现行法规相抵触。同时，允许地方政府对临时性试验法规进行修改，认为这种修改对此后确定赋予地方政府行使职能的相关法规是有益的。当然，对于临时性试验法规有严格的规范，它不能涉及那些用以确定公共自由以及宪法权利基本条件的标准。试验期内，新老规章实行相互辅助的原则，是共存的。试验期结束后，选择最合适的规章，优胜劣汰。

第二，增强地方行政单位的财政自给能力，分三步进行：1. 从宪法上认可地方行政单位拥有"对所有税种全部或部分地征税"的权利。这样，地方政府不仅可以征收地方税，而且可以从国家获得一部分转让的税收。2. 从宪法上认可地方政府可以根据有关法规确定的幅度，自行确定不同的税率和税盘。3. 规定国家与地方政府之间的所有职能转让均包括转让相应的财权。

第三，在权力下放的同时，给予地方公众更多的民主和发言权。具体体现在：1. 允许地方政府在其权限范围内组织当地公众对重要决定进行投票表决，而不是像往那样的意见咨询，这样，地方公决将不再只具有参考性，而是起到决定性的作用。2. 地方选民有请愿权，可要求当地政府将其管辖内的任何问题列入评议大会的议事日程。

第四，海外行政单位（collectivité d'outre-mer）将实行"特殊的立法原则"，而不再像以往那样实行与法国本土相同的"似同立法原则"（principe d'assimilation législatif)。这一变化考虑到海外的特点，可使当地政府管理具有更多的灵活性。具体地说，根据新的法律原则，海外行政单位可以自行颁布该地涉及就业、公司成立和自然遗产保护方面的法律规定。然而，海外行政单位的行为仍然要受到宪法第 34 条款的约束，即不能改变议会这一最高立法机构与政府之间的关系。涉及地方政府自由度、权限和财源等基本原则的法令只能在国民议会表决通过。

此次改革的引人注目之处，首先在于它赋予大区与省、市镇同样的法人地位，从宪法上确认法国的行政体制由原来的中央－省－市镇 3 个层次改为中央－大区－省－市镇 4 个层次。虽然从 1955 年起，大区就已经作为一个地方行政单位而存在，但是直到这次修宪，大区才被正式列入国家行政区划体系之中。从公共行政学角度来看，临时性试验法规的实施有助于国家的政策决策更贴近各地区的实际，使地方行政单位拥有更多的决策权；地方公民投票表决制度的建立，则使公民个人能够更多更好地参与对地方事务的决策；还有不可忽视的一点，就是地方行政单位拥有了更多的财政自主权，从而能够保证地方政府的职能得以更好地发挥，并促进地方经济发展。

此番改革围绕地区之间的亲密性和协调性两个原则展开，并遵循政府确定的具体日程安排，通过宪法补充法的形式来实现具体而迅速地从中央到地方的权力转移。通过新一轮向地方行政单位的移权，大区作为“地区发展、人员培训的战略地域”，在高等教育、经济介入以及福利政策方面获得更大的自主权，从而成为“欧洲性的地区”；而各省作为“承担亲密和团结任务的机构”，致力于协调各方在儿童教育、儿童补贴以及对残疾人的帮助等政策上的合作，同时，各省在国家级公路的建设维护以及国民中学教育上也将发挥更大的作用。市镇作为基本单位，本着“就近”原则，为公民提供各种服务。

四　深化改革的第三步：“地方公共行动现代化”

如果说 1982 ~ 1983 年密特朗上台伊始实行的第一轮权力下放的体制改革是地方分权浪潮的第一波，那么 2003 ~ 2007 年的“第二次浪潮”（Vague

Ⅱ）则从深度和广度上进一步强化了权力下放的体制，这两次大规模的改革取得了相当的成果，也得到了民众的普遍认可和接受。然而，地方分权改革并没有解决长期困扰法国的地方行政单位划分过细（中央-大区-省-市镇四级），行政体系过散、过多的弊病，甚至还带来了新的问题：权力下放伴随而来的财政划转问题、地方税收问题，一直是各级地方行政机构和中央政府的头号困难，各级地方行政机构的重复、交叉投资的现象屡见不鲜，造成资源的浪费；伴随着权力的下放，大区、省、市镇和国家的关系始终存在理不清、调不顺的状况，各种职责和权限的划分和转移是分多次进行的，其间缺乏必要的协调，造成了职权的交叉、重叠，决策程序冗长而烦琐，“谁干什么?”（qui fait quoi?）的问题屡次被提出；各级地方行政机构之间，特别是各市镇为了整合资源、加强合作而形成的各类名目繁多的市镇合作委员会（commission départementale de la coopération intercommunale）、市镇工会（syndicats de communes）等机构，更加剧了地方行政管理的混乱局面。

因此，当2007年萨科奇当选之后，地方分权改革的重点发生了巨大变化。前两次改革主要围绕权力的“下放”，而此次改革的中心集中在地方财政税制改革和变四级行政单位为三级（将大区和省合并）。2008年10月22日政府下令成立了以巴拉迪尔为首的由各方专家组成的地方行政单位改革委员会，研究如何简化行政结构、明确职权并合理利用地方财政资源。经过两年多的调研、讨论，在2010年颁布了《地方行政单位改革法》。本次改革的着力点在于理顺大区与省的关系，以改变行政单位层次过多、过细的“千层饼”现象，并提出了大胆的方案：取消大区议员和省议员，设立新的“地方议员”，重新划分地方选取选举产生；同时，取消大区和省的部分权限区分，促进大区和省这两级地方行政单位的融合。另一项改革的重要举措是在经济危机和降低公共开支的大背景下，改革地方税制，取消“职业税”，代之以“地方经济贡献税”（contribution économique territoriale）。同时，为了促进地区发展平衡，国家增加了对地方的财政支持，鼓励市镇、省和大区之间的协调互助。因为萨科奇未能成功连选连任，地方分权改革的“第三幕”仅仅维持了两年，很多原有的设想未能实现。

随着2012年奥朗德当选总统，地方分权改革进入了“地方公共行动现代化”的新阶段。来自地方的抵制使“地方议员”的设想并未得以实现，大区议员和省议员依旧保留，将大区和省合并的计划被搁置。但是，法国的大区区划发生了巨大变化，大区进行了重组合并，除科西嘉外的原有21个大区并为12个，只有5个大区保持不变，其余7个大区都有了新的命名。原有的大区和省的职能划分被废除，市镇联盟（intercommuauté）在地方生活中将发挥更大的作用。

五　结语

回顾法国实行地方分权的历史，可以看出，分权政策并不是从无到有突然爆发出来的，而是随着法国经济社会发展的状况，逐步进入政治生活，并逐渐为人们所理解接受，逐步成为法国政治生活中的重要内容。

在全球经济日趋一体化的今天，地方行政单位的重要性日益得到人们的重视，其作用和价值也日益受到人们关注，地方分权已经成为一种必然趋势。地方行政单位的作用和价值主要体现在民主和效率两方面，地方行政单位的存在有利于促进自由，发扬民主，增进平等。地方行政单位不仅是人民自由的保障，也是对人民进行教育的学校。地方政府由直接普选产生，这使得选民能够在自己生活居住的地方就近获得民主政治教育和训练机会，同时也使民选代表便利地在地方行政单位学习政务，有利于提高公民的参与意识，使得公民能够更加接近权力决定中心，推动民主政治的发展。同时，地方行政单位有时比中央政府更能有效地处理某些事务，较为迅速有效地回应当地居民的需求，提高行政效率。此外，地方行政单位权力的扩大也有利于防止或对抗中央过分集权和滥用权力。

在欧洲，随着欧洲一体化进程的不断发展，欧盟成员国的地方制度表现出某种共同的发展趋势，如强化地方自治、实行地方分权、鼓励多样性、非官僚化、对民众的负责、公民参与、减少中央调控和强调中央与地方的合作等，这些都是欧洲一体化建设的必然要求。欧洲内部在共同市场的建立、经济援助和环境保护等问题上，都需要各地方政府的支持和帮助。欧洲委员会因此在1985年通过了《欧洲地方自治宪章》，确认地方行政单位在法律允许的范围内，为其民众利益，拥有承担相当部分公共事务的权利和相应条件。①

地方分权政策同样在促进经济发展方面发挥着重要作用。自20世纪70年代石油危机以来，西方发达国家在解决财政问题上纷纷开始运用分权理论，将中央政府的部分权力下发放给地方政府，避免由于中央政府的过多干预给市场价格带来扭曲和失真，发挥企业、地方政府和居民的积极性，以提高竞争力，地方行政单位的公共投资也对促进生产率的提高和就业机会的增加起到强劲的助力作用。

法国大规模的地方分权改革从1982年开始，迄今已历30余年，其根本目的是在中央和各级地方行政机构之间更好地实现公共职权的分配，建立国家和地方之间尊重、分担和对话的良好关系，使各项政策措施更加符合人民的需要和意愿。然而，任何改革都不可能一蹴而就，地方分权改革依然任重而道远。

参考文献

李驰：《法国地方分权改革》，北京：中国政法大学出版社，2016年。

许振洲：《法国地方分权改革与效率、民主及自由的关系》，《国际政治研究》1994年第4期，第66－72页。

Matthew W. « L'égalité territoriale en France : la rançon de l'histoire », *Métropolitiques*, 12 mai 2014. http: //www. metropolitiques. eu/L – egalite – territoriale – en – France. html.

https: //www. collectivites – locales. gouv. fr.

http: //www. gouvernement. fr.

https: //www. interieur. gouv. fr.

http: //www. lemondepolitique. fr.

http: //www. vie – publique. fr.

① 2006年7月8日法国正式批准《欧洲地方自治宪章》，法国的“地方行政机构”确定为“市镇、省、大区、特殊地位行政单位和海外行政单位”。资料来源：https: //www. senat. fr/ct/ct07 – 01/ct07 – 01. pdf，最后访问日期：2017年10月20日。

B.7
海外省/海外领地与法国的世界强国地位

赵永升*

摘　要： 法国尽管已不如前，但从各方面考量，依然还是当今世界的强国。其在殖民时代的强国地位，留给了今天的法国海外省与海外领地这笔遗产；反过来，这些海外疆土也确保了法国迄今得以维系的世界强国地位。本文将法国的海外省与海外领地划分为三大区块："大西洋区块""印度洋区块""太平洋区块"。

关键词： 法国海外省/海外领地　世界强国　"大西洋区块""印度洋区块""太平洋区块"

关于"海外省/海外领地与法国的世界强国地位"这个主题，需要说明两点。一则，尽管法国的海外省（Dom）与海外领地（Tom）的地位不甚相同，但本文重点分析法国本土之外的疆土[①]与法国的世界强国地位之间的关系，因而在本文中将两者并列论述。

二则，兴许有人会对法国如今是否还称得上一个"世界强国"提出质疑。诚然，今天的法兰西着实没有辉煌时代那般强盛，但笔者认为无论如

* 赵永升，对外经济贸易大学经济学（金融专业）教授，法国经济研究中心主任，法国全法中国法律与经济协会副会长。

① "疆土"或下文的"海外疆土"，在本文中是笔者对法国海外省与海外领地合称的简称。

何，法国依然不愧为“世界强国”的称号。若从 GDP 总量来看，法国现在排在世界第六，在美国、中国、日本、德国和英国之后；其中的英国还是在更改了 GDP 的计算方法之后，才勉强超过法国。

而在历史上，法国也曾经是排名很靠前的世界强国，它与“日不落帝国”英国一度瓜分世界。而现在法国的海外省与海外领地，绝大部分是殖民时代有强国地位的法国给今天的法国留下的遗产；换言之，在“海外省/海外领地与法国的世界强国地位”的前后两者因果关系中，前者是后者的果（历史遗产）。

法国的五个海外省分别为：瓜德鲁普（La Guadeloupe）、马提尼克（La Martinique）、法属圭亚那（La Guyane）、留尼汪（La Réunion）和马约特岛（Mayotte）[①]；四个海外领地分别为：法属波利尼西亚（Polynésie française）、新喀里多尼亚（Nouvelle Calédonie）、瓦利斯群岛和富图纳群岛（Wallis et Futuna）、法属南半球和南极领地（La Terre Adélie，les Iles Australes）；以及一个领地行政区：圣皮埃尔岛和密克隆岛（Saint-Pierre et Miquelon）。

同时，笔者认为在“海外省/海外领地与法国的世界强国地位”的前后两者因果关系中，除了上述的前者是后者的果（历史遗产）之外，前者也是后者的因，即“法国海外省/海外领地”的存在，是今日法国能够维系其“世界强国地位”的重要保障。

若单从经济视角考量，在直接收益上，海外省与海外领地与其说是法国的“历史遗产”，还不如说是法国的“历史包袱”，并且海外省与海外领地不仅在经济上对法国没能做出多少的贡献，相反，几乎都是法国的财政补贴大户，即海外省与海外领地是法国区域转移支付的主要目标。

进而若要从地理距离的远近来考量，有了海外省与海外领地，法国面积 67 万多平方公里的国土，就能从北到南延伸至全球各个纬度，并覆盖三大洋。瓦利斯群岛和富图纳群岛与法国本土相距 19000 公里，马提尼克和瓜德

① 2011 年 3 月 31 日，马约特岛正式成为法国的第五个海外省，即法国的第 101 个省。

鲁普与本土相距 6800 公里。

诚然法国是一个全球性的强国，但毕竟时至今日已是一个第二方阵的强国了。显然，之所以愿意维持费用支出不菲的海外省与海外领地，法国政府算的不是简单的经济账，而是政治账和战略账。尽管给法国经济拉后腿，海外省与海外领地给法国带来的间接收益，无疑难以简单量化，其中一个颇为重要的贡献即是：法国的海外省与海外领地有力地确保了法国迄今的世界强国地位。

五个海外省、四个海外领地与一个领地行政区，给法国在世界上布设了“全球触角”。笔者在此将这十个海外省/海外领地/领地行政区，分为三大“区块”：圣皮埃尔岛和密克隆岛、瓜德鲁普、马提尼克和法属圭亚那，这四个地方构成“大西洋区块”；马约特岛和留尼汪，这两个地方构成“印度洋区块”；新喀里多尼亚、瓦利斯群岛和富图纳群岛、法属波利尼西亚与法属南半球和南极领地，这四个地方构成“太平洋区块”。

一 “大西洋区块”

尽管笔者粗略地将其称之为“大西洋区块”，其实准确而言应该是“大西洋西海岸区块”或“美洲东海岸区块”。正如称谓所示，这四个地方都在大西洋的西海岸或美洲的东海岸，从北到南，分别为圣皮埃尔岛和密克隆岛、瓜德鲁普、马提尼克和法属圭亚那，由北美洲经过中美洲到南美洲。尽管这四个地方的疆土面积不算大，但其战略意义显而易见。

尽管法国与美国、加拿大同处北约组织，是铁杆的盟友，但鉴于各自的政治利益与经济利益，分歧显然也是存在的。例如法国当年的总统戴高乐将军就宣布“自由魁北克万岁！”公开支持魁北克独立。

法国能够如此明目张胆地支持另一个主权国家内部的一个地区魁北克的独立运动，根本原因当然是魁北克的大部分居民都是原先从法国本土移民过去，并且魁北克的经济实力在加拿大也不容小觑。然而，笔者认为由四个海外省/海外领地所构成的“大西洋西海岸区块”或“美洲东海岸区块”，其实在地缘政治与战略上，无疑给戴高乐将军撑了腰，尽管这一点几乎没有文献提及。

在法属圭亚那的战略要点，已于20世纪60年代，阿尔及利亚战争之后在库鲁（Kourou）加以设置。由于其紧邻赤道，便于欧洲阿丽亚娜火箭的发射。库鲁航天发射场确保了世界上五成的通信与观察卫星的发射。库鲁还被开发用于军事目的，包括设置观察与信息系统。

更是由于有了远离法国本土、位于中美洲的法属圭亚那，法国才能在此确保法国乃至欧洲航天、航空事业的顺利发展。因此，法属圭亚那又被法国人自豪地称为法国的“航天省”。

我们难以想象倘若没有这样一个海外疆土，基于地理、安全等考虑因素，法国实难在本土找到合适的地方来建立如此完善的航天、航空基地。也多亏了“欧洲太空计划”，法属圭亚那的这个库鲁角落变成了现代世界的一角，同时吸引了不少的专业人员和其他人士来此定居。

二 “印度洋区块”

尽管笔者粗略地将其称之为“印度洋区块”，其实准确而言应该是“印度西海岸区块”或“非洲东南海岸区块”。正如称谓所示，这两个地方都在印度洋的西海岸或非洲东南海岸，从北到南，分别为马约特岛和留尼汪。尽管这两个地方的疆土并不大，但其战略意义却不容忽视。

面对“大西洋区块”，法国海外省/海外领地的“印度洋区块”，无论在数量上还是在其他指标上都无法比拟；但恰好由于有了马约特岛和留尼汪这两个海外疆土，法国就有了在印度洋名正言顺的存在。尤其作为老牌殖民国家法国的“后院”，非洲各个国家尽管早已各自独立，但非洲法语国家和地区依旧与其前宗主国法国，保持着极为密切且优先的特殊关系。

这种特殊关系无论在政治上还是在经济上，乃至在军事上都体现无余。这一点体现在例如一旦非洲某个法语国家出现军事政变，法国空降兵甚至比美国还要早地抵达现场。马约特岛和留尼汪这两个海外疆土，正位于在法国的“后院”非洲大陆的东南角。这不但加强了法国在非洲的实力，而且对法国向印度洋延伸也奠定了地缘基础。这样，法国在面对亚洲另一个新兴经济体印度崛起之时，就有了更多的地缘与军事优势，从而能在未来的印度洋之争中分得一杯羹。

三 “太平洋区块”

尽管笔者粗略地将其称之为“太平洋区块”，其实准确而言应该是“太平洋西南海岸区块”或“澳洲东海岸区块”。正如称谓所示，这四个地方都在太平洋的西南海岸或澳洲的东海岸，从西到东，分别为新喀里多尼亚、瓦利斯群岛和富图纳群岛、法属波利尼西亚，外加法属南半球和南极领地。尽管这四个地方的疆土也不是很大，但其战略意义却非同小可。

“太平洋区块”在笔者看来，意义远大于“大西洋区块”和“印度洋区块”。就算加拿大国内的魁北克一直闹独立，但基于欧美各国之间共同抑或近似的政治体制和社会基础，加之大西洋未来不太可能成为世界大规模国家间冲突的场所，“公投”也会是未来决定魁北克是否能真正实现独立的手段。

由于现在世界上影响力最大的两个国家，无疑是美国和中国，无论是从这两个国家的经济总量①，还是从其政治影响力，抑或是从其军事力量而言。与“大西洋区块”相比，“太平洋区块”更有可能成为未来世界大规模国家间冲突的场所。而环太平洋地区涉及的美国是世界第一大经济体，中国是第二大经济体，日本是第三大经济体，都显示出亚太地区独特的重要地位。

法国原本只是一个欧洲层面的国家，亚太地区与其干系并不大；但由于有了新喀里多尼亚、瓦利斯群岛和富图纳群岛、法属波利尼西亚，法国就理

① 笔者在此处姑且不将欧盟 28 国视为一个经济体。若将后者视为一个单独的经济体，那么欧盟的经济总量在美国和中国之上。

所当然地成为一个有一定发言权的亚太地区国家了。

涉及法国的海外省/海外领地，就不能不提及法属波利尼西亚在核试验上对法国不可或缺的意义。“当时的世界局势、阿尔及利亚的独立、法国及其他海外省和领地的地理和人口因素，使法属波利尼西亚成为法国唯一的理想试验场所。”（王禄禄，2016）

如果没有这个海外疆土，法国要在本土进行未必能完全控制得好的各类核试验，几乎没有可能性。而法国之所以迄今依然是一个世界强国，也与其拥有核武器有关，更与其在核技术上的世界领先地位有关。而这一切得益于法属波利尼西亚这个海外省/海外领地 30 年做出的贡献。

当然，核试验对该地区产生的负面效应也不容掩饰。法国前任总统奥朗德于 2016 年 2 月 22 日，在波利尼西亚首都帕皮提就坦率地承认：“法国 30 年内在法属波利尼西亚进行的核试验对群岛环境产生了影响，并造成了一些卫生后果。”（法国《世界报》2 月 23 日）

四　有人区与无人区

法国有海外省/海外领地，才能在大西洋、印度洋和太平洋占有举足轻重的一席之地。当然，各个海外疆土对法国的意义各不相同。

若从是否有人居住来划分，可将法国的海外疆土划分为两大类：一类是无人（居住）区，另一类是有人（居住）区。对无人区的占据，其实意义也不小，能实现对这些地区的率先控制。法属南半球和南极领地以及其他领地如克利珀顿（Clipperton），这些地区由于无人居住，正好可以用来架设气候或航行设施。即使在克利珀顿这样的无人区，也可架设自动气候监测站。因此，这个疆土对法国而言具有科学研究、军事与战略的重要意义。

对有人区，前文已经做了详细阐述。与无人区一样，这些有人区也具有战略、科研与经济意义。关于战略意义，除了前文已论述的内容之外，在法国军队执行如军事或人道主义等各类任务需要快速介入时，海外省/海外领地还可以作临时宿营地。关于科研意义，有人居住的海外疆土主要位于热带地区，正好可以用来进行相关领域的应用研究。法国海外科学与技术研究署①就在此设置了多个研究中心。

海外疆土的经济意义也不可忽视。经济意义有三。其一，多亏有了这些海外疆土，法国拥有1100万公里的专属经济区，仅次于美国，成为世界第二大“海洋大国”，与俄罗斯比肩。其二，尽管已探明的矿产资源不多，不过至少已探明在新喀里多尼亚有镍矿，产量位居世界第三；同时越来越多的本土居民迁往这些海外疆土定居，带动了当地的商品与服务业的发展，也有利于海运和空运发展。其三，法国的这些海外省与海外领地多为受人青睐的旅游胜地，法国本土众多游客前往这些地区，为法国的各大航空公司增加了诸多的商机。

如此这般，法国的海外省/海外领地的“大西洋区块”“印度洋区块”和“太平洋区块”，就如同一个个“楔子”，分别嵌入大西洋地区、印度洋地区和太平洋地区，从而在地缘政治上、军事上和经济上，确保了法国迄今得以维系的世界强国地位。

尽管在苏联解体之后，新兴经济体国家例如中国等国迅速崛起，对原有的国际秩序产生了不小的冲击，中国也率先成为一个新兴的世界强国；但无论如何，作为一个老牌资本主义国家的法国，其世界强国的地位依然难以被撼动。这与法国拥有跨三大洋的海外省/海外领地密不可分。当然，法国这些海外省/海外领地之间的差异性也不小，各有特色，尤其是各个海外省/海外领地与法国本土之间的关系，更是松紧有别。

总之，本文将法国的十个海外省/海外领地/领地行政区，分为三大“区块”——“大西洋区块”“印度洋区块”和“太平洋区块”，论述了海外省/海外领地与法国的世界强国地位之间的相互关系：一方面前者是后者的果，即法国现有的海外省/海外领地绝大部分都是殖民时代有强国地位的

① 法国海外科学与技术研究署：L'ORSTOM（Office de la Recherche Scientifique et Technique OutreMer）。

法国给今天的法国留下的遗产；另一方面，前者也是后者的因，即法国海外省/海外领地的存在，是今日法国能够维系其世界强国地位的重要保障。

参考文献

1. 蔡志云：《80 年代以来法国对非洲国家的政策变化》，《世界经济研究》1995 年第 6 期，第 34 ~ 37 页。
2. 车威：《马约特：从法国的殖民地到法国的海外省》，北京外国语大学，2015。
3. 陈竹珊：《欧洲共同市场与非洲“联系国”》，《世界知识》1963 年第 12 期，第 12 ~ 14 页。
4. 刘春芬：《使用法语的国家与地区简介》，《函授教育》1994 年第 4 期，第 88 ~ 89 页。
5. 路易丝·佩尔泽：《法属波利尼西亚的地区方言》，《法国研究》1995 年第 1 期，第 51 ~ 56 页。
6. 沈通：《法国海外省和领地试制银币》，《江苏钱币》2006 年第 1 期，第56 ~ 58 页。
7. 王禄禄：《论法属波利尼西亚对法国的战略意义》，外交学院，2016。
8. 王亚斯：《试论苗族在法国的发展及影响》，《法国研究》2017 年第 2 期，第 28 ~ 32 页。
9. 于玲：《法属圭亚那热带雨林的经营与研究》，《世界林业研究》1999 年第 1 期，第 64 ~ 68 页。
10. 苑垠：《瓜德罗普岛》，《世界知识》1979 年第 1 期，第 29 页。
11. 张海明：《留尼汪港（PORT REUNION）》，《航海技术》1997 年第 4 期，第 23 页。
12. 竹珊：《留尼汪的糖》，《世界知识》1960 年第 5 期，第 17 页。

B.8
法属波利尼西亚政治面面观

齐建华*

摘　要： 法属波利尼西亚以拥有天堂般的美丽风景而闻名于世，本文侧重介绍人们对这一著名旅游胜地不太熟悉的另一面：社会的政治发展与现状。近代史上欧洲的崛起、探险者的地理大发现，逐渐打破了这一区域的自然发展轨迹，英法两国对波利尼西亚产生了浓厚的宗教影响，法国从19世纪中叶迄今，一直对此地拥有主权，故称法属波利尼西亚。随着二战后去殖民化运动的兴起，较弱的独立与较高的自治呼声使法属波利尼西亚的自治程度不断提高。本文拟对这一发展轨迹做简要描述。

关键词： 波利尼西亚　法国　法属波利尼西亚政治体制

法属波利尼西亚（简称法波）位于太平洋东南部。总人口约28万人，其中约有17万波利尼西亚人，其他为欧裔、华裔以及波利尼西亚人与欧洲人、波利尼西亚人与亚洲人的混血种人。法属波利尼西亚由包括社会群岛、土阿莫土群岛、甘比尔群岛、土布艾群岛、马克萨斯群岛等5个群岛在内的共118个岛屿组成；社会群岛为主要群岛，分为向风群岛和背风群岛，位于背风群岛的塔希提岛最大，是法属波利尼西亚的政治经济和文化中心，帕皮提首府所在地。该岛的重要地位使它几乎成为法属波利尼西亚的同义词。官

---

* 齐建华，外交学院政治学博士、教授，法属波利尼西亚大学孔子学院院长。

方语言为法语和塔希提语，不同群岛中也通用其他波利尼西亚语。居民中45%信奉基督教新教，34%信奉罗马天主教，6%信奉摩门教或其他基督教小教派，还有部分居民信仰中国道教或当地传统宗教。法属波利尼西亚分为5个行政区，行政区下又划分为48个市镇。5个行政区为：向风群岛、背风群岛、马克萨斯群岛、南方群岛、土阿莫土群岛、甘比尔群岛。

关于这一区域现代意义上的政治发展，我们无法用这里古老的神话故事来解释，只能从欧洲人来到此地之后说起。

一　复杂的历史演变

欧洲的崛起和探险者的地理大发现，逐渐打破了波利尼西亚的自然发展轨迹。自1595年西班牙人蒙达纳登上马克萨斯群岛后的三百年间，葡萄牙人、英国人、法国人先后发现了这些群岛，使该地成为英法争夺所有权的重要场所。1880年，塔希提岛沦为法国殖民地。19世纪末20世纪初，其他岛屿亦被法国占领，形成今天的法属波利尼西亚的雏形。1946年，依据法国第四共和国新宪法，这一地区成为法国的海外领地。

1. 最初发现这些岛屿的人

波利尼西亚群岛上的土著人的先人在公元前数百甚至上千年前就来到了这里。1595年西班牙人蒙达纳侯爵（Alvaro Mendaña de Neira）是最早造访这里的欧洲人，马克萨斯群岛（Las Islas de Marquesa de Mendoza）的命名大概就是为了纪念他的发现。十年后，蒙达纳的舵手基罗斯（1605年）穿过了土阿木土群岛，发现了塔希提岛，给它起名为“箭”（拉丁文Sagitaria），以此告诉人们这是形状像一束箭一样的火山堆。不过，葡萄牙、西班牙人的发现再也没有有记载的后续故事。

到了18世纪，对今天的法属波利尼西亚有重大影响的新发现不断增多。1767年6月，英国的快速护卫舰萨缪尔·沃利斯号（Samuel Wallis）在塔希提岛靠岸，当时这个岛被称为乔治国王岛（King George's Island）。沃利斯船长以英国国王乔治三世的名义将该岛划为己有。转年，法国航海家路易·安东尼·德·布甘维尔（Louis-Antoine de Bougainville）发现了该岛，并要求以法国国王的名义给塔希提取名为新－西黛儿（Nouvelle-Cythère），以纪念爱琴海中著名的阿芙罗狄蒂神殿，他还将一名塔希提人带回法国，塔希提人在法国的出现印证了卢梭的《善良的野蛮人》神话，也使欧洲人对远在南太平洋的这些岛屿非常神往。1769～1777年，杰米斯·库克船长三次光顾塔希提岛以及向风群岛、马克萨斯群岛和南方群岛。1769年，以伦敦皇家传教士社团（Society）命名的社会群岛（本该称为社团群岛）被库克占为己有，正是这个社团资助了库克的行程。随后，波利尼西亚成为法英对峙的舞台，而塔希提岛也成为太平洋中一个重要的中途停泊处。

2. 波马来王朝（Dynastie Pomare）

1791年，法国人艾迪安·马尔尚（Étienne Marchand）船长以法国国王（路易十六）的名义占有了马克萨斯群岛中的好几个岛屿，为其取名为革命群岛。正是在这个时期，波利尼西亚首领哈帕伊（Hapai）巩固了对各个群岛的统治地位，在盟友英国人的帮助下，建立了波马来王朝（1762～1880年），这个家族后来统治了塔希提岛①。1793年，塔希提岛和周边一些岛屿组成了受波马来王朝一世保护的小国。后者又将土阿莫土群岛归属自己，然而，他还没有完成自己的称霸事业就在1803年过世。

1797年，伦敦传教士社团的首批传教士29人在塔希提岛住了下来，其目的是要教化土著人，让他们信奉福音。大约到了1826年，被禁止在塔希提岛登陆的天主教神父在马克萨斯群岛、土阿莫土群岛和甘比尔群岛传播教义。正是在这一时期，法国天主教徒和英国新教徒之间的关系最为紧张，他们相互排斥，都想击败对手。开始时，天主教传教士只能在伦敦传教士社团放弃的岛屿上传教，直到1836年，他们才得以在塔希提岛登陆。

在波马来二世统治时期（1803～1815年），塔希提岛的部分波利尼西亚人皈依新教，这一演变的代价是血腥的争斗，人口几乎被灭绝，所以许多皈

① 塔希提岛此前基本上由六个家族，分割该岛的主要政治经济利益，他们之间不时会有摩擦甚至发生武力争端，使得权力的分配此消彼长，但是在外国势力干预之前，从未形成一家独大的局面。

依者并非出于真正的信仰，而是出于无奈。此后，波马来二世站稳了脚跟，统揽了世俗和宗教权力，自己成为“新教”的保护者。之后，又依靠新教传教士和皈依新教的波利尼西亚人将其保护延伸到土阿莫土群岛和南方群岛。波马来二世决定将王位让给三世，然而，后者年幼去世（一岁），他的姐姐艾马塔（Aimata，1813—1877）接替了他，取名波马来四世（1827—1877），女王维持了 50 年的统治。在英国领事乔治·普里查德（George Pritchard）的坚持下，波马来四世女王驱逐了法国天主教传教士，并且把新教作为其王朝的正式宗教。

3. 法国保护开始

法国远征军舰船长阿贝尔－欧贝·杜波提－土阿尔（Abel-Aubert Dupetit-Thouars，1793—1864）以波马来四世实施“镇压”为借口对其提出起诉，并在 1838 年赢得了赔偿。1843 年，波马来四世承认了法国对塔希提岛的保护地位[①]。杜波提－土阿尔船长随即宣布塔希提岛归属法国，并于 1844 年将法国的保护延伸到马克萨斯群岛。依照有关保护制度的条约措辞，法国承认以协约为纽带的国家主权的存在。一方面波马来四世女王保留她对其臣民的权力，而法国则保障王朝的主权和波利尼西亚各方首领的权威；法国还承认塔希提人对土地的所有权和信教自由；在司法方面，主权机构继续履行其权限以及对波利尼西亚人的司法管辖权。另一方面，法国对于关系到欧洲人，也就是说外国人，以及对外关系的任何事物、个人安全、财产权和公共秩序，都拥有管辖权。

1852 年，英国传教士被驱逐，波马来四世女王也被起来造反的人推翻了。不过在法国人的帮助下，女王恢复了王位，后来她把王位交给了儿子波马来五世。这一时期塔希提岛的局势比较混乱，因为，欧洲人的到来导致波利尼西亚本土文化受到冲击，也给社会造成严重危害；除社会冲突外，酗酒和流行病使波利尼西亚人的人口锐减。1848 年，塔希提人口不足 1 万，马

---

① 这个时期出现了一个值得注意的现象：就在 1842 年，波马来四世女王取消了土著人与外国人通婚的禁令，英国银行家亚历山大·萨尔蒙于 1942 年 1 月与塔希提岛最富有、最有地位一个家族的女儿结婚。

克萨斯群岛由原来的2万人锐减至6000人。

1866年，为了经营在塔希提岛的阿提马欧诺（Atimaono）地区的棉花和咖啡种植地，英国传教士亚克·斯特瓦特（Jacques Stewart）从中国广东招募了1000名中国劳工（他们被称为“苦力”，含贬义，身份类似于奴隶）。1873年，种植业遭遇破产，被“临时”招募而来的中国劳工再也没有被送回中国。今天，他们在法属波利尼西亚亚裔人口中构成主流。

如果说英国人是通过宗教教化土著人并通过联姻占据当地的政治经济优势的话，那么法国在波利尼西亚的存在则是依靠强硬得多的军事手段，在当时，与英国人相比，法国殖民者在数量上不占据优势，因此主要靠派遣军舰运载军人远征。1867年，驻扎在营地的法国人只有341人，而停泊在帕皮提的军舰上则驻扎着1272军人。在强大的军事压力下，有关保护制度的法规很快就成为摆设，法国越来越不遵守协议规定，在制度方面的权限大大提升，后来在当地推行了法国立法，逐渐限制了当地的司法管辖权。

4. 法属南太平洋殖民地（1880~1946）

1880年6月29日，波马来五世国王放弃了王位，把他的土地“让与”了法国。除塔希提岛外，让与出去的土地还有莫利亚岛（Moorea）、马亚伊奥岛（Maiaio）、梅黑蒂阿岛（Mehetia）、土阿莫群岛（les Tuamotu）、土布艾和拉伊瓦瓦埃（Tubuai et Raivavae）等岛屿。在此之后，法国政府同意塔希提人可以取得法国国籍，并通过《法属南太平洋殖民地法》把保护制度改为殖民统治。从保护国到殖民地之后，法国合乎逻辑地于1887年12月29日通过了一项取消土著人司法审判权的协议。法国此后合并波利尼西亚各个岛屿的过程并不顺利，其间发生过许多冲突。法国首先合并了甘比尔群岛，1888年又合并了向风群岛，1902年合并了南方群岛。在合并向风群岛时，发生持续9年的战争，这场战争后，法国把南太平洋殖民地交给拥有实权的总督来管理。

也正是从那时起，塔希提岛的社会生活中出现了一种半血统或混血人增加的现象。可以说，这一现象是人们了解今天的波利尼西亚政治、经济和社会生活的一把钥匙。自1842年1月英国银行家亚历山大·萨尔蒙

（Alexandre Salmon）与阿丽伊欧海乌（Ariioehau Ariitaimai）公主结婚以后，与当地人通婚的人数开始增加。19 世纪下半叶，“混血者”大都成为豪绅，他们还占据了行政部门的要职。一些大家庭出现了，他们控制帕皮提的经济和社交生活。这些人主要是盎格鲁－撒克逊殖民者，他们因为与当地的显要家族联姻而发了大财，并且巩固了他们的势力。20 世纪初，法属南太平洋殖民地的 11777 名居民中有 2701 人是欧洲人，占总人数的 22.9%。其中 90% 的法国人和 70% 的其他欧洲人都集中在塔希提岛。欧洲人当时分为两个社会阶层：一部分是小资产阶级阶层，这些人试图挤入盎格鲁－撒克逊高等行政官员和塔希提岛贵族圈子中，另一部分是少数生活在偏僻街区或者一些岛屿上的殖民者，因为与当地人通婚而被塔希提文化同化。一战前，尽管法国在医疗和教育领域投入相当多，欧洲人和“半欧洲人”与波利尼西亚土著人之间社会－经济的分化现象始终十分严重。

两次世界大战期间，波利尼西亚的社会结构发生了一些变化。各岛屿上的人口数量大量下降，导致新的居住方案出台和城镇化发展趋势的变化。甘比尔群岛除利基泰阿（Rikitea）岛外，人口已经枯竭。而塔希提岛的帕皮提人口快速集中，人口的集中又使它变成了一个很有吸引力的地方，迎接着来自波利尼西亚各个群岛的移居者。这个地方的居民就学年龄更早了，而与外族的通婚继续为“混血”和“半混血”阶层输入和补充力量①。法国军舰上的年轻水手或士兵为了各种原因与当地人通婚的现象不断增加，其中不少婚姻是土地婚姻（Marriage de lot）。大概就是在这一时期，“半混血”代替了殖民者这个词。这些“半混血”的人大多生活在帕皮提市，他们在区县或岛屿里有自己的土地，许多人是在行政部门工作。一般来说，他们对法语和法国非常在意。

在实施法属南太平洋殖民统治期间，有三种语言相互竞争：英语是许多殖民者和新教神父使用的语言；法语是官方和天主教传教士使用的语言；塔

① 19 世纪后半叶，最早与当地人通婚的英裔后代，很少再与当地人通婚，他们虽然身居要职，财富显赫，但是圈子越来越封闭。

希提语是土著人的主要语言，也是新教徒布道传教的语言。福音教会的角色对于塔希提语的发展是决定性的。从20世纪20年代开始，福音教会就接受了将塔希提语作为礼拜仪式上的正式语言，而且总是表现出非常关注波利尼西亚文明，接受其文化和语言（塔希提语）。总之，新教神父通过福音布道，确实对阻止塔希提语的退化起到了决定性的作用。

二战结束时，伴随着波利尼西亚参战士兵的返回和塔希提人的政治觉醒，人们的思维方式发生了变化。面对已经巩固的殖民行政当局，一种独立的愿望开始生长起来。此后波利尼西亚制度和法规不断变化，新的去殖民化时代开始了。

二　变动的自治体制（1945年至今）

从二战结束至今，法属波利尼西亚虽然摆脱了殖民统治，取得了相当的自治权力，但是根据2013年5月18日联合国大会决议，法属波利尼西亚属于非自治领土。

1946年，依据法国第四共和国新宪法，这一地区与法国其他殖民地一样成为法国的海外领地。1956年法国政府与该海外领地达成自治框架协议，1957年正式命名为法属波利尼西亚，由总督管理，法波议会和政府委员会协助其工作。1977年开始实行地区自治，1984年实行内部自治，法国委派高级专员取代总督为最高行政首脑，仍掌管外交、国防、财政和司法权。法波政府委员会的权力，尤其是商务方面的权力有所增强。1984年9月改政府委员会为部长会议，部长会议主席由法波议会选出。1999年10月，法国参议院提出宪法修正条款，允许法波增加自治权；2004年，法波从海外领地变成海外属国，有权与其他太平洋国家签署国际条约。

1. 从殖民地到海外领地（EFO-TOM）

根据1946年10月27日宪法第77条，象征波利尼西亚殖民地身份的法属南太平洋殖民地（EFO）被改为法国海外领地（TOM）这一新的法律身份。根据有关条款，该领地的所有居民为法兰西共和国的公民（华裔尚被排除在外)，他们在国民议会有一名议员代表，在共和国参议院有一名参议员，在法兰西联盟高级理事会还有一名理事。海外领地也拥有了地方议会。在新的体制框架内，波利尼西亚人可以选举自己的法国国民议会代表。此外，波利尼西亚地方领导人还提出，教育和人事安排要由南太平洋地区自理；为了经济和社会发展，地方还有权创建生产和购物组织，采取相关政策；为提高生活水平，促进社会平等，可以在主要乡村地区征收所得税。

直到 1957 年，法属南太平洋殖民地的群岛才根据新的法律框架取名为法属波利尼西亚。今天的法属波尼西亚这一称呼源自 1957 年法国第四共和国宪法修正案。不过，第四共和国很快倒台了，这也意味着法国本土与海外领地的关系再次面临调整。于是在 1958 年 9 月 28 日的全民公决期间，波利尼西亚人也被要求就他们归属法兰西共和国的事宜进行投票。结果，赞同归属法国者以 16279 票对 8988 票取胜。与这些重大政治动作相呼应的，还有法国采取的几项重要措施。

1964 年，法国决定将核试验中心从撒哈拉迁至莫鲁洛阿（Moruroa）和凡加塔乌法（Fangataufa）滩涂岛，创建了太平洋核试验中心（CEP）。在三十多年的时间里，仅太平洋核试验中心的重要财政支持就占国内生产总值的 15%。其结果是，法属波利尼西亚周围无形中竖起了某种“竹帘”，因为这里被注入了大量公共资金，工资和物价也因此在短期内大幅提升。被引入的媒体，法国电视电台署（ORTF）和各类日报所针对的受众也主要都在巴黎。这些经济和文化措施使得塔希提岛与南太平洋的周边地区和国家形成了屏障。当地人明显感受到的是，帕皮提商场上禁止使用英语说明；它与周边其他岛屿的空中联系被边缘化；媒体上经常反复地进行反英美的宣传；外来投资遭到拒绝。不过，1968 年，核试验中心雇用的 25000 人中有 20000 人是波利尼西亚人，这让当地许多人很快富了起来，尤其是从 20 世纪 60 年代政治上得到平等待遇的华裔。这种所谓“核殖民主义”一直延续了近 30 年，直到 1996 年，核试验中心才真正停止运转。

2. 走向自治：总督被高级专员替代（Gouverneur-Haut commissaire）

1977 年，法属波利尼西亚有了新的法律地位，新法规提升了地方议会的权力，更有利于地方的管理自治。从这个时候开始，代表国家的总督（gouverneur）被高级专员（haut commissaire）所取代。法属波利尼西亚的独立主义者甚至要求不再接受高级专员以地方行政首脑出现的限制，不再接受他在“领地”上的优先监管。

1980 年，法属波利尼西亚地方议会第 2036 号决议案在第一条中宣称：“塔希提语与法语共同为法属波利尼西亚领土的官方语言。”之后帕皮提行政法院废除了地方议会通过的民事诉讼法，该法规定，在一定情况下，法庭可专门使用波利尼西亚语言。

随之而来的是 1984 年 9 月 6 日的重大改革。改革的结果是在法属波利尼西亚内部建立自治制度，该制度有点像瑞士各州的权限划分。相关法律规定，法波可以行使自由行政管理权。国家代表层面的行政监管发生了变化。从这时开始，法波权力机构的法规和法令，在交给高级专员后便可直接执行。高级专员不再对法波的行政权负责。也就是从那个时候开始，法波居民可以自己通过选举程序，推选出一位地方政府的主席。

从那时起，塔希提语也被称作塔希提人的灵魂（reo maohi）而得到发展，这是因为，塔希提语被作为地方政府的官方语言，而使波利尼西亚的身份得到明确承认；地方上被选举出来的权力机构承担直接相关责任，地方的权限扩大了。塔希提科学院成立于 1974 年，负有通过对语法、书写和行文立法来保护语言文化财产的责任；政府还创建了马克萨斯群岛科学院。此外，政府还支持对以前用波利尼西亚文字出版的图书进行再版，保护以前的有声资料，为土阿莫土群岛通用的帕乌木图（paumotu）语言文化节和甘比尔群岛通用的玛加莱维（mangaréviennes）语言文化节提供财政支持（这两种语言都属于波利尼西亚语）；政府还在地方音乐厅开办了一个口述艺术班；政府还支持举办海伊瓦节（Heiva），其间有隆重的歌舞表演和比赛，还有投掷标枪、举石头、划船比赛和射箭等传统体育活动。1986 年，为了方便人们使用当地语言，法波政府建立了翻译和口译处。最后，政府还设立了年度大奖，以奖励用塔希提语写作和出版的作者。就这样，法波被承认拥有管理自己事务的权限，但是同时依然留在法兰西共和国内。

3. 自治制度的演变：从自治的海外领地到海外属国（TOMA-POM）

此后，法波的法律地位又发生了一系列变动。一次发生在 1990 年至 1996 年。一次是在 2003 年，这两次变动进一步提高了法波的地方自治程度。

法波现行法律地位源于 1996 年 4 月 12 日关于法波自治地位的第 96 – 312 号组织法和 1996 年 4 月 12 日第 96 – 313 号法（其中没有一条关于语言的规定）。法律规定，法兰西共和国派往法波的高级专员代表国家。国家根据有关法属波利尼西亚法律地位的文件所列的权限，特别是在对外关系、移民管控、货币、信贷、汇兑、国防、司法、劳动法的一般原则、公共秩序、民事安全、高等教育等方面行使主权权力。

与之前的法律相比，1996 年的法律有了许多“重大突破”，所以可以被称为地方宪法。地方（领地）可以自由确定各种明确标志，如领地旗帜、领地歌、塔希提的表达顺序等，使得波利尼西亚可以在各种正式公共场所，在法兰西共和国国旗和标志旁边展示自己的个性。此外，凡不为国家所保留的领域，特别是在环境方面的权限，地方都可以行使。地方的政治体制由议会、政府和经济、社会与文化委员组成。法属波利尼西亚从此被称为自治的海外领地，从政治上讲，这个海外领地的法律地位已经被改变了。应该说，1996 年出台的法律使法属波利尼西亚完全进入国际社会，并且在国内方面赋予了法波极其广泛的权限。1996 年，宪法委员会批准了在 1996 年 4 月 9 日通过的关于法属波利尼西亚第 96 – 373 号决议。

1999 年，法国宪法中又增添了一项新的第 74 条。有关海外共同体的文件第 74 条第一句话强调，如果法波（或任何其他领地体）要自我管理，应该“在共和国国内行使”。换句话说，法波不再行使各种权力，而是自我管理。

关于共同体（已经被废除的）第 76 条规定，依据宪法，“各地享有自治权力”，“民主和自由地管理自己的事务”。① 但该条款被宪法改革新方案取消。因为新宪法修正案适用于共和国所有领地，包括市镇、省、大区、拥

① Article 76［abrogé］Dans la Communauté instituée par la présente Constitution, les États jouissent de l'autonomie; ils s'administrent eux-mêmes et gèrent démocratiquement et librement leurs propres affaires.

有特殊法律地位的领地和海外体（受宪法第74条管辖），新文本似乎更宽泛，而且关系到法国国家权力的下放。随着2003年3月17日大会的召开，这项宪法改革得到了批准。

2004年2月17日，通过了关于法波自治法律地位的一项第2004－192号组织法修改案。该法确定了波利尼西亚领地体制度方面的组织和运行规则以及权限的适用范围。一个特殊的称谓（第一章中的“自治”）承认了法属波利尼西亚在法兰西共和国内部的自治地位。“法属波利尼西亚作为法兰西共和国内的海外属国（Pays d’Outre Mer），是一个海外体，其自治根据宪法第74条规范”。宪法改革中有关波利尼西亚的主要条款如下。

·波利尼西亚议会文件的法律权威高于一般法规。对它们的司法监督取决于（法国本土）行政法院而不是（法波当地）行政法庭。

·在就业、获得和保护土地财产权方面，当地可以根据需要，采取有利于波利尼西亚人的措施。

·法属波利尼西亚参与国家层面事务的权限。在刑事诉讼法的各种自由权利、公共秩序和安全方面，波利尼西亚可以建议国家（Etat）采取与其有关的一些措施。通过国家放权，可以在这方面行使制定法律规范的权限。

·如果波利尼西亚权力机构认为法律有悖于当地的权限，可以向宪法委员会提出上诉，如果宪法委员会法官把一些有争议的部分交给波利尼西亚，波利尼西亚议会可以修改。

2004年的组织法建立了在就业和土地财产方面享受优惠的制度，意在鼓励那些可以证明自己在太平洋长期居留的人。其中引入了“法律价值观”这一概念，但是这个概念在法属波利尼西亚不同于新喀里多尼亚，在新喀里多尼亚，“国家的法律”由宪法委员会受理，一旦被批准，具有法律效力，而在波利尼西亚，这些法律由行政法院受理，并不构成特殊的行政文件。

法属波利尼西亚的政治发展过程中，2004年的组织法对于当今政治体制的规范，无疑有十分重要的地位。此后该组织法在 2007 年、2010 年、2011 年、2015 年又经历了多次补充和修改，最后一次补充修改是在 2017 年 9 月，涉及法波地方主席职能的一些规定，如不得兼独立行政或独立公共机构职务等。这里不再赘述。

三　诸多变数的未来政治发展

法属波利尼西亚未来的政治发展取决于内外许多因素，需要专门的研究。这里只谈谈其未来政治发展过程中的一些突出问题、因素和趋势。

1. 政治与经济的挑战：政治如何适应经济社会的新要求

政治及其发展不是孤立的，政治体制不是一个封闭的系统。政治与经济社会的发展有着广泛的联系，“政治是经济的集中表现”，一方面，政治归根结底是由经济决定的，要为经济服务，另一方面政治在一国一地经济社会的发展中又有着突出的重要地位和作用。当今的法波处在历史发展的新时代，新时代为其政治发展提供了机遇，也使其面对新的挑战。

这是一个和平与发展的时代，一方面，新科技革命、经济全球化、世界力量急剧演变，使世界充满希望；另一方面，面对变化，各个国家、地区、力量，也面临着诸多新的挑战。

国内方面，2008 年后法国经济持续低迷，发展乏力，仍未真正走出危机及其影响。新政治力量上台执政后，政治调整、力量组合，给了人们“新选择”“新希望”，但是面对诸多矛盾，新政策也将充满各种变数。社会方面，受到经济形势和来自欧盟政策的“挤压”，问题更加突出。与之相适应，文化方面则“趋于保守”，极端民族主义等思潮有新的发展，存在传统和非传统的风险。

法属波利尼西亚的经济和社会发展也存在突出问题，面临全面转型。挑战是多方面的，集中到一点就是在“后殖民”尤其是“后核试验”时代，没有了大量公共财政支撑、失业率居高不下的法属波利尼西亚经济向何处去，如何面临转型、改革和发展。面对世纪转折时期法波经济社会出现的诸多问题，一些有识之士称其为“持续的危机”，寻求“突围”良策和方案。

在这样的背景下，经济和社会发展对法波的政治及其体制提出新要求，法属波利尼西亚政治上如何去其弊端，改革发展，引领经济社会发展，为其保驾护航，这是现阶段该地政治发展要面对的基本问题。

2. 法属波利尼西亚与中央关系的挑战：如何寻求更完善的“自治”

一国政治体制，主要包括政治权力的组织形式（狭义的政体）和政权的结构形式。前者主要是中央的权力体系，后者是中央和地方的关系。

一定意义上，中央和地方的关系及其法波的政治法律地位是法波历史和战后政治发展的重要主题：一方面，随着世情、国情和地情的变化，伴随法兰西第四共和国尤其是第五共和国体制的发展，以“自由行政”“权力下放”“内部自治”“高度自治”为标志，法波的法律地位及其与国家的关系从“海外领地”到“海外属国”发生了很大的变化，“自治”取得了长足发展，但是另一方面这种中央与地方关系和法波的“自治”权力和地位在法律和实践中又有诸多的悖论、矛盾和不清楚、不确定、不合理之处，并产生和还会产生潜在的影响。

仅举一例：波利尼西亚语言法律地位的含糊性。2005 年 5 月，为了承认在辩论中不仅可以使用法语，还可以使用塔希提语或其他波利尼西亚语言，地方（领地）议会通过了一项规定：

> 第 15 条：主席主导辩论。发言应该由主席决定。全体会议时，发言者坐着表达意见。发言可以用法语、塔希提语或其他波利尼西亚的某种语言。这项内部规定通过之后，驻法属波利尼西亚的高级专员、法国国家代表（Édouard Fritch），对组织辩论的第 15 条提出翻案。2006 年 3 月 29 日，行政院取消了这一同等对待法语、塔希提语，每个人可以自由选择语言发言的条款。

行政法院的决定主要依据法国宪法第 2 条和 2004 年 2 月 27 日出台的组织法第 57 条，根据这两条规定，法语是共和国领土上唯一官方语言，然而，这些决定没有能让帕皮提做出任何改变，因为波利尼西亚的议员们认为，这两种语言都是他们习惯使用的工作语言。确实，法国对公法意义上的法人要求必须使用法语，法波的被选举人就必须讲法语。不过，法兰西共和国要求选举所用官方文件必须用法语书写是一回事，参选者参加辩论时使用的语言则是另一回事了。

这正是为什么2006年，法属波利尼西亚代表签署了一封赞同法属波利尼西亚多语种共存的公开信。他们抗议法国禁止使用每天都在用的语言——塔希提语。可见，塔希提语在法波的法律地位一直是模棱两可的。不过，只要被选举人口头使用，即使是在官方职场中，只要没有正式宣布禁止使用就没有什么太大问题。然而，2007年11月23日，法国议会竟然通过了一项对波利尼西亚选举法的修正案，这一修正案禁止使用塔希提语。

总之，在“自治”的体制下如何建立更和谐的中央和地方的关系，实现法波更公正、合理的法律地位是学术和政治领域关注的焦点，其中就有集权、自治、分离，甚至有独立的不同观点和政治诉求。可见在法波政治生活中，“自治”仍然是一个现实的重要问题和挑战。

值得指出的是这个问题是全局性的，关系着法波的经济、社会、政治和文化的方方面面，关系着法波政治及其体制的方方面面，关系着法波的昨天、今天和明天。这要有足够的政治智慧和创新加以解决。

3. 政治发展的挑战：如何公正、有效地实现“利益的权威性分配”

按照政治学的认识，“政治”是所谓“利益的权威性分配”，就是说政治与人们的利益息息相关，是由一个“凌驾”于每一个人之上的“权力”即国家来对“利益”（经济的、政治的、文化的、社会的）进行“分配”（即税收和管理公共服务、福利等）。

这就是说权威地分配利益是政治的目的和功能，好的政治，应当是把这件事做好。那么能不能、怎么能做好这件事，是理论和实践的问题，学术界和社会上也有多方面的讨论，也形成了一些共识，比如主权在民、权力制衡、法治和私有财产不可侵犯的原则和政治体制要“现代化”（即权力世俗化、机构分设、职能分解以及大众的参与）的认知，比如政治要与经济社会相适应，政治、政党要以人民为中心的观点等。

依此，我们认为法属波利尼西亚的政治发展面临如下挑战：现代化的挑战、本土化的挑战以及公平和效率的挑战等。

法国是发达国家，但法波是发达国家的不够发达的地区，这反映了法国发展的不平衡性，更说明了法属波利尼西亚政治发展的现实情况。基本情况是法属波利尼西亚正在经历从传统到现代的发展，按照西方政治发展理论，现代化的主要三个方面和一系列原则，在这里都大有完善的空间，这自不待多说，但另一个更重要的事实是法波步入现代政治是所谓“外源”性的，不是一个“自然的历史过程”，因此，有一个不适应、不能适应的问题，与此问题相关的是一个结合实际、利用传统政治资源、实现政治创新和体制创新的问题，即有一个本地化的问题。在战后本地的政治发展中应当认为有了许多这方面的成绩和经验，但也有诸多问题，需要不断地积极面对，需要走政治发展新路，进行新的制度创新。

可以讲，战后法波政治体制总体适应了其经济和社会发展的要求，得到选民的支持并取得了经济社会成果。但一直以来和相关的事实表明，这个体制在公正和效率上存在诸多的问题和赤字。比如这里收入差距过大，人口中最富裕和最贫穷之10%人群的收入差是6倍，这个指数甚至是法国本土的2倍；比如每年从本土源源不断、数额很大的转移支付据说不是公正、平等地在公民中分配，既影响公正，也缺乏效率。如何发展和完善政治的表达、综合和实现体制和功能，如何实现“以人为本”“服务政府”“效率行政”是一个复杂但重要的问题。

四　结论

人间的事情要“事在人为”，“天堂”的事要靠“魔杖”创造“奇迹”。人们都说法属波利尼西亚是人间“天堂”，这个“天堂”固然也会遇到诸多挑战。但是这里有不少人习惯于相信，也愿意相信，最后会有一股神奇的力量使法波得救。这股力量来自地区、国家还是国外？我们拭目以待。

参考文献

1. Alain Moyrand, *Institutions de la Polynésienne française*, Ministère de l'Education CTRDP, 2003.
2. *La Polynésie française, Ouvrage collectif sous la direction de Jean-Marie Dubois et Marie-Noëlle Frémy*, Ile de Lumière, 2004.
3. Pierre Yves Toullelan-Nernard Gile, *Le Mariage Franco-tahitien-Histoire de Tahiti du XVII siècle à nos jours*, polymages-scoop, 1992 - 1994.
4. Sémir Al Wardi, *Tahiti Nui, ou les dérives de l'autonomie*, L'Harmattan, 2008.

B.9

法国共和国前进党：新兴政党的崛起还是传统政治力量的重组？

王 鲲*

摘 要： 从2016年诞生至今，法国共和国前进党用了不到三年的时间就取得了令人瞩目的政治成就：候选人马克龙当选法国总统；在国民议会取得绝对多数席位；一系列政治改革措施接连推出。从领袖的形象到组成议会议员的社会背景，这个年轻的政党无一不带给人耳目一新的感觉。那么这一新政党是如何横空出世的？它的出现到底是一个新兴政党的崛起还是法国传统政治力量的重组呢？本文就此问题对法国共和国前进党的组建历程、成员结构和纲领政策等方面逐一进行了分析。

关键词： 法国 政党 共和国前进党 崛起 重组 马克龙

从法国2017年大选前一年至今，共和国前进党刚刚走过短短3年的历程，其取得的成就却令人瞩目。2017年5月，其前身“前进运动”（马克龙于2016年4月创建了“前进运动”，后于2017年5月更名为共和国前进党）候选人马克龙获得了总统选举的胜利，一举成为法兰西第五共和国历史上最年轻的总统。同年6月，共和国前进党又获得了国民议会选举的胜利，在本

* 王鲲，北京外国语大学法语系副主任、讲师，主要研究方向：社会学、国际关系。

届议会中占据了绝对多数席位。马克龙当政以来，政府频频出台改革政策。从领袖的形象到组成议会议员的社会背景，这个年轻的政党均带给人耳目一新的感觉。法国共和国前进党究竟是如何横空出世的？这到底是一个新兴政党的崛起，还是法国传统政治力量的重组？

一　共和国前进党的崛起

共和国前进党的诞生得益于法国现任总统马克龙的传奇式的个人经历。马克龙才智过人，曾在巴黎政治学院攻读公共服务专业，同时在巴黎－南泰尔大学专攻哲学，后入国立行政学院学习，曾先后供职于财税部门、私人银行，后进入爱丽舍宫任办公室副秘书长，2014 年出任瓦尔斯政府的经济部部长。当选总统时，马克龙年仅 39 岁，被媒体誉为政治神童。

作为法国政坛一颗新星，马克龙于 2016 年 4 月创建了“前进运动”（En Marche!）。创建之初，这个组织的角色被社会党定义为“为奥朗德总统连任积聚人气”。[①] 马克龙银行家和非社会党党员的身份使他更容易笼络左翼和右翼的关系。党派的创建获得了左右翼一些政治人物的支持，并迅速在网络和民意中积聚了很高的人气。然而，马克龙受到媒体广泛关注，甚至在调查中被评为左翼最有可能当选总统的政治人物，都直接威胁到了奥朗德的连任计划。7 月，马克龙与奥朗德的分歧越来越公开化，以至于奥朗德公开“提醒”他应“以团结为重”。8 月马克龙宣布退出社会党政府，正式代表“前进运动”参加 2017 年的法国总统竞选。

该政党自我定位于法国政治光谱的中间，超越左右政治分野。作为社会自由主义党派，“前进运动”支持进步主义，反对一切形式的保守主义，主张法国政治生活道德化、现代化，并认为法国应当顺应经济全球化，积极支持欧盟建设。为了在法国政坛站稳脚跟，“前进运动”的整体布局和策略安

① 《马克龙创建自己的政治运动——“前进”运动》，欧洲一台，2016 年 4 月 6 日，http://www.europe1.fr/politique/macron－lance－son－propre－mouvement－politique－2713237，最后访问日期：2018 年 2 月 20 日。

排可谓有条不紊。首先，作为新组建的政党，它以开放的姿态广泛吸纳其他党派和民间组织成员参加，迅速扩充力量；同时，为即将到来的总统大选做好准备，因地制宜制定了卓有成效的竞选策略；在选战之外，“前进运动”还不忘按部就班地安排随后的立法选举事务，自身组织建设也随之逐步完善。笔者观察“前进运动”的登顶之路主要得益于以下几个策略安排。

（一）调查民意筹备竞选纲领

2016 年 5 月，“前进运动”组织了 4000 名志愿者（前进者 marcheurs）进行了一次名为“伟大前进”（Grande marche）的入户民意问卷调查活动，通过挨家挨户走访，发放了 10 万份调查问卷，并回收了 1/4 的有效问卷。随后，“前进运动”动员了 200 余名问卷分析专家，通过语意学分析出法国民意中的担忧、期待与希望。同时，聘请了专业咨询公司和前竞选团队成员负责宣传策略的制定。一份非常接地气、贴近法国民意的竞选纲领[①]由此诞生。

（二）竞选宣传扩大影响

“前进运动”通过积极参加竞选活动，宣传自身政治纲领，扩大影响力。2016 年 7 月 12 日，它在巴黎举办的第一场集会尽管获得部分左翼人士支持，但只有区区 2000 人参加；经过 9 个月举行的法国各地近百场集会、宣传、采访，2017 年 4 月 17 日第二次在巴黎举行集会时，参加集会的“前进运动”支持者达到了 2 万人。

作为一个新成立的政党，“前进运动”非常重视网络媒体技术在竞选中的运用。通过有影响力的舆论领袖，在社交网络和网络媒体平台浓墨重彩地塑造了马克龙的正面形象，有效打击歪曲信息。在临近投票的关键时段，“前进运动”甚至启用电话营销技术，发起了 600 万次自动语音电话，邀请

---

① 《马克龙如何做出他的诊断》，《观察家报》，2016 年 11 月 16 日与“89 号街”共同撰文，http：//www. nouvelobs. com/async/go_ article. php？ extkey = RUE89_ 265077，最后访问日期：2018 年 2 月 20 日。

人们投马克龙的票。然而，马克龙的竞选服务器受到了许多网络攻击，部分邮件内容甚至遭到泄露，所幸没有造成负面影响。

（三）巧妙封阻极右力量

当马克龙以24%的支持率进入总统选举第二轮时，他面对的竞争主要来自国民阵线候选人玛琳娜·勒庞。国民阵线以民族主义的论调蛊惑选民，仇外排外，敌视欧盟。法国左右翼进步人士主动形成了维护共和价值的“共和阵线”，汇集了大多数政治精英，联手封阻极右浪潮席卷法国。以超越左右分野的中间派自诩的“前进运动”在这次行动中大大获益。最终马克龙以66.1%的票数成功当选为法兰西第五共和国第八任总统。虽然相比于2002年那场总统大选中希拉克对决老勒庞，法国极右支持率有了明显上升，2017年的选战还是让“前进运动”有机会完成华丽转身。

（四）立法选举获得大胜

如果说总统选举中，马克龙是一匹黑马，那么随后的议会选举中，“前进运动”的胜利则更是出人意料的。经过2017年6月11日和18日的两轮投票，“前进运动”共计308名候选人当选本届议会议员，占据了国民议会议员席位的绝对多数。

“前进运动”作为竞选党派异军突起，成立时间很短，征集各选区议员候选人的时间就更少。“前进运动”采取的策略是早规划，早动手，充分利用互联网影响力广的优势发出号召，在2017年2月就开始了对国民议会选举候选人的筛选。尽管时间紧，但新党派对议员的审核毫不含糊，要求参选候选人“面貌新、平等、廉洁、多元、支持选纲”。同时接受其他党派成员报名，条件是必须以本运动名义参选，当选后成为本运动在国民议会中党团的成员。唯一的例外是已经承诺与“前进运动”联合的法国民主运动（MoDem）候选人。到5月11日宣布参加立法选举候选人名单时，已经有428名候选人披上“前进运动”的征袍，其中52%来自公民社会，他们之前从未担任任何民选职务；另外，其他党派的成员也纷纷转入“前进运动”，94 人来自左翼的社会党，80 人来自中间派的法国民主运动，还有右翼加盟，10 人来自共和人党，30 人来自法国民主独立联盟(UDI)[①]。“前进运动”对议员候选人的廉洁性要求近乎严苛，议员候选人不得有任何前科或正在进行的司法调查，如议员弗朗索瓦－米歇尔·朗贝尔就因卷入“环境税”案件而被撤销候选人资格，后来里尔大审法院还之以清白，才又重新获得议员候选人资格。

（五）积极推进组织建设

马克龙成功当选总统，“前进运动”也从一个竞选组织过渡为一个真正意义上的政党，这一发展过程出奇的短。2017 年 5 月 8 日，马克龙将“前进运动”改名为共和国前进党，6 月 18 日议会选举获胜，7 月 16 日推出新党章，[②] 8 月 17 日新党章获得通过。[③] 同年 11 月 18 日，共和国前进党第一次全国代表大会召开，800 名代表参加，卡斯特内当选新党首。外界对新党的评述不一。一部分评论认为共和国前进党组织结构扁平化，引入了现代管理技术，特别注重社交网络的运用，更像是一个运动而不是传统党派；[④] 另一部分人则认为，共和国前进党缺乏党内民主，过分维护领袖地位，走的是新戴高乐主义的路子。[⑤]

① 《立法选举：共和国前进党候选人的〈西班牙旅店〉》，《世界报》2017 年 6 月 8 日，http：//mobile. lemonde. fr/elections – legislatives – 2017/article/2017/06/07/socialistes – centristes – opportunistes – l – auberge – espagnole – des – candidats – de – la – republique – en – marche – aux – legislatives_ 5140253_ 5076653. html，最后访问日期：2018 年 2 月 20 日。

② 《共和国前进党党章》，共和国前进党官网，2017 年 7 月 16 日，https：//en – marche. fr/articles/actualites/statuts，最后访问日期：2018 年 2 月 20 日。

③ 《共和国前进党新党章高票通过》，《十字报》2017 年 8 月 17 日，https：//www. la – croix. com/France/Politique/nouveaux – statuts – Republique – marche – largement – adoptes – 2017 – 08 – 17 – 1200870265，最后访问日期：2018 年 2 月 20 日。

④ Galaad Wilgos，《为什么所有人都在创建“运动”，而没有人建立“党派”》，Slate 网站，2017 年 7 月 31 日：http：//www. slate. fr/story/145944/partis – mouvements，最后访问日期：2018 年 2 月 20 日。

⑤ Elsa Sabado《共和国前进党：一个新戴高乐主义准军事化系统》，Mediapart 网站，2017 年 7 月 29 日，https：//www. mediapart. fr/journal/france/290717/lrem – un – systeme – neogaulliste – quasi – militaire，最后访问日期：2018 年 2 月 20 日。

无论如何，从此时开始，共和国前进党取消了双重党籍，走向了正规化的道路，获得了合法身份。同时拥有总统席位和议会多数的共和国前进党圆满地开启了法国政治生活新的五年。

二　共和国前进党是新兴政党还是传统政治力量重组的结果？

共和国前进党是新兴政党还是法国传统政治力量的重组的结果？如果要回答这个问题，我们需要从两个方面来思考。一方面，人选问题，新政治运动中的人从何而来，党派的执政意图由哪些人来实施，是一个很能说明问题的指标；另一方面，要看这个政党所宣称的政治纲领和所推行的改革政策是否有明显的自身特点，是否与其他党派存在明显的差异。

共和国前进党给人的总体印象就是一个字——“新”。该政党的领袖就是法国政坛的一张新面孔，马克龙是青年才俊、朝气蓬勃、锐意改革，他相信道德的力量能够净化政治。马克龙毕业于国立行政学院，出道于财税部门和银行业，因其收入颇丰，获得“金融界莫扎特”的美称，在政府供职时间很短，没有贪污腐败的旧账，也没有桃色新闻。他和夫人的师生恋甚至在互联网上被传为佳话。这个政治新星似乎完美地应时而生，如他所称与左右分野的旧政治毫无瓜葛。

但事实上，马克龙的哲学思想上受到保罗·利科实用主义思想影响颇多；政治上亲近米歇尔·罗卡尔，但他不是社会党成员，更熟悉资本市场，不完全认同“第二左翼”（也称“另类左派”）；曾支持过舍韦内芒、罗雅尔、贝鲁，与奥朗德相识甚早，支持过其竞选；被选为爱丽舍宫办公室副秘书长，主张社会自由主义的经济政策，后又被任命为瓦尔斯第二届政府的经济、工业与数字化部长，主持通过了《马克龙法案》。从其个人经历可以看出，在政治倾向上，马克龙是有中左翼情结的，但对右派人士居多的金融界亦不陌生。

从议会的角度看，共和国前进党在立法选举前推出了总共 524 名候选人，其中281名（53.6%）是没有过从政经验的“新人”[①]，50.7%是女性，60%来自私营领域。这些数字体现了共和国前进党对启用民间组织候选人的重视，希望通过这些“来自基层，寻求变革”的新面孔，向基层选民传达重视性别平等、重视经济领域、重视民间组织、与传统政治保持距离等政治寓意。从最终选举结果来看，共和国前进党在577个国民议会席位中获得了308个，其中116名议员为初次当选的“新人”，且加入共和国前进党之前没有任何党派归属，还有53名初次当选的议员之前曾经隶属于或支持其他党派（左派35名，右派16名，中间派2名），其余皆曾当选议员或曾经担任民选职位。这意味着该党议员中，46.7%来自或支持过左派及中间派，仅有14.6%曾经隶属于右派，虽然共和国前进党号称超越左右分野，但其议会成员中，左派和中间派的比重明显高于右派。

再来看法国新政府的组成。由于议会绝对多数集中在一党手中，传统上政府成员基本由本党党员出任。在法国，吸纳其他党派成员进入政府称为开放政府，这种情形并不多见。但是，总理爱德华·菲利普在立法选举前后两次组阁时，均采取了开放的立场。一方面，这种选择出于共和国前进党组建时间不长，许多重要政治人物来自党外；另一方面，这也体现了共和国前进党超越左右政治分野的开放姿态。法国第五共和国开放政府是有过先例的，在密特朗执政时期，出于议会多数的多元性，时任总理米歇尔·罗卡尔组阁时就采取开放立场，但政府成员主要集中在左翼和中间派。在萨科齐执政时期，为了表示其开放性，总理菲永的政府也是开放性的，但仅有极个别左派成员。

外界普遍认为，菲利普政府较为均衡地体现了左右政治人物的参与。以菲利普第二届政府成员组成为例，总理本人曾是右派共和人党成员，内政部部长科隆来自左派社会党，环境部部长于洛来自左派环保党派，外交部部长勒德里昂来自社会党，经济与金融部部长勒梅尔来自共和人党，劳动部部长贝妮柯来自左派，教育部部长布朗盖尔来自右派。几个重要部委人选兼顾了左右政治派别，相信此举可以较为平衡地体现双方的诉求。然而从全部29

---

① “新人”的特点得到了完整的体现，54.8%（169名）的共和国前进党议员没有议会经验。

名部长和国务秘书被任命之前的政治归属来看，19 名部长中，出身左派的人数（9 名）明显高于右派（3 名），中间派 6 人中 5 人为共和国前进党成员，其中又有 2 名之前即为社会党工作。国务秘书中更是仅有 1 人来自共和人党。总体来看，本届政府的组成仍以左派和亲左派成员为主。

因此，从用人的角度来看，共和国前进党无论从总统本人、议会多数派构成还是政府组成，都较为明显地倾向于中左翼，兼顾右翼部分人选。其中社会党成员较上届政府有明显下降，但吸纳了其他左翼派别成员、环保主义者、知识分子、民间组织成员、私营领域成员，广泛联合中左翼的意图较为明显。

第二个需要考察的问题，是共和国前进党是否提出了与之前有明显差异的政治理想和政治目标。马克龙政治纲领中的核心内容是通过发展工业和数字经济，鼓励科技创新，平衡财政预算，降低企业负担，调整就业政策，重振法国经济，重建政治生态，使法国更好地融入经济全球化，捍卫欧洲统一市场，提升法国的全球领导地位。如果分析一下他所提出的竞选纲领，我们可以在看到马克龙对法国政治经济状况提出了一些原创性的建议，但绝大部分纲领则与奥朗德、菲永和贝努瓦·阿蒙的竞选纲领重合。也就是说，“前进运动”的纲领中，并没有哪些内容让它明显区别于左翼和右翼传统政党的政治目标和政治纲领。如果说有，可能更多体现在它的进步性的追求和对保守主义旗帜鲜明的反对上。

马克龙提出的政策措施涉及政治、经济、社会和外交方面的革新。这些改革杂糅了进步左翼和进步右翼的政治诉求。例如，在政治方面，他提出政治生活应当道德化，削减议员数量，适当引入比例代表制；在气候政策方面，希望法国成为世界主导气候协定的政治力量，这些提法传统上来自法国政坛的左翼；而对社会政策的改革，如退休制度改革、下调住房补贴、收紧对移民接待的条件等，则体现的是来自右派的声音；还有一些如修改、简化劳动法，减免税收，优化失业保险，激励科技创新，支持核电在世界上的领先地位等，则属于左右翼均希望实现的经济社会目标。此外，在外交政策上，马克龙奉行欧洲主义，非常看重法德关系和法国在欧盟中的角色；同时，谨慎处理大国关系，不对美俄示弱，缓和对英关系，积极发展对华关系；重塑法非关系，捍卫法语在世界上的地位；领跑全球环保政策。这些立场和选择汇集了左右翼外交政策中积极的元素。

马克龙的政治纲领是一个融合了左右派诉求的综合版本，体现了中间派试图超越左右分野，引领进步势力，反对保守主义的立场。可以说，到目前为止这种立场获得了一定的正面反响。自马克龙上任以来，已抛出了多项引发社会反响的重大改革，如政治生活道德化法案、劳动法改革、住宅税/补贴改革等，触动许多阶层的利益，但反对之声并没有让新总统的支持率明显下降。其中最引人注目的就是劳动法改革，法案的主旨是赋予企业在解雇、赔偿方面更多的话语权，削弱工会在劳资谈判中的主导地位，为中小企业松绑。这项改革法案不仅在议会获得了顺利通过，工会也未多方发难，令人不得不赞叹马克龙的政治手段和菲利普政府的执行力。不应忽视的是，中间党派当政也承担了相当大的社会期许，社会赋予了新总统更多的时间和空间来施展拳脚。相形之下，2016 年社会党同一方向的劳动法改革法案（《埃尔科姆里法》）遭到了工会的激烈阻挠，直接导致瓦尔斯政府失去了民心，甚至影响了奥朗德的连任计划。前几项改革的顺利推进或许预示着马克龙后续的重大改革不会遇到很大的阻力。

三　结论：一次成功的政治力量重组

一些媒体称马克龙的成功是“戴高乐式的崛起”，他凭借强大的个人魅力出人意料地获得了成功，又依靠杰出的个人能力高调进入政坛，大刀阔斧地进行改革。另一些评论则认为他堪比吉斯卡尔·德斯坦，只是欠缺一些执政经验。还有人把他比作前总理米歇尔·罗卡尔，但马克龙名正言顺地位处中间派，不需要过多迁就社会党的意见，也更愿意试水自由资本主义。① 无论将其比作什么人，可以确定的是法国人民对发展停滞、经济低迷、高失业

① MathieuMagnaudeix，《马克龙的神庙中戴高乐将军居首》，Mediapart 网站，2017 年 4 月 13 日，https：//www. mediapart. fr/journal/france/130417/le – general – de – gaulle – trone – au – pantheon – de – macron，最后访问时间：2018 年 2 月 20 日。

率的国内现状不满是马克龙作为中间党派异军突起的社会基础。此外，更有左翼党派内部求变图新的政治人物在暗中相助，对新人、新党大力支持。

很明显，马克龙的政治纲领带有清晰的竞选色彩，他的政治理想经常被舆论定义为“社会自由主义”或“社会民主主义”，并与布莱尔、施罗德的“第三条道路”政策进行类比。这种理想希望超越左右政治分野，兼顾中左和中右翼的诉求，在国内推行自由市场经济，以提高生产效率，提振经济，解决就业难题，同时强调公共财政的收支平衡，在此前提下，动员社会力量加强集体团结。在法兰西政治生活中，“走中间道路”是面对危机求新求变的传统手段之一。不应该忘记的是，法国曾经经历了三次左右共治，当政治格局过度在左右之间摇摆，或左右党派之间张力过大时，贴近中间道路倾向的政治人物就会出来破解僵局。

“中间派第三条道路”的提法在法国不是第一次出现，这种实践也不是第一次。在密特朗执政时期，米歇尔·罗卡尔曾经提出的改革方案就属于中间道路。再追溯得远一点，右翼法兰西民主同盟的吉斯卡尔·德斯坦因中间派的加盟而当选，执行了中间偏右的政治经济主张。中间党派领袖当选总统执政，却是法兰西第五共和国政治史上的第一次。马克龙借力左翼成功当选，中间党派获得议会多数，主要代表了中左的政治理想，兼顾中右的经济诉求，对法国寻求左右翼之间的平衡，重归理性的发展道路，清理党派政治的旧债不无裨益。

综合考量，此次共和国前进党的胜利，与其说是一个新兴党派的崛起，毋宁说是主张进步的中左、中右政治力量为摆脱传统左右分野格局的束缚，为法国政治经济困境破局进行的一次重组尝试。摆在共和国前进党面前的任务依然艰巨。尽管前期的改革措施得以成功推出，但新总统马克龙是否能在这一任期内，规避国内政治风险，有效推行所有改革，并获得预期效果，值得我们拭目以待。此外，他所推行的政治道德化对他的施政构成了一定的风险，不到一年的时间，媒体已经数次爆料贪污腐败和性侵的指控，涉及的要员有费朗、达尔马南、贝鲁和于洛等。而最关键的考验还在于法国经济状况的好转和失业率的下降。共和国前进党的经济社会改革是否能够真正惠及法国民众，将能够通过随后的大区、欧洲、市镇等诸多选举窥见一斑。

经 济 篇

Economy

B.10
法国制造业的未来*

洪 晖**

摘 要： 2008年金融危机以来，法国面临着来自经济低迷和高失业率的困扰，政府陆续推出多项产业振兴政策，希望提高以制造业为代表的法国工业整体竞争力，从而达到恢复经济和社会发展的目标。本文首先梳理了近四十年法国去工业化的路径和主要原因，其次通过阐述法国去工业化的实质说明这一过程的不可逆性，最后分析了金融危机以来三任法国总统的再工业化政策或政策动向，指出当前法国再工业化过程面临的重重困难，以制造业回归和创造就业为主要内容的再工业化政策无论从理论上还是实践来看更像是一项不可能完成的任

* 本文受北京外国语大学一流学科建设经费资助，项目名称：法国制造业升级与中国企业海外发展契机。

** 洪晖，北京外国语大学法语系讲师，主要研究方向：法国经济、欧洲经济。

务。相反，以提高企业研发能力和竞争力为根本的创新驱动战略才是解决经济增长动力不足和高失业率的根本路径。

关键词： 法国制造业 再工业化政策 创新驱动

2008 年金融危机后，西方发达国家一方面积极通过量化宽松的刺激政策推动经济复苏，另一方面采取再工业化战略和措施试图恢复制造业的优势，为经济增长提供强大动力。继美国总统奥巴马推出“鼓励制造业和就业机会回归国策略”后，德国、英国、日本等西方主要工业化国家也纷纷提出工业振兴或再工业化战略。深受经济衰退和高失业率困扰的法国也不例外，萨科齐和奥朗德两任总统都制定了多项产业振兴的政策，希望通过加大研发投入和降低社会成本来提振以制造业为代表的法国工业的竞争力。2017 年 5 月新上任的马克龙总统也提出了加大对产业投资的宏伟计划，在经济和社会改革方面基本延续了前任总统的思路。但多年来在关于法国工业的定位和未来发展方向等问题上各方一直争议不断：法国能否通过再工业化来破解当前经济低迷和失业率居高不下的困局？未来能否形成一条法国特色的再工业化之路？针对以上问题，本文首先梳理了近四十年法国去工业化的路径和主要原因，其次通过阐述法国去工业化的实质说明这一过程的不可逆性，最后总结金融危机以来两任法国总统的再工业化政策以及新总统上任后的政策动向，探讨法国制造业的未来发展前景。

一 法国去工业化进程的过去与现状

作为 19 世纪继英国之后第二个经历工业革命的西方工业大国，以制造业为代表的法国工业[①]在二战后借助美国马歇尔计划的资金和强大的国家干

① 按照法国国家统计与经济研究所（INSEE）的界定，制造业是指不包括采矿的加工工业，包括食品、饮料、烟草、纺织、服装、皮革、木材、印刷、焦化和炼油、化工等 33 个大项。由于法国制造业在整个工业部门的产值和就业所占比重较大，除特别说明外本文将工业与制造业视为同义词。

预力量迅速恢复了生产，并在经过战后辉煌三十年的发展后一度比肩其他西方工业大国，成为欧洲乃至经济合作与发展组织（OECD）的重要工业化国家。以汽车、高铁、船舶乃至航空航天为代表的大型运输设备制造业更是成为法国经济的主要出口创汇力量，形成了包括运输设备、装备制造、核电技术、制药、化工、食品加工、电子等轻重工业在内的完整的产业链格局。

20 世纪 70 年代以来，在两次石油危机的冲击下，法国也和西方主要工业国家一样开始进入后工业化时代，产业转移乃至产业空心化带来的经济社会问题越来越严重，制造业本身的竞争力也在不断下降。主要表现包括：以工业为代表的第二产业在就业和国民经济增加值贡献率方面的比重逐渐下降，取而代之的是服务业和第三产业占比不断增加；随着经济增长速度的下降（从 20 世纪 60 年代的平均 5% 以上下降到 20 世纪 70 年代的 3%），失业率也开始进入加速增长的通道（1974 ~ 1983 年），终于在 1983 年首次突破 8% 的历史高位，此后至今一直保持在高位。

进入 20 世纪 80 年代，法国经济受到从美国兴起的新自由主义和市场开放的影响，加上产业转移和外包的趋势性发展，开始出现去工业化甚至产业空洞化的局面；90 年代以后不断加速的经济全球化和新兴经济体的崛起更使法国的制造业面临不断加剧的竞争，国际竞争力下降和市场份额的流失成为法国制造业明显的两大硬伤。尽管 2007 年以来的经济危机发端于金融领域，但它之所以对实体经济造成这么大的冲击，包括法国在内的欧洲国家制造业本身变得越来越脆弱也是其中一个很重要的原因①。

根据法国国家统计与经济研究所的数据②，从 1970 年到 2014 年，法国制造业增加值增长迅猛，2014 年制造业增加值达到 2138 亿欧元，为 1970 年的 8.6 倍。但制造业在整个国民经济中的比重却从 1970 年的 22.3% 下降

① Xavier Ragot, *Erosion du tissu productif en France: causes et remèdes*, OFCE Newsletter, 30 mars 2015, http://www.ofce.sciences-po.fr/blog/erosion-du-tissu-productif-en-france-causes-et-remedes/.

② 本节主要统计数据除专门说明外均引自法国国家统计与经济研究所的报告，https://www.insee.fr/fr/statistiques/2121532。

到 2014 年的 11.2%，几乎下降了一半。从就业人口比例来看，1970 年法国制造业的就业比重占全国就业人口的 23%，到 2014 年只剩下 10%。相比之下，整个国民经济增加值的增速更快，为 1970 年的 17.2 倍。其中商品服务业在国民经济中的增加值中所占比重迅速增加，从 1970 年的 31.7% 增长到 2014 年的 45.5%。

从 1970～2014 年制造业在国民经济增加值中所占比重每隔十年的变化[①]可以看出，制造业在国民经济中的增加值所占比重从 20 世纪 70 年代以来一直处于下降的趋势中，在这 40 多年中一共降低了 11.1 个百分点，平均每十年降低 2 个百分点左右，其中在 20 世纪 80 年代和 2000～2007 这年两个区间的降速更快，达到 3 个百分点。2008 年金融危机以来，受外部冲击带来的需求降低影响，法国工业遭受重创，工业生产经历了二战以来的最大降幅，2008 年和 2009 年分别达到 -4.3% 和 -7.5%。尽管在经济刺激政策的作用下，工业增加值在 2010 年出现小幅反弹，但受到欧洲央行紧缩政策的打压，工业生产始终未能回到金融危机以前的水平[②]。

2016 年，在结构性下降的大趋势下，法国制造业受汽车制造、航空航天和化工等行业的带动，产值继 2015 年增加 1.8% 后再次出现小幅增长（0.4%）。但相比欧盟国家和欧元区的平均水平（分别为 1.7% 和 1.6%），法国的制造业产值增加速度要慢得多，甚至还没有达到 2011 年第一季度的水平。

受益于欧洲国家需求的增长，汽车制造业成为 2016 年整个制造部门产值增加最快的行业，达到了 4.6%。汽车制造业从 2005 年陷入严重衰退，产值一共下降了 46.7%，在经历 2013 年第一季度的最低点后稳步增长。除汽车以外的运输设备生产也出现了增长，特别是航空航天制造业，2016 年产值达到了 3.7%（2015 年产值为 -2.7%）。作为法国工业的传统优势产业，航空航天行业是 2010 年以来产值增长最快的行业（产值增加了 22.6%），其次是化工行业。另外，电气设备和金属材料制造业也摆脱了

---

① 本节主要统计数据除专门说明外均引自法国国家统计与经济研究所的报告，https://www.insee.fr/fr/statistiques/2121532。

② OFCE, *L'économie française* 2013, La Découverte, 2012, p. 65.

2000 年以来的困难局面，结束了连续四年的下降趋势，木材、造纸和印刷等行业的降幅也明显减少。

2016 年产值降幅最大的行业是焦化－炼油产业（－2.5%）。2008 年以来，该行业受高油价拖累一直处在生产收缩中，2015 年在原油价格下跌利好因素的提振下出现反弹，但由于 2016 年第二季度法国频繁出现罢工潮，生产受到严重影响。制药行业的产值也在经历 2015 年大幅增加后出现下降（－2.4%），食品加工业产值降幅为 1.2%，却是对整个制造业拖累最大的行业。

2016 年法国制造业外贸逆差大幅增加到 447 亿欧元，接近 2011 年的 467 亿欧元，是 2011～2015 年出现国际收支平衡改善后的一次大退步。主要原因在于包括航空航天产品在内的出口下降以及进口的强劲增长。航空航天制造业是法国制造部门的第一大出口产业，也是外贸盈余最大的产业。实现外贸盈余的行业还包括化工业、食品加工业、制药业、造船业和铁路运输设备制造业。受进口加快增长因素影响，汽车工业继续表现为逆差，高达 99 亿欧元。受石油价格下跌影响，石油加工产品已经连续四年出现外贸逆差，进出口总额均出现下降。外贸表现为赤字的行业还包括机械设备制造业、电气设备制造业、金属冶金业、信息电子和光学仪器业、纺织服装业、石油精炼和焦化业等。

从地区来看，尽管向波兰、意大利和西班牙的出口在持续增加，但法国制造业与欧盟国家的贸易依然表现为结构性赤字（2016 年为－264 亿欧元），特别是对德国贸易为 139 亿欧元逆差。对英国贸易一向是法国最大的顺差来源，但受英国退欧影响对英国贸易顺差也出现下降。相反，与俄罗斯和瑞士的贸易盈余开始增加。对美洲地区的贸易盈余减少，主要原因在于对巴西出口额下降和从美国进口额的增长。长期以来，中东和非洲一直是法国实现外贸结构性盈余的地区，但在 2016 年也出现了出口额大幅下降的情况。法国对韩国、中国和日本等亚洲国家的出口额也开始下降。

从劳动力成本来看，2016 年制造业的成本维持在 2012 年以来的水平，为每小时 37.6 欧元，2015 年的增幅明显低于 2000～2012 年，也明显低于德国制造业每小时 39 欧元的成本，但依然大大高于西班牙和意大利等国。这得益于全员劳动生产率的提升（2.6%），制造业的单位工资成本（小时成本与劳动生产率的比率）下降了1%，2012年以来已经累计下降了4个百分点，情况要好于整个欧元区（平均降低1.7%）和德国（平均增加6.1%）。

法国制造业的劳动生产率从2011年以来一直在降低，2011~2016年的平均增速为2.1%，而2000~2011年的年平均增速为3.1%。但相比整个欧元区和德国，法国制造业的表现并不逊色。在利润方面，2016年法国制造业的全年利润率稳定在36.9%，结束了连续三年的快速增长，相当于2001年的水平。

2016年，制造业直接就业人数下降了0.8%，好于2015年的就业情况（制造业的就业人数下降了1.3%）。2000年以来制造业就业人口出现结构性下降，平均每年减少58600个就业机会，原因在于制造业劳动生产率增速高于其他经济部门。不过就业机会的下降速度从2011年已经开始放缓到每年1.1%，低于2001~2008年的2.1%和2009~2010年的4.2%。另外，制造业雇用临时用工的情况从2012年以来不断增加，2015年和2016年临时用工人数分别增加了6.2%和7.5%，2016年第四季度临时用工占比达到8.7%的历史高位，充分说明制造业的就业灵活性在不断增强。

2016年制造业新增企业数量为14000家，增加了11.2%，是2008年以来增加最多的一年。倒闭企业数量减少了11.1%，只有4000家，达到25年来最低的水平。企业投资方面，制造业整体投资率来扣除物价因素后增长了2.2%。近年来投资增长的原因在于企业利润提高和工业生产的恢复。2016年投资率（投资额与增加值之比）达到26.1%。除维修安装与其他制造业一项外，所有制造行业的投资额都出现增长，其中增长最快的是木材纸张和印刷业、焦化炼油业、纺织服装业、化工业和食品加工业。

二　制造业占比下降的原因分析

法国制造业在国民经济中比重下降的问题应当从两个角度来看：一方面，由于整个经济产业结构发生变化，服务业对国民经济增加值和就业的贡献逐渐超过了制造业；另一方面，法国的制造业整体的竞争力相对其他国家开始减弱。

从经济结构来看，长期以来，人们都将造成制造业在整个国民经济中比重下降的主要原因归咎于第三产业的发展、劳动生产率下降和全球化带来的新国际劳动分工这三大原因。而不同阶段造成制造业萎缩的原因也各不相同，其中21世纪之前主要以服务业的快速增长和制造业劳动生产率下降为主要原因，而21世纪后主要是受到经济全球化冲击和产业迁移加速的影响较大。

首先，从20世纪50年代开始的辉煌三十年中，法国服务业逐渐发展壮大，成为经济增长的另一大火车头，对经济增长的贡献也从1967年开始超过制造业。其中两个现象尤为引人关注：一是企业服务外包，即工业企业将一部分原来由企业内部经营的业务（如物流、财务、人力资源管理等）外包给服务型企业，这一现象在20世纪90年代最为明显；二是工业企业自己生产服务产品，如大型设备安装、维修和售后服务等，最终造成工业企业和服务企业之间业务交错的现象。另外，从需求结构来看，20世纪90年代以来对服务业的需求持续增加，1970~2014年，制成品的国内需求量年均增长率为5.8%，但商品性服务的需求增长更快，达到年均7.7%[①]。需求结构朝着有利于服务业的方向发展。一方面受到收入因素影响，收入的增加更多用于服务消费。[②] 另一方面，受相对价格因素影响，由于服务业生产率提高较慢，服务产品的价格变动比制成品小。这一价格差没有完全转变为对制成品需求的增加，因为它们的价格敏感度较低，而且对服务的替代性有限。2007年金融危机以来随着价格涨幅明显放缓，对服务产品的需求也开始放缓。

其次，去工业化的现象从根本上来说是技术进步带来的必然结果。由于技术进步，生产中的资本投入逐渐超过劳动力，与此同时，制造业生产对劳动力的需求也越来越低。在经济快速增长的时期，尤其是服务业增长较快的年代，制造业的剩余劳动力很快就被服务业吸收，而在经济停滞尤其是经济危机的年代，就会造成失业率快速升高。另外，由于制造业的劳

---

① https：//www. insee. fr/fr/statistiques/2121532.

② 恩格尔法则：随着家庭和个人收入的增加，收入中用于食品方面的支出比例将逐渐减小，而用于交通、娱乐、教育等方面的服务性支出会增加。

动生产率比整体经济增长更快，制成品的相对价格下降。1970～2014年，法国制造业的劳动生产率年平均增长3.2%，而国民经济其他部门的增长率只有1.7%。随着产量的增加，劳动生产率的大幅提高使工业制成品价格的下降成为一种趋势，与此同时，制造业增加值在整个国民经济中的占比自然随之下降。

最后，从20世纪90年代后期开始，随着经济全球化逐渐加速，国际竞争的加剧使法国制造业萎缩的局面更是雪上加霜。随着国际贸易的全球化，以中国为代表的新兴国家凭借低廉的劳动力和产业升级开始冲击法国中低端产品的优势，使法国制造业的产品出口额明显下降，而对服装、家电等轻工产品和小型机械设备的进口额不断增长。另外，作为产业转移的反映，一部分进口的制成品实际上是法国企业在国外生产返销回国内的产品。进口产品的增加对国内生产的负面影响相当于进口产品对国产商品的替代。1970～2014年，制造业在产值和产量上都明显增加，但远远低于进口额增长的速度。其中年均产值增加了5.2%，而进口额增加了8.4%，而且在每个细分区间的国内产值都低于进口。不过除了1989～2000年以外的其他时期，国内生产和进口的增长都放缓，2007～2014年，工业生产甚至出现轻微下降。总体来看，2014年进口产品在所有制成品中所占比重达到36%，而1970年只有13%。

进入21世纪后，服务业的发展势头开始放缓，但制造业萎缩的现象依然持续，显然第三产业化的趋势已经不足以解释去工业化的所有现象。实际上，从20世纪90年代以来，随着经济全球化的发展，越来越多的法国企业为了降低生产成本，应对竞争越来越激烈的国际市场，已经开始走上产业转移的道路，将部分工厂转移到成本较低的新兴经济体国家和地区。比如汽车制造业就是其中最有代表性的行业，以标致雪铁龙公司和雷诺公司为例，这两大集团1997年在法国本土和海外生产的汽车数量分别为2235万和1237万，到2014年这一组数字变成了1180万和3740万。[①] 这一情况一方面造成

① https：//www. alternatives－economiques. fr/lindustrie－perd－toujours－terrain/00062826。

了法国制造业的本土就业机会流失，另一方面也对制造业的国际收支造成了负面影响，这也是2000～2007年法国制造业在国民经济增加值中占比下降的主要原因。在就业方面，由于2000～2007年的服务业发展迅猛，失业率并未出现明显的上升，① 从侧面说明制造业生产的下降未必就会导致整个经济体失业人口的快速增长。

从宏观经济角度来看，制造业成本的变化导致企业收益的下降，从而使投资、创新和出口能力受限。出口市场份额下降和国外产品的涌入是因为法国制造业产品品质主要定位于中端。由于法国的生产成本在同等品质条件下要高于主要竞争国家，法国产品缺乏竞争力，迫使企业降低利润保持市场份额，最终导致企业投资不足，无法完成升级换代。法国企业的投资率在主要欧洲竞争国家中并不算低，竞争力下降的主要原因还是在于生产性投资不足，尤其是在创新和生产自动化方面的投资不足。② 法国企业在高端产品上同样面临竞争压力。产品价格外的竞争力也低于竞争国家的企业，导致这些企业的产品定位困难。法国制造业在时尚奢侈品和个别高科技领域方面（高铁、航空、核能和制药等行业）定位优势明显。但其他高端制造业领域的国际市场基本被德国、日本和美国等制造大国占据。而法国占据优势的产业市场有限，对其他经济部门的拉动效应不足。加上出口市场以欧美国家市场为主，增长潜力巨大的新兴经济体所占分额有限，导致制造业出口动力不足。法国产品升级换代困难的另一个原因在于技术创新不够。尽管国家对制造业企业的支持力度较大，如研发减税（CIR），但研发整体水平和私营部门投入相对较低，导致法国企业竞争力低下③。除了研发投入不足外，高等教育和科研机构与企业之间的合作不够也是导致法国经济附

① Sarah Guillou et Lionel Nesta, *La ré-industrialisation ou le retour de l'âge du «faire»*, OFCE, juillet 2012.

② Observatoire du financement des entreprises, *Rapport sur la situation économique et financière des PME*, janvier 2014.

③ Observatoire du financement des entreprises, *Rapport sur la situation économique et financière des PME*, janvier 2014; Sauviat, Catherine, Serfati, Claude, *La compétitivité de l'industrie française: évolution des débats, initiatives et enjeux*, document de travail de l'IRES n°04. 2013, mai 2013.

加值不高的原因。

从微观经济层面来看，法国的大型和中型企业数量相对少，虽然经过20世纪90年代开始的企业兼并浪潮，但法国的跨国大型企业无论在数量还是在竞争力方面都无法与德国抗衡。而占据数量和就业人口99%以上的中小企业无论是融资环境还是发展都面临着重重困难：行业内的企业缺乏合作，新增企业数量不足，税收体系和法规过于复杂。一些大型企业将与研发相关的成本和风险转嫁给中小企业。劳动力市场的僵化更增加了中小企业用人方面的困难：劳动者流动性很低，企业找不到高素质的管理人才，也无法吸引国外的优秀人才。

从整个经济系统来看，制造业的竞争力并不完全取决于制造业企业本身，也依赖完善的经济、政治和社会结构发挥重要的补充作用，它们对制造业的影响也是至关重要的。法国工业目前面临困难的部分原因是产业链上的企业之间缺乏合作。在经济全球化时代，技术变迁的速度不断加快，创新和教育在其中本应发挥重要的作用，但法国在这方面的投入远远不够。最后，尽管法国从战后以来形成了重视社会伙伴对话的传统，并形成了完善的法律制度，但不同企业和行业在社会对话方面的质量差别很大，导致经济和社会改革的重大措施经常遇到阻力，使这些措施的实施效果最终大打折扣，这一点从近年来围绕劳动法改革不断引发的社会冲突就可见一斑。

三　金融危机以来的法国再工业化政策路径

由于制造业对提高全员劳动生产率，推动创新和投资，提高就业水平，促进出口增长乃至经济增长都有着不可忽视的意义，许多工业化国家都开始重视这一问题，并制定了相应的政策和战略，尤其是那些希望保持产业分工优势的工业大国。

在法国，工业每年创造2660亿欧元的财富，占国内生产总值的12.4%。工业产品占出口总产品的96.5%，而且工业还为创新提供了大部分的动力，占国家每年研发投入总支出的76.6%。虽然工业部门的就业人数只占总就业人口的10%，但其就业质量远高于平均水平，而且对其他行业具有很高的拉动效应，平均每个岗位可以带来其他部门3～4个新增岗位。因此再工业化政策一直是金融危机以来的历任法国总统经济政策的重中之重。

在法国再工业化的提法并非金融危机之后才出现的新鲜事物。从20世纪70年代开始，随着石油危机的蔓延，欧洲国家普遍陷入经济滞胀的困境。1981年法国社会党人密特朗当选总统后，新上任的第一届政府就推出了雄心勃勃的工业现代化计划，一方面通过大规模的国有化方案将大型工业企业和银行纳入公共部门，对企业进行重组改造，希望能够避免内部竞争，最终使法国企业在重点工业领域能够做大做强。另一方面，国家通过重新制定各部门和地区经济计划和预测来指导国民经济发展，提高经济运行效率。

2008年金融危机后，法国针对振兴产业的多项政策和框架文件陆续出台，表明工业再次成为从官方到学界的公共关注焦点。从临危受命的萨科齐到奥朗德总统，金融危机后的法国历届总统都非常重视再工业化政策的实施。萨科齐就任初期的再工业化政策针对的是以汽车业为代表的产业空心化现象，在经历危机后转变为促进产业回归重振经济的重要手段①，为法国的再工业化进程奠定了基础框架。

2012年，奥朗德入主爱丽舍宫后，首先成立了生产振兴部，任命蒙特布尔为部长全权负责实施再工业化战略，出台了以《新工业法国》为代表的纲领性文件，提出了实现经济增长、创造就业和重塑工业竞争力等三大目标，标志着新工业革命开始成为一项国家优先战略。

2012年11月，法国政府委托投资总署署长路易·加鲁瓦（Louis Gallois）就法国经济形势和经济竞争力撰写了一份名为《法国工业竞争力公约》（以下简称《加鲁瓦报告》）的研究报告。随后，埃罗总理领导的政府根据报告中的主要结论迅速起草了《国家促进增长、竞争力与就业公约》，后来又出

① http：//www. liberation. fr/politiques/2009/03/20/sarkozy－le－gouvernement－ajoutera－de－nouvelles－mesures－s－il－le－faut_ 547512.

台了一份新的《责任与团结公约》实施办法，意在将提高竞争力与创造就业结合起来。在针对振兴工业方面，奥朗德提出了三点倡议：1. 将“全国工业大会”调整为“全国工业委员会”（CNI），下设 14 个“产业战略委员会”（CSF）；2. 生产振兴部提交《新工业法国》计划，规划了未来 10 年法国工业发展的 34 个重点领域，包括大数据、云计算、物联网等前沿工业领域；3. “创新 2030 委员会”提交了《创新原则与规划报告》。

《加鲁瓦报告》指出了制约制造业发展的一系列结构性问题①，包括与工业需求脱节的教育与科研、工业融资机制、中小企业发展机会、价值链上的企业合作等，并有针对性地提出了一些建议，如推动制度框架改革，促进企业借助法国经济优势实现发展。首先就是要鼓励工业企业升级换代，摆脱以往依靠拼价格优势形成的恶性循环。其他措施还包括：鼓励中小企业跨越中型企业门槛，实现企业规模增长，加强产业链上的企业间合作，提高学校教育和继续教育水平为企业提供优质人才，为中小企业融资提供便利。除了这些具体措施外，报告也提到了经济社会政策的宏观领域，如强化社会伙伴的作用，建立更有建设性的社会对话机制。报告还针对欧盟层面产业政策存在的宽泛和欠缺问题，提出应该在制定贸易和竞争政策时强调对产业部门的支持。

《国家促进增长、竞争力与就业公约》在很大程度上参考了《加鲁瓦报告》的主要结论，在补充完善的基础上提出了 35 项决议，包括 8 个重点领域：如提出竞争力与就业减税方案（CICE），激励创新、促进产业升级；保障小企业、中小企业和中型企业的融资效率和便利等。在这之后，法国政府又采取了多项后续跟进措施，如 2014 年 1 月设立“企业简化程序委员会”，任命负责国家改革和程序简化的国务秘书等。新的《责任与团结公约》表现了政府希望通过减轻社会分摊金来继续推动企业提高成本方面竞争力的决心。包括免除企业为最低工资缴纳的社会分摊金在内的优惠措施将和竞争力与就业减税方案一起，为企业提供 300 亿欧元的减税优惠。

---

① Gallois, Louis, *Pacte pour la compétitivité de l'industrie française*, Commissariat général à l'investissement, 5 novembre 2012.

除了以上涉及所有经济部门的政策外，政府也专门针对工业企业采取了三大措施，其中一大重点是产业链上的企业间合作。与德国相比，法国的招标企业与分包企业之间的合作关系比较弱。《加鲁瓦报告》采取的办法是聚集不同行业但相互关联的中小企业和大企业，让它们之间产生互动，针对共同面对的问题寻找合作的解决方案，从而在整体上提高法国企业的竞争力和占领国际市场的能力。

《新工业法国》（la Nouvelle France industrielle）[①] 是奥朗德在任期间出台的一份关于再工业化的重要纲领性文件，2013 年由经济部长蒙特布尔提出，其中规划了未来 10 年法国工业发展的 34 项优先计划，涉及，包括大数据、云计算、物联网等新兴未来产业。这 34 项优先计划主要聚焦能源转型、经济生活和数字革命三大主线，旨在通过设定“工业复兴”这一共同目标，由国家牵头、联合地方与企业投入生产，使法国工业恢复活力、重塑实力、提升竞争力，实现名副其实的“第三次产业革命”。国家将为 34 项计划投入 37 亿欧元公共资金，之后则主要靠企业筹措或是吸引民间资本来支持产业发展。据估计，“新工业法国计划”将在未来十年内提供 47.5 万个就业机会。

该项战略中提出的优先项目过多，反而使核心产业的发展动力不足，重点不明确。政府重组后出任经济部长的马克龙在 2015 年受命负责启动以“未来工业”计划[②]为标志的“新工业法国”第二阶段，将整体布局调整为“一个核心和九个工业解决方案”。由于该计划模仿德国工业 4.0，被媒体称为法国版的“工业 4.0”。“未来工业”计划强调了政府再工业化政策对再工业化的核心作用，包括技术支持、企业跟踪服务、提高工业从业者技能、加强欧洲和国际合作以及推动未来工业等五大支柱。

2017 年 3 月，马克龙在总统竞选纲领中提出，要投资 500 亿欧元用于

---

① Portail de l'Economie et des Finances，http：//www. economie. gouv. fr/nouvelle – france – industrielle.

② Jean-Lou Blachier，*Réindustrialisation par l'innovation*，24 février 2017，https：//www. economie. gouv. fr/files/files/PDF/2017/170224_ Reindustrialiser_ par_ linnovation. pdf.

振兴经济，其中150亿欧元用于培训，150亿欧元用于经济向环保转型；同时还承诺要将企业税从目前的33.3%减到25%，设立资本收入统一税(30%)。这些举措看似力度很大，但具体实施起来必定困难重重。在马克龙看来，法国犯了两个错误："第一个错误是在20世纪90年代放弃产业政策，幻想服务业和金融业能够创造奇迹；第二个错误是认为可以通过精准的科贝尔主义政策干预某些经济领域，而不顾及宏观经济条件。"[①] 这些错误造成在过去的25年间大量的工作机会流失和工业部门在国民经济比重的下降。企业家应当重视对生产的投资和教育培训，而不是只把眼光盯在工资和红利上。从目前来看，马克龙当选后将会延续奥朗德时期启动的"未来工业"计划，加大国家对产业的指导和投资力度，继续推动法国的再工业化进程。

四　对再工业化政策的反思

虽然2013年以来法国制造业得益于外部环境的改善开始出现复苏的迹象，但结构性趋势依然没有发生变化，多项指标都反映出法国经济目前面临的窘境：外贸赤字持续增加，失业率居高不下，经济增长停滞不前。许多学者都将这一切归咎于去工业化带来的后果，从而呼吁通过"再工业化"来推动经济结构转型和产业结构调整以及产业回归本土，从而实现经济振兴，解决严重的失业问题。但去工业化本身作为人类社会经济发展的趋势，无论是从理论上还是现实来看都很难通过简单的"再工业化"战略实现扭转，至于经济增长更需要通过结构性改革，解决社会和经济等深层次问题才能实现。

首先，从国际分工的角度来看，选择服务业还是制造业意味着两种模式[②]：一种模式是以德国为代表的日耳曼－斯堪的纳维亚工业模式，特点是

① https：//www.lesechos.fr/23/05/2016/lesechos.fr/021958533853_ emmanuel－macron－－－－－il－faut－aller－plus－loin－que－la－loi－el－khomri－.htm.

② Fontagné，Lionel，Lorenzi，Jean-Hervé，*Désindustrialisation*，*délocalisations*，Conseil d'analyse économique，février 2005.

保留和发展高端消费和装备产品，并通过不断加大研发投入来维持国际领先地位，同时发挥教育、融资模式、社会对话和企业合作等方面的优势强化企业竞争力。另一种模式是以英国为代表，立足金融和贸易为主的服务业，逐渐放弃制造业部门。法国目前的情况正好处在两种模式之间，但不管是在制造业领域还是在服务业领域都无法与上述两个国家相提并论。从现实来看，法国明确在朝着服务业为重的方向发展，但它在金融业方面的地位远远不如英国，反倒是工业竞争力遭到不断削弱，国际市场份额流失。一些人由此认定，制造业作为投资、创新和出口的重要拉动力，具有劳动生产率高和就业岗位质量高的优势，因此工业部门地位的下降将会把法国经济拖入更困难的境地。①

实际上，服务业的上升本身是一个国家经济结构性发展的趋势，也是人们无法改变的趋势。去工业化是20世纪70年代以来发达工业国家普遍出现的经济现象，而且不仅限于发达国家，就连中国这样的典型新兴经济体工业增加值在1978年达到40%的占比后一路下滑到目前的30%左右。② 因此，如果只是简单地提出产业回归，将一些过时的产业保留在法国本土而花费有限的公共资源一定是徒劳的，这就像在工业化时期有些人提倡保护法国的农业分工优势不要发展工业是同样的道理。法国应当放弃那些新兴国家更有能力完成的大部分制造业产业，转向发展更小规模的高科技产业和大规模的服务行业。

其次，随着发达国家进入后工业时代，两大产业部门之间的界限变得越来越模糊，工业和服务企业之间的相互依存和交错程度越来越高。根据麦肯锡的一份报告，③ 发达经济体有30%～55%的工业就业机会其实并不是真正的制造业岗位，而是属于服务业。在法国，2007年制造业完成的销售中有11.4%属于服务型产品。而制造业企业中有83%为客户提供服务型产品，

① http://www.groupe-alpha.com/data/document/politiques-industrielles-0720141.pdf.

② https://data.worldbank.org/indicator/NV.IND.MANF.ZS? locations=CN.

③ McKinsey Global Institute, *Manufacturing the future: The next era of global growth and innovation*, 2012.

其中更有26%只提供服务型产品。[1] 法国经济研究机构Coe-Rexecode的一项研究表明，[2] 外购服务在制造业出口产品的竞争力方面发挥着重要的作用，在整个产品价值构成中占将近5%。有人甚至断言，法国正在进入一个被称为“超级服务工业”的第三工业时代。[3] 因此在这种背景下，单纯谈提高制造业在国民经济中的比重其实没有太大的意义。

再次，全球化的一大特征是以发展中国家为代表的新兴经济体的崛起，这些后发国家凭借成本优势和赶超效应展现出强大的工业生产能力，最终导致全球产业链的碎片化和网格化，那些技术含量较低的劳动密集型生产技术因此得以延长使用寿命。有观点认为，[4] 一些发达国家和地区正在围绕需求形成一些价值链区域中心，这也许是发达经济体的工业企业回归本土的机会，应当通过国家层面的工业政策加以鼓励。但实际上这种效应的范围非常有限，而且仅限于像美国这样实现了大规模产业转移，并且企业选址主要并不取决于成本的国家。而法国的制造业企业大多数并不具备这样的特征。

最后，从制造业的发展历史来看，工业化国家走的都是提高劳动生产率和技术创新的道路。而劳动生产率的提高在很大程度上是以减少使用人工为代价换来的结果，这一特征决定了目前的再工业化路径具有很强的技术密集度，对增加就业机会没有很明显的效果。另外，发达国家普遍本土市场狭小，包括社会和人力资源方面的运营成本高，利润较低，缺乏实现大规模投资的条件。即使实现海外回迁，由于企业缺乏本土熟练工人和配套的产业供应链，实现再工业化的可能性也非常低。从某种意义上来说，制度和道路选择才是制造业优势的获得和丧失的根本原因。[5]

---

① Crozet, Matthieu, Milet, Emmanuel, *Vers une industrie moins… industrielle?*, La Lettre du CEPII, n°341, février 2014.

② Ferrand, Denis, *Les enjeux de la compétitivité des services de prestations intellectuelles pour la compétitivité globale*, Coe-Rexecode, janvier 2014.

③ Passet, Olivier, *La France dans 10 ans: quelle évolution de notre modèle productif ?*, XerfiSynthèse n°3, novembre 2013.

④ World Economic Forum, *The Future of Manufacturing: Opportunities to drive economic growth*, A World Economic Forum Report en collaboration avec Deloitte Touche Tohmatsu Limited, 2012.

⑤ 何自力：《西方工业化没那么容易》，《环球时报》2014年10月21日。

综上，以制造业回归和创造就业为主要内容的再工业化政策无论从理论还是实践来看更像是一项不可能的任务。[①] 相反，以提高企业创新能力和竞争力为根本的战略才是解决经济增长动力不足和高失业率问题的根本路径。

五 再工业化政策面临的困难

为了确保在经济全球化潮流中的领先地位，法国政府在提振制造业方面采取了多方位的措施，但在当前的经济政治环境下这一系列政策和措施的效果也将受到多种因素的制约。

首先，金融危机以来的法国公共财政困难越来越成为阻碍制造业发展的制约因素。2007 年之后，法国的公共债务连年攀升，不断创下新高。根据法国国家统计局（INSEE）的数据，[②] 2009 ~2013 年法国的公共债务占国内生产总值比重分别为 79%、81.7%、85.2%、89.6%、92.3%。根据最新的统计数据，截至 2017 年第三季度，[③] 法国的公共债务总额更是高达 21472 亿欧元，占国内生产总值的 98.1%。2016 年公共财政赤字为 759 亿欧元，占国内生产总值的 3.4%，虽然已是连续 4 年下降，但最快也要等到明年才能达到《马斯特里赫特条约》规定的财政标准。持续低迷的经济、企业的高失业率和财政赤字，都导致债务规模不断扩大，危害了国家财政稳定，大大削弱了法国民众和企业家的信心。加上 2011 年欧盟国家采取财政紧缩的宏观调控，法国私营部门的投资意愿相对较弱而且非常不稳定。从 2007 年到 2014 年，法国的工业投资就下降了近 10%。所有这些因素都严重阻碍经济增长和制造业的发展。

其次，法国制定再工业化政策的背景是包括欧盟国家在内的西方国家越来越重视工业在经济发展中的核心地位。在“欧盟 2020 战略”[④] 中提到的

---

① David Thesmar, Augustin landier, *10 idées qui coulent la France*, Flammarion, 2013.

② http: //www. insee. fr/fr/themes/theme. asp? theme = 16&sous_ theme = 3&nivgeo = 0&type = 2.

③ https: //www. insee. fr/fr/statistiques/3295264.

④ https: //ec. europa. eu/info/business - economy - euro/economic - and - fiscal - policy - coordination/eu - economic - governance - monitoring - prevention - correction/european - semester/framework/europe - 2020 - strategy_ en.

三大发展重点中有两项涉及产业发展方向，并提到了要在2020年将欧盟各国的工业占国内生产总值比重提升到20%的宏伟目标。从某种程度上讲，法国政府支持产业发展的经济政策导向是对欧盟政策导向的回应。尽管欧盟国家在制定政策时对产业发展的关注度越来越高，从多年来的政策实践来看，欧盟工业政策还是始终强调市场导向，强调为制造业发展创造良好的环境，反对部门干预，这与法国传统的国家干预政策有着本质区别；“欧盟2020战略”的开放性、协调性和辅助性的指导性原则也决定了欧盟工业政策始终以横向政策为主。[①] 实际上，欧盟在促进产业发展方面主要依靠的还是竞争政策，产业政策的政策工具很多还是对竞争政策工具的借用。即使在危机时期出于救助的需要，产业政策的加强也是以启用竞争政策中的豁免条款或制定临时框架的方式赋予合法性。[②] 从目前成员国制定产业政策遇到的困难也可以设想，在欧盟层面制定和协调产业政策时必将面临更多的挑战。

最后也是最重要的一点，以20世纪80年代为转折点，随着以英美为代表的新自由主义在西方资本主义国家的影响扩大，法国的经济制度基础已经出现了明显的转向：经历了三次国有化浪潮的法国企业开始进入长期的私有化时代，以银行为代表的金融业和市场全面开放，通过国有银行取得信贷的负债融资方式向直接融资方式转变，不仅政府对经济的直接控制权越来越小，而且随着欧洲一体化中德国影响的扩大，原来倾向于扩张的宏观经济政策也开始向以德国为代表的对内稳定对外强势的货币政策方向靠拢，直至实施单一货币后完全受到欧洲统一货币政策的束缚。从某种程度上可以说，宏观调控能力的下降是包括制造业在内的法国经济逐渐走上下坡路的重要内在原因。

此外，法国经济面临的外部环境也与以前大相径庭。20世纪90年代以来全球化趋势不断加剧，法国企业也积极参与其中并从中受益匪浅，但由于国内不合理的税收政策导向，企业和人才纷纷向外出走，成为海外避税天堂

---

① 孙彦红：《欧盟工业政策：发展历程与新动向》，《欧洲研究》2007年第1期。

② 张建平：《欧盟竞争政策与产业政策的协调及其启示》，《内蒙古师范大学学报（哲学社会科学版）》2016年1月。

的重要客户。从资本要素来看，虽然法国始终是吸引外资的大国，但资本外流远远大于流入。可以说法国的企业和人才都积极参与全球化，但法国经济成为全球化过程中的最大受害国。

从微观经济层面来看，随着福利国家政策的过度膨胀，法国的企业生产成本，尤其是劳动力成本不断上升，加上企业税收负担的加重，法国经济的竞争力与欧盟内部国家乃至英美国家拉开了距离，更无法与新兴市场国家相提并论。而经济增长和利润下降带来的直接后果就是国家和企业对研发投入的下降，最终使企业技术创新严重不足，加上不合理的税收政策导致人才严重外流，法国的制造业渐渐出现力不从心的衰败迹象。

六 结语

从以上分析来看，法国制造业的发展从20世纪70年代起就进入了转折点，不仅增加值和就业人口在国民经济中的比重不断下降，而且由于国际竞争力和市场份额的下降，国际收支长期出现赤字，一方面拖累了经济增长，另一方面也加剧了高失业率的现象。金融危机以来，随着各国政府对产业政策日益重视，法国也制定了从机构设置到产业布局的一系列产业振兴措施，力求通过振兴制造业来达到提振经济，解决居高不下的失业问题。从本次法国大选候选人的选举纲领和民众的反应中也可以看出，求变是法国全社会从上到下的共识。但去工业化是进入后工业化社会的西方发达国家遇到的普遍现象，简单强调产业回归和加强国家干预的做法很容易走上过去的老路甚至是歧途。受到政党利益争夺的牵制，20世纪80年代以来的历届法国政府在制定社会经济政策时始终阻力重重，经济政策左右摇摆，未能针对核心问题痛下良方。归根结底，法国经济的问题，更多的还是政治层面的问题。另外，经济增长进入逆势的法国债务负担不断加大，使政府对经济调控的空间越来越有限，而财政政策的捉襟见肘反过来又使法国经济缺乏有效的刺激手段和投入。提高制造业乃至国家经济的竞争力是一项系统的工程，对内需要从影响竞争力的多方面入手，包括经济、社会和法律多个层面，如提高研发投入，改革教育体制和劳动法，推行税收改革，降低劳动力成本。在欧盟层面，还需要积极参与欧洲一体化建设，与德国共同发挥主导作用，通过欧洲一体化的制度建设来扩大经济影响力和市场份额。但从目前情况来看，这些条件都还不具备。

B.11
法国人工智能战略*

谈 佳**

摘 要： 随着科技的飞速发展，人工智能成为很多发达国家提升国家竞争力，维护国家安全的重大战略。2017 年，法国政府发起名为“France IA”的行动，提出《法国人工智能战略》。政府部门负责人、科学家、经济学家和社会相关人士组成的 17 支工作小组在近两个月的时间里对法国人工智能现状进行总结并做出诊断，确认法国在人工智能领域的重要地位，促进相关先进技术向经济领域的转化应用，同时对科技迅猛发展引发的社会恐慌做出回应。成果报告提出了近 60 项具体建议，政府从国家战略高度发展人工智能技术，旨在充分发挥本国的能力和潜力，助力法国成为人工智能界未来的领先国家。

关键词： 人工智能 国家战略 转化和应用

人工智能蕴藏无限商机，创造无数技术革新，带来可观的经济效益，但同时在应用、服务、产品、经济模式、市场和贸易模式、组织形式等方面带来了一系列变化，引发了很多伦理、社会问题。2017 年，法国经济部与教研部将学术专家、企业家、初创公司聚集起来，在近两个月的时间里对医疗健康、自动驾驶和交通出行等与人工智能密切相关部门进行了深入调研，研

---

* 本文受北京外国语大学一流学科建设经费资助，项目名称：法国科技创新战略研究。

** 谈佳，北京外国语大学法语系副教授，主要研究方向：心理语言学、法国社会与文化。

究制定了《法国人工智能战略》。成果报告提出了近 60 项具体建议，涉及从研发到技术培训的多个领域，旨在让法国在人工智能引领未来的关键领域中充分发挥自己的能力和潜力，更好地迎接高科技发展给社会带来的挑战。

一　战略源起

人工智能在世界范围内迅猛发展，初创公司层出不穷。根据科技市场研究公司 CBInsights① 的统计，2016 年全球人工智能初创公司的数量超过了 1600 家。2012 年以来，人工智能投资大热，在 5 年的时间内由 4.15 亿美元猛增至 50 亿美元。数字领域的大企业自然不甘落后，他们着手收购众多新创公司，借此把握前沿技术和最新应用，获取最新推导的经济模型，紧跟革新脉搏。人工智能意味着巨大的发展机遇和经济效益：市场研究与分析机构 Tractica② 的数据表明，2016 年全球人工智能收入为 6.437 亿美元，到 2025 年将激增至 360 亿美元，这意味着人工智能的收入每年的增长幅度将超过 50%。美国美林银行的研究则表明，将数据分析市场的叠加效应考虑在内，人工智能市场的收入将在 2021 年超过 700 亿美元。

很多发达国家把发展人工智能作为提升国家竞争力、维护国家安全的重大战略，加紧出台规划和政策。韩国发表了一个跨度为 5 年、耗资 8 亿欧元的人工智能计划，在此框架下将建成一个公私合作的国家研究中心。美国在 2016 年 10 月公布了一个人工智能诊断报告，总结取得的先进成果，对若干领域的应用进行了预测，同时还发表了《国家人工智能研究和发展战略计划》，2016 年年底发表了《人工智能、自动化与经济报告》。日本在 2016 年新落成了两家人工智能基础和应用研究中心，投资额分别为 5700 万欧元和 1.57 亿欧元，足见政府对该技术的重视。加拿大政府联合了三家重点大学建立了 Next IA 中心，政府专门拨款进行人工智能方面的高端应用研究。

---

① 纽约一家创立近 6 年的研究机构，围绕初创企业进行数据采集及分析。

② 美国著名的市场调查智库，重点研究人机交互。

法国一直大力推动人工智能的发展，2017 年活动频繁，出台了很多相关文件和政策。法国科学院组织了人工智能学术讨论会；法国国家信息与自动化研究所①发表了《白皮书》；矿业－电信学校联盟的报告提出了人工智能应用各种设计形式；巴黎风险投资公司 ISAI 提出了 France Is AI，建议为法国人工智能初创企业打造互动图谱；国民议会 2 月召开了数字化和就业高级委员会学术会议；科技手段评估议会办公室也将就人工智能发表报告；法国国家科学研究院②组建了一支新的人工智能小组；2017 年塞纳河未来数字节以及在巴黎召开的第二届 Vivatech 科技展会都将以人工智能为主题。法国政府深知科技发展日新月异，如果不紧跟时代，那么很快将被落下，应将人工智能上升为国家战略，利用本国的人工智能优势，不断增强法国国力。

二　报告形成过程及主要内容

为保持法国在人工智能方面的活力，政府于 2017 年 1 月 20 日 ~3 月 14 日发起了名为“France IA”的行动，提出《法国人工智能战略》（French Intelligence Artificielle），确认法国在人工智能领域的重要地位，促进相关先进技术向经济领域的转化和应用，同时对科技迅猛发展而引发的社会恐慌做出回应。

近两个月的活动围绕三大内容展开：

－人工智能技术的蓬勃发展（总结现状）

－人工智能带来的社会和经济影响（存在问题）

－通过培训和研究为未来发展做准备（应对措施）

这三大内容细化为 10 个关键主题，对应组建了 10 个工作小组，下设 7 个分小组。由政府部门负责人、科学家、经济学家和社会相关人士组成的

① 也称法国国立计算机及自动化研究院。

② CNRS 法国国家科学研究院。该小组由 Sebastien Koniecnzy 领导。

17 个工作小组对法国人工智能现状进行总结并做出诊断，之后围绕负责的主题对未来发展的挑战进行了分析，最后每个小组提出有针对性的具体建议，助力法国成为人工智能界未来的领先国家。

（一）法国人工智能发展现状

在当今人工智能界美国独占鳌头，但法国的实力也不容小觑。法国深厚的科学、工程研究基底为人工智能技术的发展创造了先决条件。而在研究、培训、技术转移和新创企业等方面法国也有很多优势，具备得天独厚、极具活力的生态体系，能够孕育未来的人工智能优秀人才。基于良好的创业环境、税收政策，巴黎被评为硅谷和伦敦之后世界第三大创新中心。

法国的人工智能研究极其丰富，在自动化学习、知识表现、推理模型、不精确和不确定的管理、决策规划、启发性研究、自主因子、多元因子系统、网络语义描述、自然语言处理、计算机、机器人技术、可视技术、形状识别、认知建模、神经信息系统等众多领域表现出色，几乎没有短板；而且每个细分领域都拥有世界级的最优秀研究人员。此外，法国多元化的人工智能研究还与信息技术的其他方面以及数学、认知科学、社会科学等其他重大研究领域保持着密切联系。

法国的人工智能研究也存在一些问题和缺陷，主要表现在前沿研究、技术转移、数据获取、教育培训等方面。

法国的人工智能研究主要由公共基金资助完成，缺乏工业方面的大财团的支持。虽然人工智能各个领域百花齐放，但多由众多相对独立的团体完成。在这些主题研究的交接面和技术集成领域蕴藏着更为重要的发展潜力。

出色的前沿科学研究配备面向企业的行之有效的技术转移实验室，这样才能更快地实现工业化目标。法国近些年虽然成功实现了数量众多的技术转移操作，但仍缺乏足够的经验丰富的技术转化研究团队，无法保证在短时期内完成工业化，为更多的经济领域注入新的活力。

数据是人工智能研究中最主要的“燃料”。如想获得可靠的预测性模型，则需要对海量数据进行计算。法国在数据方面存在两大问题：一方面某些类别的数据因受到保护而无法获取，如个人性质的数据，或某些领域的技术数据；另一方面缺乏法语数据，特别是机器学习阶段所需的数据。

法国的人工智能初创公司极具活力，却发展极不均衡。对国家经济或主权具有关键意义的安全、联网屋宇、金融、保险等应用领域未被完全覆盖，应支持并鼓励在这些领域建立新创公司。

面对人工智能解决方案需求不断增长的局面，法国应培养更多相关科学领域的专家和研究人员。人工智能服务应用于企业内部和行政管理部门时，可能会促生新职业，带来职业变化，需要能够完成人工智能集成的信息程序员，能够总结问题，利用现有技术提供解决方案的“职业”专家；能够横向地在人工智能体系拓展、集成和维护方面进行干预项目负责人等。应根据行业可能发生的变化调整或提供相应的培训内容。

从整体来讲，法国人工智能教育到硕士阶段便止步了，虽从一定程度上满足了一般企业的专业要求，却很难达到新创公司或是活跃的大集团在人工智能领域的要求，教育的缺失造成很多年轻法国工程师和研究人员纷纷前往国外，特别是美国寻求新的发展机遇。法国需要强化教育教学方面生态体系的吸引力和竞争力。

（二）成果报告的主要建议

1. 前沿技术开发

发起长期资助计划（InitIA），在较长的一段时间（通常为 5 年），为团队提供研发资金，进行人工智能方面大胆的革新项目；发起人工智能 + X（相关领域）合作计划，对人工智能和另一领域之间进行的合作研究予以支持，加强各领域的融合；建设人工智能大型基础设施，提升计算能力，增加数据库、法语语料库、软件数量，配置加速人工智能发展的各种资源，改善科学应用效果；创建在世界上具有代表性的法国人工智能中心，加强科学界、学术界和工业界的交流，接待有意开发共同项目的团队；联合工业界进行前沿技术研发，为参与学术研究团队的工业人士提供专项资金；开设人工智能工业讲座，打造学术界与工业界的研究共享空间。

2. 技术转化

促进研究成果向企业的转化。通过多种方式鼓励开放式创新，如组织人工智能方面公开挑战赛。提供人工智能技术奖学金，对“多合作者项目”“公共实验室项目”进行招标。

开展大型人工智能公共服务项目（MarIAnne），研发智能对话助手，为现代化公共服务提供技术支持；提供法国自主研发的电子集成融合手段，让公共服务机构在利用公共数据或行政单位管理的个人数据时，不再依赖外国供应商提供的工具。

在人工智能研究团体之间建立一系列合作平台，如革新集成和演示平台；[①] 用于学习的数据、软件和计算的资源平台；用于自然语言自动处理、人机互动和对话介质的资源平台等。

开发测试和认证的手段，打造一套包括协议、手段、模拟器、设计环境和集成环境等在内的工具链条，能对使用的人工智能技术进行解释、担保和认证，确保在企业中得到更好的应用。

设立人工智能基金会，创建一个得天独厚的交流场所，对人工智能相关的领先技术、机遇和风险进行宣传，使研究人员、公众和工业界人士更好地理解人工智能所引发的重大问题。

3. 获取数据

机器学习的算法越发复杂（如“深度学习”），不但需要获取海量数据，而且必须配备应对复杂演算的强有力的基础设施，“云计算”是通常采用的解决方法，但也提出了两大挑战：一方面必须不断提升机器学习所需的计算能力，另一方面则需要掌控法国或欧洲的云数据，确保所存储或处理的数据的安全性。为此相关工作小组提出了从宣传到具体操作的一系列建议。

－将人工智能纳入以大数据为基础的国家经济战略，重视计算处理和数

---

① 欧洲人工智能宣传计划 AI-on-demand 中的构成部分。

据之间的紧密联系。在各个机构中宣传数据作为主要资源对人工智能演算训练的重要意义，摒弃人工智能造成经济依赖的威胁论。

–继续开放公共数据和从属公共部门的数据。努力让数据在不同地域、不同行业的经济参与者之间流通、运转起来，定义数据传播的条件。

–为获取不同领域、不同地区的训练数据和处理手段提供便利。设置云模式下的数据共享合作平台，配置数据处理整体循环所需的电子集成块，将不同职业、领域的数据持有者、学术界和工业界的研究人员汇聚一堂，为工业人士提供必要的基础设施和数据。

–将人工智能及大数据相关人员按区域联合起来，共同努力建立区域行动路线，以更好地应对人工智能所带来的挑战，迎接数据经济时代的到来。加强区域范围内培训、研究和工业机构间的交流互动，固化已建立的人工智能部门。

–努力为数据存储提供最优条件：在欧洲范围内，强化现有的保护个人、企业和国家数据的相关规章法令，对同态加密或加密算法技术发展和实验予以支持。

4. 激发新创企业的活力

一方面寻找建立新的人工智能新创公司的可能性，另一方面为现有的人工智能新创公司在中型和大型企业中开拓技术应用的渠道。

–在高校范围内发掘有才华的创业大学生，资助发展相关计划，扶持人工智能在安全及监测异常行为等冷门研究方向的新创企业，填补行业间空白。

–设立投资基金。为人工智能方面的新创公司提供单笔超过2500万欧元的投资经费，助力其成为全球一流企业。

–大型集团研究利用减免税政策收购人工智能新创公司的可能性，通过这种途径尽快掌握革新技术和高端工艺，获取新的活力，在国际市场保持竞争优势。

–通过建立门户网站创建对话机制，促进中型企业、大集团与新创企业的交流，共同探讨商业需求引发的挑战和具体问题。借助“法国科创”

(French Tech)① 这个有利的生态系统，使法国成为吸引全球创新人才和创业项目的乐土，以及世界最大的人工智能新创项目加速发展的中心。

5. 宣传、教育和培训

在公众和决策者层面加深对人工智能重要性的认识，创建并实施跨度至少为 2 年的人工智能全国宣传计划，将一些人工智能模块引入国家管理和干部学校；在就业人员中围绕未来职业进行宣传教育，努力让就业人员理解并平静接受人工智能对就业市场带来的“冲击”；编写“可自动化的职业活动识别指南”，揭开人工智能的神秘面纱。

创建文化氛围，让国民为人工智能的未来做好准备：从小学到高中设立“人工智能、数据处理和数字科学”的教学内容。在全国建设并健全人工智能培训体系：一方面针对因人工智能而发生变化的职业更新培训内容，面向新的职业素质要求调整课程设置以及最初教育和继续教育的内容；另一方面通过促进人工智能方面的研究中心、培训中心和企业间的互动来加大革新力度和生态体系的吸引力，最后鼓励出版法律、伦理、社科方面相关的参考性著作，对人工智能引发的问题进行思考。为人工智能培训配备相应的法国本土资源：发展法国（乃至法语地区）的非汇总性但有一定结构且带标识的法语数据资源；继续使用有益于人工智能研究和培训的法国源代码开放软件；为教师和大学生提供不可或缺的指导书、运算库、数据库、法语语料库等相应资料。

6. 人工智能向客户关系管理渗透

人工智能进入企业、公共事业、日常生活。为此，在健全法律框架和监控机制的同时，进一步丰富提供法国的人工智能解决方法。具体措施如图 1 所示。

---

① “法国科创”是法国经济、产业和数字部于 2013 年倡导建立的一个科技初创企业生态系统，集合了法国本土及海外围绕科技创新、创业的个人和团队，旨在成为创业者、技术爱好者、各个企业和机构间的桥梁，为初创企业提供最优质的发展条件，推动其成长、促进国际化发展。“法国科创”得到了包括法国国家投资银行（Bpifrance）及法国商务投资署（Business France）在内的多家国家机构及相关私利机构的共同支持与合作。

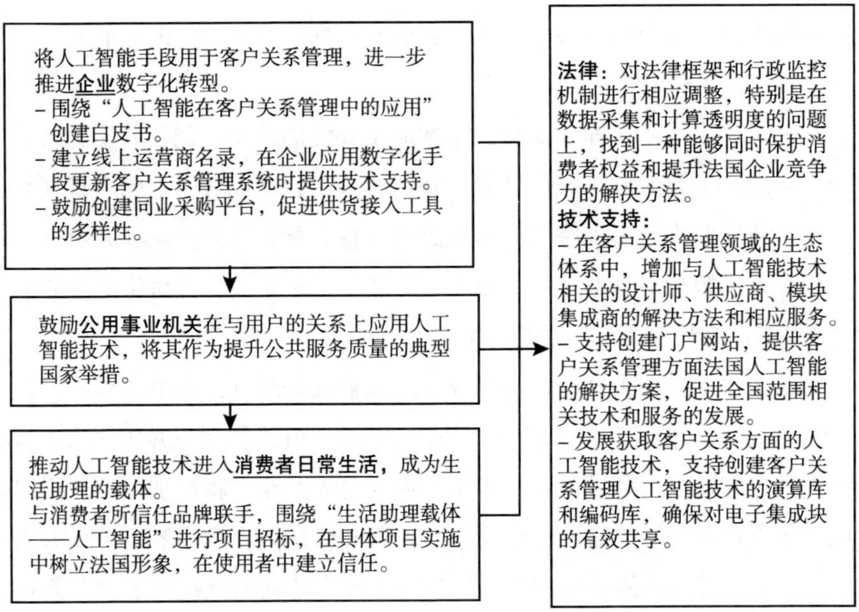

图1　人工智能向客户关系管理渗透的具体措施

7. 自动驾驶车辆

自动驾驶系统集自动控制、体系结构、人工智能、视觉计算等众多技术于一身，对汽车行业的发展具有战略意义。自动驾驶车辆作为人工智能的重要载体，从某种程度上代表了一个国家的科研实力和工业水平，在国防和国民经济领域具有广阔的应用前景。为此，在《法国人工智能战略》制定的过程中，围绕自动驾驶专门设立的工作小组提出了以下具体建议。

－研发一种通过逻辑分析进行决策判断的方法，而并非通过学习系统进行决策，以加强人工智能的可靠性。

－明确细化交通规则，为自动驾驶系统提供准确、无误的解释说明，让人工智能体系与交规管理精准对接。

－通过共享传感器记录的行驶数据库（摄像头、雷达、GPS、加速计等），简化智能系统学习和数据评估的过程。保证电子集成块的有效共享，促进法国在此领域的技术和服务发展。

–开发欧洲数据库，不断更新丰富、高清、实时的地图，确保可以随时调用高精度地图，以保证自动驾驶车辆的最佳性能。

（三）2017年实施的具体措施

–成立法国人工智能战略委员会，汇聚学术界、科学界、经济界和社会人士，负责实施工作小组提出的建议。

–提交一个项目计划，作为欧盟未来新兴技术计划旗舰项目（FET Flagships）的一部分，并申请欧盟100万欧元的财政支持。

–在“未来投资计划”第三期（PIA3）重点研究计划行动框架内，推出一项新计划，发动研究机构发掘、吸引并留住人工智能方面的最优秀人才。

–资助建设人工智能研究共享基础设施。

–组建一个公私合作财团，资助创建一个跨学科的人工智能中心。

–在2017年年内，系统地将人工智能作为重点技术，应用于公共机制的革新。

–集结公共资金（Bpifrance，PIA）及私营资金，在未来的5年内，投资10家法国新创企业，每家超过2500万欧元。

–至2017年年底，在汽车、客户关系、投资、卫生和铁路运输领域，分别制定具体的人工智能行业战略。

–至2017年年底，针对3~6个行业发起数据共享行业平台项目招标。

–2017年夏季，围绕人工智能对就业的影响组织讨论。

–2017年10月国家信息和自由委员会①从伦理的角度对“算法”展开讨论。

三　法国人工智能战略带来的启示

《法国人工智能战略》的出台无疑为2017年的法国科技画上了浓重的

① 法国数据保护机构CNIL。

一笔，政府从国家战略高度推动人工智能技术发展，同时解决发展过程中面临的具体问题。法国在行业合作、推广应用、宣传培训等方面的措施很值得我们借鉴。

《法国人工智能战略》提出了多项促进不同团体间交流的建议，通过团队合作，提高工作效率，实现既定目标，整体提高创新能力；在融资方面加强公私合作，吸引资金支持；在推进技术进步方面建立各种平台，加强研究团体和企业间的数据、技术、资源共享，提高研究成果与产业间的转化率，进一步推广和普及先进技术；加速政府和企业的合作，加大政策倾斜和资金支持，提升企业活跃度。

在政府内部和全国各地推出具体措施支持人工智能应用落地。在国民教育部和高教研究部内部设立一个 EdTech 创新机构①，对公务员进行培训，促进行政单位对人工智能的掌握，成为应用人工智能的先锋。在全国范围内将地区性的公共机构转变为实验场所，开拓人工智能技术在服务领域应用的入口，通过具体案例促进解决手段的应用，并为国家同地方团体合作办实验提供便利。

除了在全国展开人工智能宣传活动，加强对人工智能问题的理解，了解人工智能的重要性，法国还针对不同的人群采取了不同的培训策略。未来的政府领导必须理解人工智能才能制定明智的政策，因此通过在干部和管理学校引入相应模块，在决策层推广人工智能技术的实际应用；而针对就业市场对人工智能引发的争论和恐慌，以企业为单位展开教育活动：首先澄清员工对人工智能的误解，让员工了解自动化技术的重要性和潜力，之后通过与时俱进的教育和培训体系，对有可能受到人工智能冲击的行业进行再培训，保证劳动力获得新技能，学会与人工智能共事。而在基础教育中，则通过人工智能进课堂，从小学设置相关课程，数字教育从娃娃抓起。

在这个各国都不断追求人工智能尖端科技的今日，法国以国家战略的形

① 科学技术驱动教育行业发生转变的机构。

式，将人工智能的宣传、教育、培训放在了非常重要的地位，说明在倡导“科技引领一切、创新驱动发展”的当今社会，法国提出“以人为本，迎接人工智能时代”的理念，通过让广大国民了解、信任、认可并适应人工智能技术，进而为人工智能的进一步发展打下良好的群众基础，这也是保障公共秩序和维护社会稳定的关键。

B.12

法国奢侈品产业发展趋势与运营策略

苏　昉*

摘　要： 本文以路威酩轩（LVMH）和开云（Kering）两大法国奢侈品集团、爱马仕（Hermès）和香奈儿（Chanel）两大法国独立奢侈品品牌为例，研究21世纪法国奢侈品产业的发展趋势，并以中国市场为重点，探讨法国奢侈品品牌的运营策略。

关键词： 法国奢侈品产业　趋势　策略

法国是全球最大的奢侈品制造国，奢侈品产业是法国的支柱性产业之一，在国民经济中占有举足轻重的地位。19世纪初，路易威登、爱马仕、迪奥、卡地亚等品牌先后在法国诞生，奢侈品产业已见雏形。经过两个多世纪，“法国制造”已是优良品质、精湛工艺、独特设计及深厚历史和文化底蕴的代名词。法国奢侈品产业成为当之无愧的行业领头羊，以合理的产业结构、成熟的市场、活跃的消费闻名于世。

本文以路威酩轩（LVMH）和开云（Kering）两大法国奢侈品集团、爱马仕（Hermès）和香奈儿（Chanel）两大法国独立奢侈品品牌为例，研究21世纪法国奢侈品产业的发展趋势，并以中国市场为重点，探讨法国奢侈品品牌的运营策略。

---

* 苏昉，武汉大学外国语言文学学院讲师，主要研究方向：基于文化及社会学视角的奢侈品消费研究。

一 集团化发展与独立运营并存

20 世纪 90 年代，法国的奢侈品品牌开始进行大规模的整合、并购与重组，奢侈品产业向集团化方向发展，形成了集合不同领域多个高端品牌的奢侈品产业航母。其中路威酩轩集团和开云集团表现最为突出。

路威酩轩（LVMH）集团创立于 1987 年，以联合创始品牌酩悦（Moët Chandon）、轩尼诗（Hennessy）及路易威登（Louis Vuitton）命名。三十年间，在掌门人贝尔纳·阿尔诺（Bernard Arnault）的带领下，致力于品牌的持续发展和海外零售扩张，成为全球最大的奢侈品集团。业务涵盖葡萄酒及烈酒、时装与皮革制品、香水与化妆品、钟表与珠宝、精品零售等五大领域，汇集了包括酩悦、轩尼诗、白马庄园（Château Cheval Blanc）、路易威登、芬迪（Fendi）、罗意威（Loewe）、迪奥（Christian Dior）、纪梵希（Givenchy）、思琳（Céline）、娇兰（Guerlain）、宝格丽（Bulgari）、尚美（Chaumet）、丝芙兰（Sephora）在内的 70 个高端品牌。2016 年，集团总销售额 376 亿欧元，在全球 70 个国家开设专营店 3948 家，员工总数达到 134000 人。[①]

开云集团创立于 1963 年，由法国皮诺家族（Pinault）经营，主营木材业务。1999 年收购古驰集团（Gucci groupe）后进入奢侈品行业，2012 年正式更名。经过十六年的运营与拓展，已成为全球第三大奢侈品集团，在时装、皮具、珠宝及钟表方面表现突出，拥有古驰（Gucci）、葆蝶（Bottega Veneta）、圣罗兰（Saint Laurent）、巴黎世家（Balenciaga）、亚历山大·麦昆（Alexander McQUEEN）、宝诗龙（Boucheron）等近 20 个高端品牌。2016 年，开云集团营业收入超过 124 亿欧元，旗下品牌在 120 多个国家和地区销售，全球员工总数超过 40000 人。[②]

---

① http：//www. lvmh. fr/groupe/.

② http：//www. kering. com/cns/who – we – are.

进入21世纪，经济全球化趋势日益明显，市场竞争十分激烈。奢侈品品牌选择集团化发展道路，能更好地实现品牌间的强强联合与优势互补，也更有利于各类资源的整体调配与合理运用。然而，仍有一部分奢侈品品牌不为所动，始终坚持独立运营，并能在竞争中立于不败之地。这其中的佼佼者当属爱马仕（Hermès）和香奈儿（Chanel）。

蒂埃利·爱马仕（Thierry Hermès）1837年在法国巴黎开设了第一家高级马具专营店，创立了爱马仕品牌。180年间，爱马仕在忠于传统手工制作工艺的同时，不断地开拓创新，发展成为法国最成功的独立奢侈品品牌。旗下产品包括服装、丝巾、皮革、马具、珠宝、配饰、香水、腕表、瓷器、生活艺术品、家居装饰等近20个种类。作为独立运营的上市公司，爱马仕的市场表现可圈可点。2016年全球开设店铺307家，其中直营店210家，雇用员工总数达到12834人①。一直处于世界BrandZ全球最具价值品牌100强，2017年排名第41位，品牌价值达到234.16亿美元②。

香奈儿（Chanel）品牌创立于1910年，始于加布里埃·香奈儿（Gabrielle Chanel）女士在法国巴黎开设的一家女式帽饰店。一百多年后，香奈儿成为法国最著名的奢侈品品牌之一，简约、优雅、精致的品牌形象深入人心。旗下产品包括服装、珠宝、腕表、手袋、鞋、配饰、化妆品、护肤品、香水等多种类型，几乎涵盖了生活的各个方面。与大多数法国奢侈品品牌不同，香奈儿不属于任何一个奢侈品集团，持有该品牌的维德摩尔（Wertheimer）家族极其低调，很少在公众视野中出现。作为独立运营的非上市公司，香奈儿并没有公开的企业财报，相关营收数据无从考证。但据全球顶尖的凯度（Kantar）市场调研集团分析，2015年其品牌价值已达到89.9亿美元③。

---

① http：//www.finance.hermes.com/en/Group－overview.

② http：//www.millwardbrown.com/brandz/top－global－brands/2017.

③ http：//www.fr.kantar.com/.

二 面向未来的经营模式

奢侈品集团和独立奢侈品品牌的经营模式存在明显的差异。奢侈品集团在合作共赢的基础上，保持各品牌一定程度的独立性，致力于可持续性的协同发展。

路威酩轩集团坚持采取积极增长的经营模式，以分散性组织结构、有机增长、垂直整合、创造协同效应、传承精湛工艺、经营业务和地理分布平衡等六大支柱为企业运营的基础。分散型的组织结构和运营原则，能确保旗下品牌的独立性，根据客户的需求快速做出行之有效的决策，同时充分调动员工的积极性。把有机增长放在首位，集中优势资源发展旗下品牌，并鼓励员工提出新创意和新思路。垂直整合，促进由上而下、由下而上双向高效运行，从而控制从采购、设施维护到高端零售等整个价值链中的各个环节。在集团内部资源共享，尊重旗下不同品牌的特色和自主性，创造智能协同效应，同时运用集团的整体力量，为各个品牌的发展提供助力。着眼于品牌的长远发展，保护品牌特色及产品品质，采取具有前瞻性的举措，将精湛的工艺世代相传。维持不同经营业务之间的动态平衡和均衡分布，随时做好准备应对各种变化与危机。正如集团总裁阿尔诺所说："立足于远景目标，以旗下品牌历史传承为基础，同时激发创意和追求卓越。这一模式促使集团大获成功，并确保集团走向充满希望的未来。"①

开云集团采取的是"可持续发展"经营模式。这一核心理念贯穿集团运营的每一个环节，极大地提升了产品的质量，激发了品牌的创新与创造能力。为了降低产品在生产和消费过程中对环境造成的影响，开创性地推行了集团环境损益表，用以评估生产活动对环境的影响，鼓励旗下品牌开创更环保、更经济、更和谐的发展模式。此表用于检测运营整个供应链对环境所产生的影响，并将之量化成货币价值，从而得出环境损益。2015 年，开云集团所有

---

① http：//www. lvmh. fr/groupe/identite/lentreprise – lvmh.

的运营活动和供应链全部实现了环境损益监测，并以此为依据，提出了未来十年的可持续发展三大战略：关爱地球、关注气候变化、关心自然资源；加强包括员工、供货商、客户在内的行业整体合作；推动创新发展，传承传统工艺，培养年轻人才。集团主席弗朗索瓦－亨利·皮诺（François-Henri Pinault）认为："可持续发展可以重新定义业务价值，并驱动集团在未来的成长。"①

而独立奢侈品品牌则以品牌价值为核心，强调工艺的传承和理念的延续，并以此为基础不断创新，扩充产品种类，开拓市场。

爱马仕品牌历经 180 年，家族延续到第六代，一直秉承"至精至美"的宗旨，不遗余力地倡导精致华美的法式生活方式，是经典与创新完美结合的典范。坚持选用最上乘的材料，忠于传统的手工制作工艺，严守繁复的制作工序，打造出装饰精巧细致，质量无可挑剔的产品。同时，紧跟时代步伐，深入研究市场的需求与变化，积极探索新领域，扩展新业务，开发新产品。以凯莉包（Sac Kelly）和铂金包（Sac Birkin）为代表的皮具，将顶级的工艺制作、耐久实用的性能与简洁优雅的设计融为一体。每年推出不同主题的丝巾，以品质为原则，坚持法式的轻松优雅，并融入流行元素，与时俱进。2013 年，宣布全面进入家居装饰领域，推出包括家具、室内装饰、墙纸等在内的一系列家居产品。

"时尚易逝，风格永存"，是香奈儿品牌的创始人加布里埃·香奈儿的名言。突破传统，勇于创造，历久弥新的理念与风格，也是该品牌一百多年来始终坚守的核心价值。香奈儿女士设计的小黑裙、粗呢套装、水兵服、针织开衫，五号香水，2.55 皮包，将女性从传统服饰的包裹与束缚中解放出来，创造了精致优雅、简洁实用、自由随性的设计风格。她在设计中所运用的双 C 标记、菱格纹、山茶花、黑白配色等元素，成为品牌的主要标识。现任总设计师卡尔·拉格菲尔德（Karl Lagerfeld）执掌品牌 30 多年，将经典设计元素与新的灵感创意完美结合，在保留经典风范的同时，力求推陈出新。在他的带领下，香奈儿品牌不断地加快皮包、香水、服装、鞋等优势产

① http：//www.kering.com/cns/sustainability.

品的更新周期，同时也积极探索珠宝、腕表、彩妆、护肤品等新的领域。这些传承经典、勇于创新的产品，深受消费者青睐，在市场上大获成功。

三　灵活多变，迎接挑战

奢侈品源于欧洲。在相当长的历史时期内，以法国为核心的欧洲是全球第一大奢侈品市场，与购买力惊人的美国和日本，组成了奢侈品消费的传统强势阵营。然而进入21世纪，亚太地区，特别是以中国、俄罗斯、印度为首的金砖国家，成为奢侈品消费的新大陆。2010年，亚太地区超越欧洲，成为全球最大的地区奢侈品市场，其中中国市场的表现尤为突出。2016年，中国国内的奢侈品销售额为340亿欧元，预计到2020年将达到740亿欧元。而中国人为海外奢侈品市场贡献的购买力更是无法估计。目前，中国已经是全球最大的奢侈品消费国，占据了全球奢侈品市场近30%的销售份额。①

21世纪，人类文明进入信息时代。电子商务的飞速发展给传统商业模式带来了巨大的冲击，不断涌现的新型通信、信息传递工具及电子支付方式也为品牌营销提供了更大的可能性。此外，奢侈品消费群体呈现出明显的年轻化趋势。1980年至2000年出生的“青年一代”（la génération Y）②，勇于质疑和探索，追求自我表达和个性解放，他们“对奢侈品表现出前所未有的关注和热爱，是未来奢侈品行业的首要目标客户群”。③

进入21世纪，无论是奢侈品集团还是独立奢侈品品牌，想要在激烈的市场竞争中立于不败，必须积极主动，求新求变。企业运营朝国际化方向发展是大势所趋，确保传统市场优势的同时，必须重视新兴市场的发展。传统的经营模式和营销策略不再具有竞争力，线上购物和网络营销是必争之地。

---

① http：//www.marketing - chine.com/luxe - 2/luxe - chine.

② “La génération Y”的说法最早来自英语 the generation why，字母 Y 与 why 同音，也代表年轻人喜欢随身佩戴的耳机的形状。特指1980～2000年出生，勇于质疑、个性独立的青年群体。

③ Grégory CASPER & Darkplanneur，*La génération Y et le luxe*，DUNOD，2014，p. 9.

抓住青年消费群体，才能把握产业未来的发展方向。

从20世纪90年代起，法国两大奢侈品集团和主要的独立奢侈品品牌开始向海外发展。将品牌代理权收回，经营方式改为直营，在亚太、中东等国家和地区的主要城市开设专营店。21世纪第一个十年就已经完成了在新兴市场的布局。随后加大投入力度，深入了解市场状况，针对不同市场采取不同的运营策略。2013年以后，中国市场因反腐政策导致奢侈品行业流失了大量的团体客户，销售增速放缓。以路威酩轩和开云为代表的奢侈品集团迅速做出反应，旗下品牌纷纷调整产品结构，推行“去logo化”；签约中国代言人，在设计中添加中国元素、推出中国限量版产品；举办和赞助各类活动，加大品牌推广力度，促进个人购买行为，扩大客户群体。路威酩轩集团更是凭借强大的品牌资源，不断丰富产品种类，大胆进行品牌跨界合作，使产品设计多样化，以满足不同性别、年龄、收入群体各方面的需求。[①] 面对大集团协同合作所带来的重重压力，独立奢侈品品牌选择了坚守品牌文化，优化购物体验，培育忠实客户群体的道路。爱马仕坚持采取预订等待和搭配销售等方式，增加产品的购买难度，强调产品的优质、高端和稀缺。香奈儿则秉承一贯的设计理念与风格，将经典元素巧妙运用到所有产品的设计当中，使产品具有明显的辨识度。

中国的互联网产业飞速发展，即时通信、电子商务和电子支付十分发达，大众尤其是青年群体对网络购物的接受程度高。到2016年，几乎所有进入中国市场的法国奢侈品品牌都建立了中文网站、官方微博和微信公众号，同时加大了在微信、微博、视频、直播、门户网站等网络媒体上的广告投入，与各界名人、知名微博博主，网络红人、微信大号等合作，开展形式多样的产品推广或线上购买活动。路威酩轩集团利用旗下的DFS免税店、丝芙兰（Sephora）、乐蓬马歇百货（Le Bon marché）等精品综合零售品牌，打通线上与线下购买双通道，为消费者提供更灵活、便捷的购物选择。2016

① http：//www. marketing - chine. com/conseils - business - en - chine/comment - lvmh - sadapte - levolution - du - marche - du - luxe - en - chine.

年，该集团高调宣布与中国电商巨头阿里巴巴集团合作，旗下美容奢侈品牌娇兰、玫珂菲（Make up for ever）正式进驻天猫商城。独立奢侈品牌则充分利用互联网的传播速度和广度，制作精美的视频或网页，加深公众尤其是青年人对品牌文化和内涵的认识。比如，在“爱马仕之翼”（Les ailes d'Hermès）主题网站，通过点击不同的图标，可以直观地了解爱马仕品牌的历史与风格，产品的工艺与特色，所倡导的生活方式。“香奈儿传奇故事”（Inside Chanel）系列短片，通过21个章节，全方位展现香奈儿创始人加布里埃的创作理念、经典作品，以及品牌传承百年的探索及创新精神。①

仿造品是令各大奢侈品品牌最头疼的。随着互联网技术和电子商务的发展，仿制品的制作成本降低，销售渠道增多，监管难度加大，造假现象日益猖獗。路威酩轩集团旗下的路易威登和开云集团旗下的古驰是制假售假者最钟爱的两个品牌，深受“盗版”之苦。早在2013年年底，路威酩轩集团就与阿里巴巴集团签订了谅解备忘录，共同打击在电商平台淘宝网和天猫商城上制造和销售仿冒该集团旗下品牌的行为。2017年7月，开云集团与阿里巴巴及其关联企业蚂蚁金服集团宣布达成协议，将成立专门的工作小组，互通信息并与执法部门合作，共同开展知识产权保护，追查伪造开云集团旗下品牌的行为，发起针对侵权者的联合行动。

由于关税、汇率、定价策略等诸多因素，奢侈品品牌在不同国家和地区的价格存在差异。以法国奢侈品品牌为例，同一种商品，欧洲价格最低，美国与日本稍高、中国内地最高。加之申根国家旅游购物可以退税，大批中国游客涌向欧洲购买奢侈品，同时也出现了大量的留学人员和海外华人，利用淘宝网、微信平台等从事奢侈品代购业务。这种“外流”现象直接影响了品牌在中国市场的销售表现，国内店铺运营成本压力增大，沦为“商品展示台”。同时也造成海外店铺秩序混乱，影响购物体验和品牌形象。2015年4月，香奈儿率先抛出了“全球协调定价”的价格策略，下调部分产品在中国内地的售价，同时上调欧洲的售价，调价后两地价格差距不超过5%。调

---

① Carmen Turki Kervella, *Le luxe et les nouvelles technologies*, MAXIMA, 2016, pp. 134 - 151.

价策略的实施，有效地抑制了海外代购，也促使更多中国顾客走入国内实体店，亲身感受品牌魅力，体验精品购物的完美服务。在香奈儿的带动下，大批奢侈品品牌都或明或暗地进行了不同程度的定价调整，不同地区间的价格差异明显缩小。而路易威登、爱马仕等坚守原有定价策略的品牌，则着力把在中国内地开设的专营店打造成产品种类最丰富、尺码最齐全、购物体验最佳的店铺，并增加限量和专供产品，提供更完善的售后服务。

法国的奢侈品产业从诞生、发展到形成规模，历经两百余年，不仅创造出品质优良、工艺精湛、设计精巧的产品，更向世界展现出法兰西独特的民族精神、文化底蕴、审美观念及生活方式。进入21世纪，科技发展日新月异，国家之间的交流日益频繁，联系更加紧密，产业发展全球化是大势所趋。法国奢侈品产业在坚守品牌文化和工艺传承的基础上，主动迎接激烈的市场竞争，积极应对不断出现的新变化、新情况，焕发出新的活力。

中文参考文献

洪俊杰、朱明侠：《中国奢侈品消费者行为报告2014》，北京：对外经济与贸易大学出版社，2014。

洪俊杰、张梦霞：《中国奢侈品消费者行为报告2015》，北京：经济管理出版社，2016。

李智：《中国消费品市场监测与分析报告2014》，北京：中国人民大学出版社，2014。

杨魁、董雅丽：《中国消费文化观念的媒介呈现研究》，北京：人民出版社，2015。

张应武：《中国地区消费品市场整合研究》，北京：光明日报出版社，2012。

外文参考文献

Bastien V, Kapferer J – P. *Lux oblige*, Paris : Groupe Eyrolles, 2017.

Bergeron L. *Les industries du luxe en France.* Paris : Editions Odille Jacob, 1998.

Casper G, Darkplanneur. *La Génération Y et le luxe.* Malakoff : Dunod, 2014.

Darkplanneur. *Luxe & Digital, stratégies pour une digitalisation singulière du luxe.* Malakoff : Dunod, 2016.

De Sainte Marie A. *Luxe & marque, identité, stratégie, perspectives.* Paris : Dunod, 2015.

Kapferer J – P. *Luxe, Nouveaux challenges, nouveaux challengers.* Paris : Groupe Eyrolles, 2016.

Kerlau Y. *Les dynasties du luxe.* Paris : Perrin, 2010.

Kervella CT. *Le LUXE et les nouvelles technologies.* Paris : MAXIMA, 2016.

Michaud Y. *Le nouveau luxe, Expériences, arrogance, authenticité.* Paris : Editions Stock, 2013.

相关网站

Marketing Chine. « Comment LVMH s'adapte à l'évolution du marché du luxe en Chine ? », *Conseils Marketing, Facteurs de succès, Marques*, 2014 – 03 – 06.

http: //www. marketing – chine. com/conseils – business – en – chine/comment – lvmh – sadapte – levolution – du – marche – du – luxe – en – chine.

Marketing Chine. « Le marché du luxe en Chine », *Luxe en Chine*, 2017 – 02 – 02.

http: //www. marketing – chine. com/luxe – 2/luxe – chine.

B.13
法国农业的现代化

丁一凡*

摘　要：　法国的农业很发达，效率很高，是世界重要的农业国之一。法国农业的现代化受益于欧洲的共同农业政策。法国政府在扶植农业发展中起过重要作用，不仅从政策上向农业发展倾斜，鼓励农业的研发，还建立了平抑粮价的机制。法国的农业合作社制度使耕种面积不大的法国农民可以更好地应对市场的变化；法国建立起了独特的农业融资体系，农业信贷银行甚至一度成为法国最大的银行；法国建立了农业保险制度，使农业收益可以免受天气变化的冲击；法国政府采取积极措施，对冲“城市化”带来的农村人口流失。法国这些丰富的农业发展、农村发展的经验可以给我们许多启发，但法国农业近年来面临的新挑战也提醒我们注意未来世界农业发展的新趋势。

关键词：　法国　农业　农村　欧洲共同农业政策

法国作为世界发达国家之一，其农业非常发达，生产水平很高，粮食生产及畜牧业在欧洲排名第一。法国是世界农产品最大的生产国和输出国之一。法国生产的谷物产量的50%、植物油产量的70%、糖产量的60%、水果产量的26%、葡萄酒产量的22%、牛肉和禽肉产量的30%都用于出口。在很长一段时间里，按金额计算，法国农产品出口仅次于美国，居世界第二位。

---

* 丁一凡，北京外国语大学亿阳讲席教授，中国欧洲学会常务理事，中国欧洲学会法国研究分会副会长。

当然，法国农业经历过一系列的现代化改造。分析起来，法国农业现代化的过程得益于一系列原因，包括适当的政策、政府的扶持、充足的资金保证及发展农业科技教育及研究，等等。

法国农业现代化受益于欧盟共同农业政策

1959 年西欧六国成立欧共体时，法国是六国中的农业大国，有欧洲粮仓之称。但其他的欧共体成员粮食生产不足，主要从北美与拉丁美洲进口。为了保证欧洲粮食的自给，法国积极主张实行共同农业政策，鼓励欧共体国家的农民生产粮食。在这一背景下，欧共体制定了共同农业政策，主要措施是统一进口粮食的关税。法国的余粮出口到其他欧共体国家。由于欧共体市场内的粮价高于世界市场的价格，欧共体通过提高关税把进口粮价与欧共体内生产的粮价拉平。税收进入欧共体预算后，又再次返还给欧共体的农业。当时，欧共体预算的 1/2 用于农业投资。这些投资促进了农业研究及与农业相关领域的现代化，使欧共体国家的农业迅速发展起来。

共同农业政策刺激了欧共体农民生产的积极性，意大利、德国等其他欧共体成员国的粮食生产也发展得很快。与此同时，法国的农业经营经历了一个集约化的过程。1970～1990 年，法国的农场从 160 万家降到 92.4 万家，平均规模扩大了 10 公顷。农业耕作的有效面积越来越多地集中在较大的农场中，其中畜牧业占了一半，普通农业占 18%，葡萄种植占 12%。此外，由于生物技术的发展，化肥生产的发展和粮食储运情况的改善，以及农业机械化的发展，法国的农业生产率提高很快，平均每年提高 3%，超过工业生产率的提高。粮食生产很快出现了过剩，向外出口。欧共体的粮价高于世界粮食市场的价格，为了提高竞争力，欧共体对出口进行补贴，法国这一农产品出口大国受益匪浅。法国的农业1985～1992 年发展迅速。

美国是世界粮食市场上最大的出口商，到 20 世纪 80 年代中期，它发现欧共体与它的竞争日臻激烈，便在《关税及贸易总协定》的范围里向欧共体发难，企图迫使欧共体放弃对农产品出口的补贴。而法国则代表了欧共体内坚决保护农业市场的力量，与美国展开了针锋相对的斗争。欧美的农业谈判持续了近5年。1991年，欧盟决定修改它的共同农业政策，把对粮食价格的直接补贴改为对农户提供补助。这时，欧盟的农业生产率已经很高，可以与北美竞争；对农户提供补助是为了防止农民生活水平的下降。为了限制欧盟农业的产量，防止世界市场上粮价大跌，欧盟还规定农民每年要有15%～20%的休耕地，以保证土地休养生息。

1995年，欧洲的粮食价格已经低于世界粮食市场的价格，欧盟决定对粮食出口加10%的税。纵观战后法国农业发展的历史，可以说欧洲的共同农业政策起了很大作用，它保护了法国及其他欧共体国家农民的利益和生产积极性，使农业逐渐发展起来，最终可以在世界市场上参加自由竞争。

法国农业政策取得巨大成就的同时，也受到越来越多的批评和指责。首先，农民不满。欧共体从20世纪60年代起推行新的农业政策，主要鼓励土地重组和现代化农场经营。但集约化的农场经营导致了农业发展的不平衡，有些农场破产，一些农村人口外流。共同体补贴农业的公共政策对大农场主有利，对小农场主不利。这种农业政策很难为大多数农民接受。其次，社会舆论不满。现代农业强调集约化发展、工业式开发。新的开发形式虽然可以提高农业产量，但也引起一些其他问题，如水资源污染、资源短缺、水土流失、生态环境恶化，等等。特别是随着疯牛病、口蹄疫等瘟疫的蔓延，欧洲公众对农业政策产生了疑问，他们担心大量的财政资金被浪费，与其获得的利益相比，代价太大。最后，世界贸易组织也不满意。欧共体的农业政策需要补贴农业，与世界贸易组织的要求不相符，因此法国等欧盟国家也受到世界贸易组织其他贸易伙伴的指责。

在新一轮的多哈贸易谈判中，法国政府需要回应国内外的指责，需要深刻反思欧共体的农业政策，才能重新修改法国农业政策的指导思想，制定农业政策新的框架。

法国的农业教育与科研开发

法国每年的农产品产值达655亿欧元，但法国的可耕地面积没那么大，只有18000公顷，是中国1.3亿公顷可耕地的1/7。法国发达的农业离不开法国发达的农业教育及科研开发体系，离不开国家对农业科研与教育的大量投入。

法国人强调农业职业培训，但它的含义很广，包括农业中专技校的教育、农业大学的教育、农业科学研究与促进创新项目的发展，等等。在农校教育中，法国人把农业生产技术与经营管理技术看得同等重要，法国政府认为农民应该了解市场的变化，掌握现代经济的基本知识，才能让农业生产进入良性循环。另外，为了鼓励农业经营者接受更多的农业知识教育，政府把农业补贴与农业教育挂起钩来，使农业的投资更加有效。农业信贷银行的优惠贷款对农业项目发展十分重要，农业局在审批贷款时，其中一条标准是看申请人是否有一定的农校证书，经过农校培训的农民就容易获得贷款，因为他们掌握了农业生产技术和经营管理的基本知识，贷给他们的款保险系数高。农业大学教育以大区为单位连成网络，每个大区都力图突出自己的特点。农业科研与创新项目的发展是农业高等教育直接的延伸，除了良种培育、生物工程技术外，农产品加工业近年来异军突起。

法国农业教育强调与农业生产的联系。各级教育机构也在不断试探、寻找适应农业发展新需求的方法，不断调整自身的结构。农业教学的内容包括农业种植、收获到农产品加工和环境保护，既有农业应用技术研究，也有职业培训和技术推广，建立起了一个适应现代化农业的知识传授与创新的体系，促进了农业的高速发展。法国农校十分重视实践环节，利用农场或生产车间组织学生进行实际生产劳动；还定期安排学生去企业实习。法国农校的学生可以较早地接触农业及食品生产领域和经济领域，便于理论联系实际，也便于将来就业。

法国的农业教育有以下特点。

首先，不同农校的分工明确。法国农校包括农业职业教育、技术教育和高等教育。不同的农校有不同的培养目标，培养出来的人员有农业工人、技术员、工程师及科研人员。同时，不同地区的农业生产受到其地理特性的影响，不同地区的农业教育内容和专业都要考虑这些地理差别。法国农业职业和技术中学有完善的教学设施，可以并经常承接短期高等农业技术教育和培训的项目。

其次，农校既有公立的也有私立的。法国政府也鼓励建立私立农校，以适应农业教育与培训的不同需求。法国各类农业团体也建立了自己的学校，但这些学校的规模通常较小，大的百余人，小的几十人，其班级人数也只有10~20人。然而，这些学校不负责学历教育，它们可以适应不同教育与培训的需求，通过教育和现场学习，强化学员理论联系实践的能力，培养应用型人才。

最后，在职教育与学校教育并行发展。法国成人农业教育的培训机构主要是农业职业培训中心。这类中心通常都设于农业技校中，校长既要负责正规教育也要负责成人培训。培训中心根据社会需求制定成人培训的内容，或与企业签订合同，为企业的员工提供培训。

法国农业教育强调与科研的联系。法国的农业部与高教科研部1995年签署了一份合作协议，强调农业的培训与科研以职业变革为依据，双方协调行动，避免重复；两个部门共同构建地方教学与科研尖端机构的网络，以保证法国的农业教育与科研处于国际领先水平。法国农业部1995年又组建了科学委员会，以促进农业科研政策的协调，负责农业高等教育与科研之间、科研与农业及食品工业之间关系的评估。

法国农业部还建立了“培训与就业观测所”这个咨询机构，负责农业教育与培训的规划和农业就业需求的研究。1995年，法国总理与各大农业协会主席签署了《青年就业国家宪章》。按照该宪章，政府与农业组织之间建立契约，筹集至少34亿法郎的基金，支持农业教育与培训，每年帮助0.8万~12万名青年农民创业。

虽然法国近年来的青年失业愈加严重，但这些农业政策使农业学校的招生情况和毕业生的就业情况普遍好于其他领域。农业学校吸引着越来越多的城市青年入学。1985 年，农业学校的农业生产者子女占 42.4%，1995 年这一比例减少至 25%，而城市职工和工人子女的比例大大增加。另外，由于农业劳动人口减少，农业食品工业持续发展，政府采取了支持青年安置的相应政策，农业学校毕业生的就业状况普遍好于其他产业。

平抑粮价、保证农民种粮积极性

法国农业的成功不仅在于国家的扶植、科研的投入，还在于它有合理的组织形式，其中跨行业粮食局就是一家很有特色的保证农民收入和调节粮食市场的机构。

法国跨行业粮食局成立于 1936 年，当时称为跨行业小麦局。由于小麦连年丰收，却缺乏有效的储存与销售手段，小麦市场严重失衡。建立这样一个机构的初衷是保证小麦的储藏和平抑市场价格。跨行业小麦局 1940 年改名为跨行业粮食局，扩大了它管辖的范围。它的职能也扩大到为粮食生产者提供保障价格；鼓励农民成立储存与销售合作社；建立一种购买粮食的体系，使农民卖粮后马上能得到现金。

跨行业粮食局属于公共行政机构，自主管理，受农业部与财政部的监督。在欧洲共同农业政策的刺激下，法国农民的生产积极性大增，粮食市场出现供过于求的现象。为了不损伤农民的积极性，保持粮食生产的稳定，农民可以通过跨行业粮食局出售所有生产的粮食。但要通过这一机构卖粮，他们必须把粮食卖给指定的合作社或承包商。在销售过程中，国家以税收形式提取部分税，用作该机构的预算。在 1986 年以前，跨行业粮食局的预算完全由生产者提供。后由于农民收入下降，国家降低了这一税收，亏空部分，即一半的预算由农业部提供。

跨行业粮食局为合作社与私人承包商购买粮食的资金提供贷款担保，有了这种担保，银行就以低于市场的利率放贷。该机构还为粮食行业的人士提供法国市场、欧洲市场及世界市场的统计数据。每个月与他们一起制定4种主要粮食（软小麦、硬小麦、玉米及大麦）的供货预测。它和粮食与草料技术研究所合作，对小麦品种的分配情况及粮食的质量进行调查。

受欧盟委员会的委托，跨行业粮食局负责执行欧盟对粮食市场的规定，它用最低保障价格买入多余的粮食，而这种价格本身是由欧盟成员国的农业部部长们共同决定的。跨行业粮食局自己没有粮库，为了储存粮食，它租用农业合作社、粮食承包商及专门的储存公司的仓库。这些仓库一般处于河口、码头附近，便于出口，因为这些以干预价买进的粮食经常最后用于出口。但如果国内市场上粮价太高，为了平抑粮价，跨行业粮食局也可以在国内市场上抛售粮食。

跨行业粮食局向农民支付出口补贴，参加每周四在布鲁塞尔召开的粮食管理委员会会议，这个委员会是负责决定出口补贴的。为此，它受命管理从布鲁塞尔拨来的粮食补贴预算。

跨行业粮食局的理事会由经营粮食的各行各业的协会代表组成，包括粮食种植者、各种粮食加工者、出口商、饲料加工行业、农业合作社、粮食承包商等。理事会由47人组成，其中粮食种植者占24席，理事长由代表选出，总经理由政府任命。跨行业粮食局也是协商的场所，粮食生产者、协会工作人员与农业部官员经常在这里协商与粮食质量、市场、世界贸易组织及欧盟粮食规则有关的问题。所以，跨行业粮食局与粮食种植者间有种互相信赖的关系，对粮食生产的稳定起到了重要的作用。

法国农业合作社的发展

法国的农业虽然很发达，但法国农业耕作的规模不大，农场平均规模只有三四十公顷。在市场经济条件下，分散的农民如何才能对付庞大的市场上的各种风险，保证及时买入农业生产的必需品与以最合适的价格卖出农产品呢？法国农民抵御市场风险主要靠农业合作社。

法国农业合作社历史悠久，有些可以追溯到20世纪初。法国农业合作社的形式不尽相同，它们有的专门负责收购农产品，有的专门负责向农场提供农用产品，也有些大合作社既负责采购也负责收购粮食，还为成员提供各种服务。

法国当代的农业合作社已经做到了产业化经营，它完全可以与一个现代企业媲美。合作社与现代企业一个最大的区别在于，企业是由董事会控制，而董事会里的投票权是按资本计算的。出资多的股东在董事会里的投票权就大。而在合作社里，投票权是按人头算的，一人一票。此外，合作社的管理与现代企业一样，有董事会、董事长，日常管理由总经理负责。合作社经营的基本原则很简单，它负责从成员手中购进粮食，加工、储藏后，在价格合适的时候卖到市场上去；它有一个庞大的供销渠道，为社员购进化肥、种子、饲料、除草剂和杀虫剂等农药；它还为一些小农场出租农具，从拖拉机、联合收割机到直升机一应俱全。

农民要加入合作社，初始时要“入股”，向合作社缴纳年经营额的4%，也可以分若干年交。合作社有了自有资金后，就像企业一样经营。它把农民缴来的粮食清理、烘干、储藏起来，再卖出去时多了一份附加值；它把各种农用产品购进来，再卖给农户时也有一部分利润。每年利润中的1/3留作合作社的自我发展资金，其余2/3按农民入社时上缴股份的比例和当年向合作社卖粮的多少分红。

全部的预算由总经理做出后，由董事会审查，由社员大会投票批准。农民卖粮给合作社时，合作社按市价给他们80%的定金。随着合作社按市场行情卖出粮食后，逐步补还他们差价。此外，按照上交粮食的质量及所含成分，合作社还发给他们一些名目繁多的奖金。那些有储粮能力的农民，如果自己先储藏一段时间，粮食水分挥发掉一些后，再卖给合作社时，后者还给他们一部分储粮奖。

法国的粮食市场上还有一些私人粮食商，他们也向农民购买粮食，与合作社形成竞争，合作社必须使它的收购价格有吸引力。迄今为止，合作社在法国仍是收购粮食的主要渠道（占70%），原因是农民在合作社里有发言权，有种信任关系。况且，卖粮给私人粮食商风险大得多，法国某些地区曾发生过私人粮食商倒闭、100多户农民卖了粮拿不到钱的悲剧。农民在合作社里还可分红，随着合作社参加活动越多，农民的分红也越多。

负责农业合作社日常经营的经理多数是专家管理人员，有许多人曾经作过其他工业企业的经理，学习过企业管理，既有书本知识也有丰富的管理经验。经理与农业合作社的关系和与公司的关系差不多，都是要让真正的股东满意。经理在企业里要让董事会满意，在合作社里要让社员股东们满意。他们的责任是使合作社盈利，不能让董事会“炒了鱿鱼”。

今天，法国有1.3万个农业合作社，有3800家农业合作企业，90%的农民都参加了合作社。合作社经营的范围也从收购农产品和提供农用物资发展到农业服务和农产品加工，有50%的加工农产品出自农业合作社。这些数字说明农业合作社的形式在法国起到了保护农民、对抗市场风险的作用，在农产品商品化的过程中，农业合作社还在不断地开拓新的领域，完成新的使命。

保障农业发展的资金渠道

法国农业的发展很大程度上要归功于发展的资金充足，而这又要谈到为农业发展提供资金的法国农业信贷银行。农业信贷银行（Crédit Agricole）是法国资本实力最雄厚的一家合作制银行，一级资本为156.06亿美元，在法国的银行里排名列居首位，曾经名列世界前10大银行之列。它有2865家分行，在农村有广大的网络。它有550万股东，其中有农民，有农业合作社，有手工业者等，他们信任这一机构，关心它的发展，使农业信贷银行在农业投资中始终占主导地位。法国的农业发展需要大量的投资，大部分投资都是靠信贷。当今，法国各家银行都参与对农业的投资，法国农业信贷银行占主体，占农业投资市场的70%左右。

农业信贷银行是如何发展起来的，它是如何运作的，如何保持对农业的投资呢？

法国最初的地方农业信贷银行可以追溯到1885年。从19世纪起，法国政府就注意发展农业。19 世纪 60 年代，拿破仑三世就成立了一个官方的农业信贷银行，但它在商业利益的驱使下，很快转了经营方向，去经营房地产业，追逐短期利益，农业发展仍然缺少资金。农民们意识到只有组织起来，才能同提供农业所需材料的工业集团抗衡，才能筹措到农业发展所需的资金。第一批地方农业信贷银行就这样诞生了，农民通过这种形式互相帮助，互相借贷。几年后，官方承认了这样的农民合作机构，从此农业信贷银行按合作社法属于农业合作企业，各地方农业信贷银行的董事会按股东 1 人 1 票的方式运行，而不像商业银行那样按占资本的比例分配董事会中的票数。

有的地方支行很快就有了资本盈余，也有的资本不足，它们感到有必要成立跨地方的信贷机构调剂资本，所以逐渐形成了地区农业信贷银行体系。它负责吸收储蓄、交换信息、审查放贷、为地方支行提供咨询。到了 20 世纪初，政府农业部对农业投资的一部分权力也归属了农业信贷银行，所以到 1920 年，正式成立了全国农业信贷银行总行。总行的职能很多，其中包括监督地区银行账目，协调资金，用剩余资本在金融市场投资，提供各种法律、信息咨询等。

农业信贷银行也参与各种投资，因为只有分摊各种投资的风险，才能立于不败之地。但农业投资始终是农业信贷银行的主要业务，占 80%，农民的储蓄也集中于农业信贷银行，占 60% 左右。这是因为农民始终是各级农业信贷银行的主要股东，支行、分行和总行的董事长及董事由他们选举产生。而且这些银行董事只参加决定大政方针的会议，平时还经营他们的本行农业，他们的行业利益与农业信贷银行的利益都取决于农业的发展，所以农业信贷银行始终能为农民的利益着想。此外，直到 20 世纪 90 年代，农业信贷银行一直垄断经营国家补贴利息的优惠农业贷款，也有助于保持它向农业投资的方向。为此，农业信贷银行与地区农业局有着密切的合作关系。

历史上法国为了发展农业，曾实行过政府直接补贴农场的办法。但这种救济式的补贴要取决于国家的财力，因而不太稳定；由于农民对补贴式投资不担责任，不担风险，投资浪费很大。后来国家改直接补贴为优惠贷款补贴利息，农民为投资要负责任，银行也要为投资项目把效益关，国家补贴的效益明显提高。为了发展农业，国家规定了优惠贷款的对象，他们是准备扎根农业的青年农民、自然条件较差的地区、小农场集中的地区等。根据国家的规定，农业信贷银行审查农户借贷的申请，如果它认为某项目符合规定又可以盈利，就签署同意放贷的意见后交农业局审查。农业局如果认为该项目不违反其他国家规定，并在国家规定的地区发放优惠贷款的规模之内，就批准放贷。项目的商业风险都由农业信贷银行承担。信贷借出后，由农业局负责监督贷款是否用于所报的农业项目，如发现有挪用现象，不仅要追回贷款，还要对借贷人施以重罚。这样，银行与政府各司其职，互相配合又互不干扰。

由于国家对农业优惠贷款的利息补贴占预算比例很大，曾达 65 亿法郎，国家不得不采取措施，控制优惠贷款的规模。除了规定地区借贷的规模、个人借贷的条件及规模、利息补贴的时间等，国家还让其他商业银行也参与农业信贷的竞争，即国家给予利息补贴最少的银行优先贷款权。其他合作式银行及传统的商业银行都参与农业贷款的竞争，农业信贷银行必须提高它的服务质量才能在竞争中取胜。农业发展需要大量投资，法国人认为要使农业能与工业竞争，农业投资必须是汽车工业的 3 倍，是钢铁工业的 2 倍。而法国农业信贷银行资本雄厚，可以满足农业投资的需求。

法国的农业保险

法国的农业有三种保险体系，最大的保险网为农业互助保险。

法国农业互助保险的历史可以追溯到 1840 年。当时，法国伊塞尔省（Isère）一个叫米永（Mions）的地方有几家农户率先成立了农业互助保险社（caisse mutuelle locale），以联合起来对付火灾。法国其他地方的农民纷纷模仿，也相继成立了类似的互助保险社，保险范围还逐渐扩大到了农业领域的各个方面。1900 年 7 月 4 日，法国国民议会通过了《农业互助保险法》

（AMA），确立了农业互助保险社的法律地位，为法国农业保险的发展奠定了法律基础。

1998 年 7 月，依靠农业互助保险起家的法国安盟保险集团（GROUPAMA），与 GAN 保险公司合并，成为继 AXA、CNP、AGF 保险公司之后法国第四大保险公司。它在法国的农业保险、个人健康保险业占第一位，财产险和汽车险业占第二位，普通险和运输险业占第三位，人寿险业居第五位。

法国农业保险机制有一个“金字塔”结构，最底层是 9000 家农业保险社（Caisses Locales），中间是 22 家地区或省级保险公司（Caisses Régionales ou Départementales），其中法国本土地区保险公司 18 家，海外省 2 家，专业保险公司 2 家；最顶层为中央保险公司（Caisse Centrale）。

不同层级的保险公司负责不同的保险业务。中央保险公司负责制定农业保险的发展战略，地方的保险公司负责自主经营发展。地区或省级保险公司是自主企业，在集团确定的大政方针框架内开展活动，有自己的商务销售策略、自己的营业网点（Agences）和财务账目。地方保险公司是“金字塔”的中间层次，对上可获得中央保险公司的再保险，对下向农业保险社提供再保险业务。

农业保险合作社是保险集团最基层的单位，它们遍布全国各地，一般每个乡镇都有这样的机构。但有的地方客户太少，也有几个乡镇共同拥有一个这样的机构的。

农业保险合作社的董事会由全体投保人组成的会员大会选举产生，董事会推选主席和地区保险公司的代表。农业保险合作社还有一位秘书长和一位代理人（秘书长有时兼任代理人），秘书长由主席任命。

随着市场的变化，法国的银行等其他金融机构也陆续参与农业保险市场，农业互助保险只得不断改革，不断采取新的应对措施。与过去相比，现在的农业保险市场已发生很大的变化。首先，农业生产现代化和农村人口相对萎缩。过去，法国农业大多是些传统的生产方式，不如现在这样现代化，农村人口比现在多，农民大多是些朴实和诚信的人。当时，农家办保险，会自然而然地想到农业保险社。现在市场情况大不一样，年轻人大量离开农村到城市找工作，农村规模缩小，留在农村的新一代金钱观念较重，不如老辈人对农业保险社那样忠心耿耿，因此如何稳住投保农户是一大问题。因为法国政府取消了《农业互助保险法》中原先给予的税收优惠，农业互助保险公司在与其他保险公司的竞争中正在失去原有的优势。

除了农业互助保险外，法国政府还建立了两套农业保险体系。第二套系统建立于 1964 年，即“国家防范农业巨灾风险基金”。这个基金是专门为补偿不可保风险带来的损失而建立的。这个基金一部分来源于农业经营税收，另一部分来源于国家财政补贴。只有政府才有权决定开展对所受灾害的救助，补贴额大约为所受损失额的 30%。补助金根据资金的充裕能力进行发放。第三套系统是近 20 年才建立的，它综合了保险和国家救助资金。实际上，这个系统专门为商业保险无法承担的重大自然灾害提供保障，国家规定这个保险是强制性保险，并且规定了费率。一旦有自然灾害，国家出面确定是否为巨灾，并指定特定的赔付区域。最后，国家通过国有的再保险公司 CCR 对受灾农户给予经济补偿。

维持法国农村的发展

法国农业的成功与政府重视开发农村地区的政策是分不开的。法国政府认为，要使农村地区的人民生活稳定，安心于发展当地的经济，政府必须在农业职业培训与方便青年农民创业方面下大功夫。多年来，各届政府在这两个方面的投资都有增无减。法国政府认为，只有把人置于关注的中心，才能使农业政策有效、合理、持久。以人为本，提高农民的社会保障，是法国农业政策的核心。

第二次世界大战后，法国的农民也像其他行业一样成立了自己的社会保障体系，农民到了一定年纪也可以退休，领取养老金。这一社会保障体系根据农民种的土地规模向每个农户征收一部分税金，国家也提供一部分补贴。一些农民到了 55 岁或 60 岁还可以申请提前退休，当然提前退休的养老金与个人缴纳社会保险的年头成比例。随着农村人口的老龄化，如何鼓励青年人到农村去创业是一个关键的问题。法国政府认为，将来的农业发展是否能保持目前的势头，法国农业是否能在世界上保持它的竞争力等问题都取决于政府是否有能力吸引足够的、有农业专门知识的青年人去农村创业，接管、改造旧农场。法国政府一直为愿意去农村落户的青年人提供一笔安家费，1993 年来这笔赠款增加了 20%，对去艰苦山区的人这笔安家费要翻一倍。此外，农业信贷银行还为受过专门教育的青年农民提供优惠贷款，省农业局为各地的农场都列了一个清单，标明哪些农民已经到了退休年龄，自己不愿继续经营，然后把这些农场的情况提供给愿意去农村开拓的青年人，让他们选择。通过这种信息服务，国家企图平衡农业市场上的供求关系，使农村的土地得到最优开发。当然，农村的开发除了经济因素外，还有其他文化、娱乐等因素，法国政府也没能完全控制农村青年人口的流失。但由于国家进行了干预，大部分农场的开发与经营可望保持在有知识的青壮年劳动力手中，从而保证法国农业的整体效益，防止农村被抛弃于经济繁荣之外。

法国政府认为，现代农业体系必须能资助农村的弱者，必须对农业生产条件的不平等情况进行补偿。如果农业政策无法鼓励保护自然环境的生产方式，无法促进农村的富裕、农村的平衡和生产的发展，它就不算有效、合理并无法持久。为此，法国政府强调农业的多功能作用。良性的农业应实现经济、社会和环境三方面的协调发展，只有促进这三个功能同时发展的农业政策才是有效、合理和持久的政策。

法国农业已经实现了传统农业向现代农业的转变。1995 年 1 月，法国通过了《农业现代法》，将促进青年就业、减轻农业负担、优化农业企业地位、加强农业政策协调和改善农业社会保障列为农业发展的五大优先任务。

法国农业面临的新挑战

最近几年，法国的农业情况似乎大不如前，有些农村的农民自杀率上升，这表明农民的生活与经营开始难以为继。法国还出现了一些农产品短缺的危机，比如2017年就出现了消费者买不到黄油的尴尬境地。

造成此次黄油短缺危机的原因有些复杂。奶类生产水平的下降加上2016年黄油产量不佳和全球黄油需求的不断上涨，导致黄油供应量的减少和批发价格的上升。工业黄油的价格从2016年4月的每吨2500欧元上升到2017年夏天的7000欧元，而近期已经继续飙升到8000欧元。

然而，奶农抱怨说，他们从不断增长的黄油市场中没有获得多少收益，他们所获得的酬劳往往与廉价的生奶和奶粉价格挂钩。生产牛奶用于制作黄油的奶农数量要少于那些生产牛奶用于制作奶酪或奶油的奶农。

法国是全球黄油消费水平最高的国家，黄油危机让刚刚上台执政的马克龙政府头痛不已。农民一直是法国重要的政治资源，马克龙政府要维持自己的信誉，必须支持农民与公司谈判，为他们的产品争取更加公平的价格。

黄油危机给法国农业拉响了警报。菜贱伤农、菜贵伤民，为了防止市场经济周期对民生和经济产生巨大影响，就要利用好市场和政府两只手的调控。如果农业生产完全交给市场，就会造成市场价格大起大落，价格暴涨会得罪市民，价格暴跌会得罪农民。

从欧盟东扩以后，法国的农业就不再是欧盟内部的宠儿了。相反，法国农业受到了来自东欧国家的巨大挑战。波兰等国家也是农业生产大国，进入欧盟后他们的农业劳动生产率大幅提高，它们享受了一些欧盟的共同农业政策帮助，有共同市场支持，很快就把自己的产品卖到了其他欧盟国家。法国的邻国德国过去农业不如法国，但因为德国工业竞争力强，享受到共同市场的共同关税的好处。所以欧洲舆论过去一直认为，法、德支持的欧洲一体化其实就是德国用统一关税来换取了法国希望的共同农业政策。法国主要受益于共同农业政策，而德国主要受益于共同关税下的统一市场。然而，最近几年，德国的农业竞争力大大提高，德国的农业出口年年增长，让法国农民感到了巨大压力。法国舆论认为，德国农业的竞争力加强，是因为德国农业没有最低工资，而且德国农业使用了大量从波兰等地过来的东欧国家的农业劳动力，使农业生产成本大幅下降。德国人当然不同意，认为法国农业竞争力下降是因为没有及时改革，没有形成更有竞争力的规模农业经营环境。

无论如何，法国农业已经无法回到没有欧盟的时代了。法国必须在欧盟内部找到成员国都能接受的妥协方案，或者必须对自己的农业做更大的改革，才能找回过去的辉煌。

外 交 篇

Diplomacy

B.14 多重危机背景下的法国与欧盟关系

申华明　傅　荣*

摘　要： 本文从法国近年来在欧盟的地位、英国脱欧、欧洲难民政策、欧洲反恐，以及欧洲集体防务等视角，探讨法国作为欧盟最重要的创始国之一，如何应对欧洲当前面临的政治（英国脱欧）、经济（增长乏力和欧元区财政赤字加大）和社会（难民和恐怖袭击）等多重危机，以此巩固法国在欧盟政治中的核心地位，彰显其在欧盟一体化进程中的领导作用。

关键词： 法国　欧盟　危机　角色

* 申华明，对外经济贸易大学法语系讲师，研究方向：外语教学法，法语国家与地区研究；傅荣，北京外国语大学法语系教授，研究方向：外语教学法，欧盟法。

众所周知，在欧洲一体化的整个进程中，法国作为欧盟最重要的创始国之一，始终发挥了至关重要的主导作用。然而，近年来，特别是进入21世纪以来，法国在欧盟的传统地位和影响力式微。本文将从法国近年来在欧盟的地位、英国脱欧、欧洲难民政策、欧洲反恐，以及欧洲集体防务等视角，探讨法国如何应对欧洲当前面临的多重危机，并分析法国如何巩固它在欧盟政治中的核心地位，彰显其在欧盟一体化进程中的领导作用。

一　法国在欧盟的地位

在2014年5月25日举行的欧洲议会选举中，法国国民阵线（FN）的玛琳娜·勒庞（Marine Le Pen）以24.95%的得票率成为民选最大赢家。2017年上半年举行的法国总统大选中，玛琳娜·勒庞击败社会党等主流党派，进入第二轮。勒庞领导的国民阵线异军突起在很大程度上反映了法国民众对欧盟态度的变化，因为勒庞在此前的竞选演讲中激烈抨击“欧盟是失败的，并未兑现任何承诺，它禁锢了法国”。[①] 事实上，自1994年雅克·德洛尔（Jacques Delors）卸任欧委会主席和2011年底让-克洛德·特里谢（Jean-Claude Trichet）卸任欧洲央行行长以来，欧盟内部的重要领导岗位几乎都被德国及其北欧盟友所垄断。在28位欧盟委员会委员中，只有担任欧盟经济金融事务、税收和关税同盟委员的皮埃尔·莫斯科维奇（Pierre Moscovici）选择的办公室主任是法国人，在所有办公室主任与副主任中，法国人只有3位，德国人有9位。在欧盟负责农业事务的部门中，从农业和农村地区发展委员，到办公室成员，再到发言人，法国作为欧盟第一农业大国没有占据任何席位。[②] 法国民众对欧盟态度的分裂、奥朗德时期法国对

---

① “Assises présidentielles de Lyon：Discours de Marine Le Pen”，http：//www.frontnational.com/videos/assises-presidentielles-de-lyon-discours-de-marine-le-pen/，最后访问日期：2017年8月7日。

② Jean Quatremer，«La France，de plus en plus étrangère à l’Europe，L’Hémicycle»，mars 2015.

欧盟发展规划的缺失等多方面的因素导致近些年法国在欧盟的影响力呈下降趋势。

萨科齐在任时期，法国曾积极在欧盟层面施加影响，2008 年主导成立了地中海联盟，试图加强欧盟与北非和中东各成员国的合作，打击恐怖主义，解决非法移民问题。当时，法国的努力其实有另外一层战略含义，那便是通过成立地中海联盟，平衡德国主导的欧盟东扩带来的影响。坦率地讲，萨科齐的努力收效甚微。一方面，“地中海联盟”计划并没有放慢欧盟的东扩速度。另一方面，与之形成鲜明对照的是，法国倡导的“地中海联盟”计划基本上被束之高阁，或曰有名无实。欧盟东扩打破了欧盟内部原有的各种平衡关系，特别是打破了传统的“法德轴心”之间的平衡关系，使德国成为最大赢家。德国自此更加感到既有必要，也有可能借重欧盟的集团性力量，在欧洲和世界舞台上发挥更大作用。奥朗德在任时期，法国国内经济形势持续低迷，失业率居高不下，国内安全形势不断恶化，法国政府的目光更多聚焦于解决国内问题，无暇过多关注欧盟。德国凭借自身的经济实力在欧盟内部居于主导地位，其他成员国更希望与柏林方面保持直接联系。在欧盟与土耳其针对难民问题进行的谈判中，德国始终处于领导地位。2015 年 11 月，将缓解难民压力寄希望于土耳其的德国总理默克尔与荷兰、瑞士、奥地利、比利时、卢森堡领导人举行小型会议，法国被排除在外。2016 年 3 月 18 日，欧盟土耳其峰会前夕，默克尔与土耳其、荷兰政府领导人举行小型预备会议，法国再次缺席。

二　英国脱欧，法国的机遇?

2016 年 6 月 23 日，英国通过公投决定脱欧。与国内有些舆论渲染欧洲一体化遭遇重大挫折的观点相反的是，欧盟各国特别是法德意比（利时）等欧盟创始国并未因与英国的政治离婚而哭天喊地，法国人甚至普遍乐见英国脱欧，并预言英国人走了，新欧洲出现了。

由于历史和地缘政治的原因，法国内心向来不认同英国为欧洲大家庭的成员，戴高乐于1963年和1967年两度否决了英国提出的加入欧共体的申请。自19世纪晚期以来，英国一直奉行对欧洲大陆事务不干预的政策（史称“光荣的孤立”），英国加入欧共体是为了享受统一关税的自由贸易集团的好处。英国加入欧洲一体化进程后，始终谋取英国在欧洲的利益最大化，却对欧洲一体化的进程没有热情。英国甚至不时要扮演“绊脚石”的角色，在通过加强欧洲一体化的各种措施时，它不断投否决票。这大大加深了英国与欧盟的隔阂。法德两国作为欧洲一体化建设的主导力量，对英国在欧盟的表现心怀不满，却又无可奈何。如今英国主动脱欧，从某种意义上说，使努力推进一体化的欧洲大陆各国摆脱了一个障碍。

法国总统马克龙刚刚当选，便积极出现在欧盟和国际舞台上，企图努力扭转奥朗德时期法国影响力下降的颓势。2017年5月15日，德国总理默克尔在柏林会见到访的马克龙，两国领导人表示将加强法德关系，“历史性地重建欧盟”，制定对欧盟进行改革的共同线路图，为欧盟在英国退出后的团结和发展确定方向。无论是在6月22日的G7峰会，还是7月13日的法德联合内阁会议上，马克龙都明确表示加强与德国的传统合作的重要性，意图重塑“法德轴心”。他说：“我要和默克尔总理一道确立一条明确的路线，打造既宏大又具体的欧洲建设计划。”① 马克龙极力倡导对欧元区进行改革，设立欧元区财长、欧元集团常设主席的职位，与德国共建欧元区硬核，加强反恐合作，构建欧洲共同防御体系，打造一个更加强大、公正的欧洲。默克尔也认可了马克龙“用国内改革换取欧盟改革许可”的逻辑，并表示对修改欧盟条约持开放态度。法德在欧洲防务、移民政策、气候问题、国际反恐和反对贸易保护主义等领域已然形成统一战线。2017年6月，正是在法德两国的合力推动下，欧盟布鲁塞尔峰会决定创设“欧洲防务基金”，每年可动用55亿欧元用于欧洲的防务与安全建设，加强一体化的欧洲防务力量。在英国脱欧的背景下，法德合作被广泛视为重塑欧

① 《西部法国报》（*Ouest France*），2017年7月13日。

盟凝聚力的关键。

法德重塑欧盟凝聚力的关键作用最近更显现在两国协同支持欧洲中央银行（简称欧洲央行）持续推行欧洲量化宽松政策上。在英国脱欧后，德国这一欧洲央行货币政策的主要决策者更多地将目光投向法国，以期联合法国在更多关于推进欧元改革的政策上达成一致。欧元区成员国，特别是德国清楚地认识到，只有法国继续实施欧洲央行的货币政策，欧元区才有可能实现稳定物价、稳定通货膨胀率的货币政策目标。

另外，2016 年 7 月 6 日，就在英国公投脱欧的两周之后，法国政府宣布了一系列改善税收和法律制度的措施，包括为外国企业提供的税收减免由当前的 5 年延长至 8 年，任何在英国获得执照的金融机构若在法国经营，法国监管机构将加速审查申请等，其指向和意图十分明显。

三　法国在欧盟难民政策上心有余而力不足

2015 年下半年开始，欧洲国家尤其是德国，面对沉重的道德压力，采取了无条件接纳叙利亚难民的政策，仅在 2016 年就有超过 100 万来自中东和北非的难民进入欧盟。为减轻意大利、希腊等位于欧盟外围国家的难民潮压力，欧盟委员会修订了以《都柏林协定》为核心内容的难民庇护政策，改由欧盟统筹安排，根据各成员国的财政状况和接纳能力，将难民按照比例进行强制分配。这一难民分摊政策遭到了欧盟许多成员国的抵制，其中捷克、匈牙利、波兰和斯洛伐克等四国组成的“维谢格拉德集团”（Visegrad Group）坚持“宁愿被罚款，也绝不接受难民”。

法国虽然也表示反对，要求欧盟以更公平的方式分配，但同时提出欧盟国家应建立专门机制，加强管控边境，应对难民问题。时任法国总统的奥朗德随后又表示，欧盟成员国应接受分配给自己的难民份额，并致力于保护外部共同边界，防止难民涌入，他还承诺法国将在未来两年间接受安置 3 万名难民。然而，法国需要面对自己萎靡不振的经济，居高不下的失业率，捉襟见肘的预算开支等多重压力，没有精力和财力接受大批难民，所以，虽然法国政府在原则上对接纳难民持人道主义立场，但实际操作中则表现出自相矛盾和暧昧的态度。①

四 《申根协定》遭质疑，法国寻求反恐合作

2015 年年初以来，欧洲发生多起恐怖袭击，其中法国承受的恐怖袭击数量最多，伤亡最为严重，包括 2015 年 1 月 7 日的《查理周刊》总部枪击案，11 月 13 日的巴黎连环恐怖袭击，7 月 14 日尼斯恐怖袭击等。据法国警方调查，这些恐怖袭击的作案者多为穆斯林信徒，许多是当年移民法国的北非穆斯林的第二代或第三代后裔。2015 年 11 月巴黎发生一系列恐怖袭击之后，法国政府宣布进入国家紧急状态，关闭边境，反恐成为政府事务的重中之重。在欧盟内部边境开放的环境下，多样化和分散性的恐怖袭击方式对区域安全造成了更大的威胁，恐怖分子在欧洲内部四处流窜，恐怖主义威胁朝着越来越难预防的方向演化，允许人员跨国自由流动的《申根协定》的可持续性遭到越来越多欧盟成员国的质疑。早在 2011 年，法国政府就曾要求暂停《申根协定》，以应对来自利比亚和突尼斯的难民潮。法国政府后来多次呼吁欧盟收紧内部边境控制，加强申根区内部边境检查。2017 年 2 月，法德两国内政部部长联名致信欧盟要求强化申根国家间边境管制；9 月，在布鲁塞尔举行的欧盟成员国内政部部长会议上，以法国为首的五个国家希望将申根区内恢复边境管控措施的期限从原来的两年延长至四年，防止欧洲境内难民的二次流动。

在欧盟高度一体化的今天，法国难以独自应对反恐挑战，加之恐怖主义的威胁具有紧迫性和跨国性，推动欧盟内部反恐合作也成为法国政府努力的目标。欧盟反恐政策一向具有危机驱动的特点，每次重要的更新都是因严重的恐怖袭击而推进的。② 2016 年 2 月 16 日，法国与荷兰联合提议欧盟国家

---

① 中国网，http：//news. china. com. cn/world/2016 - 03/21/content_ 38073684. html，最后访问日期：2017 年 8 月 21 日。

② 魏怡然：《后巴黎 - 布鲁塞尔时期欧盟反恐法的新发展》，《欧洲研究》2016 年第 5 期，第 50 ~ 51 页。

共享“反恐名单”，两国均认为这是欧盟联手打击恐怖主义的关键一步。2016 年 3 月，法国总理瓦尔斯再次督促欧盟加强外部边界控制，并表示应在欧洲范围内采用“航空旅客登记系统”。事实上，从萨科齐执政时期开始，法国就在欧盟内力推这一系统，但始终没有明显进展。4 月 21 日，欧盟最终通过了《欧盟乘客姓名记录指令》（Directive 2016/681 relative aux données des passagers）。2017 年 11 月 1 日，法国总统马克龙签署的法国新反恐法案《加强国内安全和反恐法》正式生效，该法将紧急状态赋予行政当局的部分临时权限实现常态化。该法案得到了欧盟的支持，法国安全部门可以获取航空旅客的数据资料、旅客登记记录等，却被欧洲人权组织批评侵犯了公共自由和人权。频遭恐怖袭击的法国为了保护自身利益而走在推动欧盟内部反恐合作的前线，但欧盟不同成员国对恐怖主义威胁的认知程度各异，如果没有共同的政治意愿，法国孤掌难鸣。

五　英国脱欧，欧盟防务发展新契机

北约一直是欧洲安全的共同保障，也是维系欧美同盟关系的重要保证，大部分西欧国家一直享受着美国和北约带来的安全红利。美国还是北约经费最大的提供国。2014 年，北约峰会提出了成员国防务开支要逐步提高到占 GDP 的 2%。但截至 2016 年，北约 26 个欧洲成员国中，只有英国和爱沙尼亚达到了这一比重，其余国家基本保持在 1.2% 左右。① 特朗普当选美国总统后，抛出“北约过时论”，并要求重新分配成员国的北约防务开支，这给美国与欧盟的关系蒙上一层阴影。不过，与此同时，欧盟从未放弃发展欧洲自主防务的各种努力。例如，2007 年，欧盟各国签署的《里斯本条约》确定了包括防务一体化在内的欧洲政治一体化路径，但因为英国的反对，欧盟多个防务计划没有得到真正的实施。② 2014 年以来，随着乌克兰危机的持续

① 崔宏伟：《试析新形势下欧美关系的发展前景》，《国际关系研究》2017 年第 2 期，第 3 页。

② 沈孝泉：《特朗普一意孤行　欧美关系趋紧　大国关系新走向》，《党建》2017 年第 7 期，第 63 页。

发酵，北约在乌克兰和叙利亚问题上的应对不利，以及欧洲安全形势的恶化，欧盟成员国提高防务建设的需求越来越强烈。2016 年 11 月 30 日，欧盟公布了 10 年来最大规模的《欧洲防务行动计划》（Plan d'action pour la défense），力求加强欧盟成员国之间的国防合作。

英国脱欧之后，法国成为欧盟唯一能够为欧盟提供核保护伞的军事大国，也是欧盟内唯一的政治大国（安理会常任理事国）。早在欧共体成立初期，拥有强烈自主意识和政治诉求的法国就曾提出建立包括欧洲军队在内的“欧洲防务共同体”。法国始终把推动欧洲共同防务建设作为其国防政策的主要内容之一，始终谋求在欧洲安全事务中发挥主导作用。2016 年英国脱欧客观上减少了推进欧洲防务建设的内部阻力，加之俄罗斯外交重心转向中东和欧亚经济联盟，美国国内矛盾重重，无意过度干涉欧盟，法国因此迎来了重新推动欧洲防务一体化的最佳时机。这既能巩固它在欧盟内部的军事领导地位和政治话语权，与经济占据优势的德国相抗衡，维持大国地位，也有利于稳定欧盟内部安全局势，打击极端恐怖主义。法德始终是深化欧盟防务一体化、提高欧盟在欧洲安全事务中的领导权的倡导者与推动者。1992 年法国与德国领导人倡议成立了总部设立在斯特拉斯堡的欧洲军团。马克龙上台后，法国以新的强势姿态介入欧洲事务，一方面他邀请美国总统特朗普参加国庆阅兵，试图缓和欧美间的紧张关系，另一方面他也清楚地认识到作为欧盟核心成员的法德防务合作决定着未来欧盟共同防务的发展方向。英国脱欧公投之后，法德两国为强化欧盟国家防务关系而不断努力。2017 年 11 月 13 日，欧盟 23 个成员国签署的“永久结构性合作”防务协定（PESCO）正是这一努力的积极成果，也是欧盟朝着独立、加强安全和防务政策迈出的一大步，是欧盟发展的一个里程碑。

六　并非结语的结语

综上不难看出，2017 年，随着“坚定的欧洲联合派”马克龙入主爱丽舍宫，法国正在借英国脱欧之机调整它在欧盟内的作用，企图重新点燃

"法德发动机"，推动欧洲的一体化建设。不过，这样的高调回归也不是没有掣肘。当前，马克龙总统面临的最主要难题是，法国必须突破国内经济增长乏力的制约，可谓治欧必先安内。其次，虽然默克尔对法国新任总统的治欧理念和大政方针基本赞同，但 2017 年 9 月第四次当选德国总理之后，她很难立即采取行动为马克龙雄心勃勃的改革欧洲计划站台背书。这是因为，在这次大选中，以默克尔为首的联盟党只获得 33% 的选票，创下东西德合并以来的历史新低。而以反欧盟、反难民等为口号的极右翼政党"选择党"（AfD）则获得 12.6% 的选票，一跃成为议会第三大党。默克尔组阁面临巨大的困难，无法与其他党派迅速达成公共政策上的妥协，因此她也同样面临治欧必先安内的问题。最后，马克龙重振欧洲的许多改革设想远未获得欧盟其他成员国，特别是东欧国家的积极响应，比如关于欧盟国家内处理企业员工的薪金待遇问题，关于强化欧盟对外经济反倾销问题，等等。凡此种种，无不考验着法国试图领导欧盟的智慧与能力，也考验着法国与欧盟及其他成员国的关系。

中文参考文献

1. 陈水胜：《非传统安全视角下的欧盟发展困境探析》，《国际研究参考》2017 年第 1 期，第 1 ~ 5 页。
2. 陈蔚芳：《共同体化的困境——从叙利亚难民危机论欧盟共同庇护体系的局限性》，《欧洲研究》2016 年第 6 期，第 72 ~ 94 页。
3. 崔宏伟：《试析新形势下欧美关系的发展前景》，《国际关系研究》2017 年第 2 期，第 3 ~ 15 页。
4. 惠一鸣：《欧洲联盟发展史》，中国社会科学出版社，2008。
5. 李靖堃：《欧盟政治：不确定性与不稳定性风险增加》，《欧洲发展报告（2016 ~ 2017）》，社会科学文献出版社，2017。
6. 李雁、耿鹏涛：《法国反恐战略评析》，《法国研究》2016 年第 3 期，第 25 ~ 33 页。
7. 沈孝泉：《特朗普一意孤行　欧美关系趋紧　大国关系新走向》，《党建》2017 年第 7 期，第 62 ~ 64 页。
8. 王灏晨：《2016 年欧洲经济形势分析及 2017 年展望》，《宏观经济管理》2017 年第 2 期，第 88 ~ 92 页。
9. 魏怡然：《后巴黎 - 布鲁塞尔时期欧盟反恐法的新发展》，《欧洲研究》2016 年第 5 期，第 50 ~ 51 页。
10. 杨帆、杨柳：《英国脱欧的深层原因与欧盟的发展前景》，《新视野》2017 年第 1 期，第 115 ~ 121 页。
11. 张可：《民粹主义阴云笼罩下的欧盟——2016 年欧盟形势特点》，《当代世界》2017 年第 1 期，第 68 ~ 69 页。
12. 郑春荣：《欧盟逆全球化思潮涌动的原因与表现》，《国际展望》2017 年第 1 期，第 34 ~ 51 页。

外文参考文献

1. «Assises présidentielles de Lyon. Discours de Marine Le Pen», http://www.frontnational.com/videos/assises-presidentielles-de-lyon-discours-de-marine-le-pen/, 5 février 2017.
2. European Commission Press Release Database, *«Plan d'action européen de la défense: vers un Fondseuropéen de la défense»*, http://europa.eu/rapid/press-release_IP-16-4088_fr.htm.
3. Jean Quatremer, «La France, de plus en plus étrangère à l'Europe, L'Hémicycle», mars 2015.
4. Gérard COLLOMB, «Projet de loi renforçant la sécurité intérieure et la lutte contre le terrorisme», https://www.senat.fr/leg/pjl16-587.html.

B.15
法国对非关系的“变”与“不变”
——2016~2017年法国对非关系形势综述

刘天南*

摘　要：　20世纪50年代以来，法国与非洲的关系经历了三个阶段：第一阶段是非洲国家独立后的一二十年，法国与非洲国家保持亲密的特殊关系；第二阶段是冷战背景下的去殖民化阶段，法国对非关系以“民主”制度改革为优先标准；第三阶段便是全球化时代背景下的非洲转向多元化合作伙伴的阶段。在第三阶段，法国在非洲大陆面临激烈竞争，并不断受到来自美国和新兴国家的挑战。因此，一方面，法国把住它对非洲的经济与金融、政治和军事三大支柱不放；另一方面，法国不断地调整它的对非原则和策略，以全力保护和维持它在非洲大陆的利益。总体上，法国对非洲的政策也一直处于“变”和“不变”的灵活周旋策略中。

关键词：　法国　非洲　关系　形势

一　法国对非关系总原则

在第三世界独立运动之后，非洲成为唯一一个能让法国充分施展其大国领导格局，并发生实际影响力的大陆。因此，非洲在法国的对外关系中一直

---

* 刘天南，国际关系学院非洲研究所副教授，主要研究方向：法国文化。

被特殊对待，法国的对非政策一定程度上也独立于它的整体对外政策，这成为法国对非关系的主要指导原则。法国与非洲关系的这种特殊性被称为“法非特殊关系”。①

从非洲独立至今，法国对非政策机制的变化即充分体现出了法非关系的特殊性。首先，有建立于1959年的法国对外合作部（Ministère de la Coopération），这个机构职责是专门针对非洲新生独立的国家，首先是被列为法国势力范围内的14个使用法郎的非洲国家，提供技术和军事支持。该机构独立于外交部，并拥有实际的政治权利，但1999年1月1日，对外合作部被并入法国外交部。其次，由法国商人雅克·弗卡尔（Jacques Foccart）在戴高乐时代创立的“非洲事务密室”（Cellule africaine）也是一个独立于法国外交部的外交顾问体制，它位于法国总统府内部，直接与法国总统对话。“非洲事务密室”通过在非洲的法国商人及政客等与非洲国家领导人的私交关系来处理法非事务，具有极大的不透明性，是法非特殊关系的重要机制。2007年，法国总统尼古拉·萨科齐上台时撤销了这个机构，而以一名非洲事务外交顾问副职取而代之。弗朗索瓦·奥朗德和埃马纽埃尔·马克龙两位总统先后上任后基本延续了尼古拉·萨科齐的非洲顾问体制。再次，除了这些与法国总统府直接关联的机制以外，法非关系的另一重要窗口是“法非峰会”。法非峰会创建于1973年并延续至今，从法语非洲国家首领峰会扩展为今天的包含英语和葡萄牙语非洲国家在内的泛非法非首领峰会。最后，20世纪60年代法国与非洲法语国家签订的一系列商贸文化以及军事防务协定尽管几经修订完善，但绝大部分至今仍然发生效力。

近些年来，一些非法语国家，如尼日利亚、南非、加纳、莫桑比克、肯尼亚等国家的非洲市场也越来越成为法国的重要战略目标。因此，一定程度上可以说，法非关系的“去特殊化”是最近几任法国国家领导人对非关系的努力方向，而这种“去特殊化”的趋势有着多方面的原因：第一，1989

---

① “法非特殊关系”（Françafrique）：这个概念最早由科特迪瓦首任总统费利克斯·乌弗埃－博瓦尼（Félix Houphouet-Boigny）提出，指建立在法国商人或法国政客与非洲总统私交关系基础上的亲密合作关系。这种关系具有极大的不透明性和非公平竞争性质，随后受到学界和媒体的批判，被认为是一种“法国在非洲具有新殖民主义色彩的法非关系”。

年，柏林墙倒塌，实际成为前法属殖民地国家真正开始追求独立的契机；第二，欧盟在 1995 年、2004 年、2007 年和 2013 年的四次扩容以及全球化进程的快速发展，在一定程度上加速了法国与非洲的关系正常化；第三，1990 年 6 月，法国前总统弗朗索瓦·密特朗在拉博勒的演讲（Le discours de La Baule）中，声称法国的援助与非洲的民主化进程直接挂钩，并直接吸引了部分非洲英语国家通过民主制度的改革与法国拉进关系；第四，1993 年的巴拉迪尔准则（doctrine Balladur）——法国开始确立对非经济援助向国际组织和多边框架组织看齐原则，以及法语非洲法郎汇率的贬值，这两个变化在一定程度上被看作传统殖民国家对非洲的放任；第五，2005 年，法国政府发布《关于发展援助效率的巴黎宣言》（Déclaration de Paris sur l'efficacité de l'aide au développement），进一步明确“援助透明化”，成为新时期法国对外援助的重要准则，并且从 2011 年开始，法国外交部成立了法国外交政府数据对外公开网。2017 年，法国确立的针对包括非洲国家在内的 70 多个援助对象国的相关援助数据全部公布在该网上。总体上，当今法国对非洲的援助政策更加强调透明，依然把人权作为对非援助的重要杠杆，并习惯军事介入非洲事务。相对于当前的环境和军事合作两大热点而言，传统的文化和发展等合作项目相反处于次要地位。

时至今日，“法国是否应该把法非关系视为特殊的关系”这一论题依然是法国对非关系的最为核心的问题。实际上，从 20 世纪 80 年代弗朗索瓦·密特朗总统上台开始，法国对非洲的这种建立在私交关系上的交往合作正在日益减弱，并且 2007 年以来的法国历任总统对非洲的关系和感情也远不如往届深厚。但是，法国在非洲始终有着特殊的地缘政治利益，法国对非洲的这种特殊情感和机制在短时间内难以解除。

二　法国对非关系三大支柱与“影响力外交”

尽管法国对非关系出现了一些新动向，但法国的对非政策至今仍然坚守三大支柱，即经济与金融支柱、政治支柱、军事支柱。

（一）法国对非经济与金融支柱

首先，在经济与金融支柱方面，近年来，“经济外交”已经被提升到法国对非关系的首要位置。法国在非企业的主要利益是在石油和商贸领域。在对非战略方面，法国一方面通过非洲金融共同体法郎（FCFA）和文化手段来继续保持在非洲法语国家的影响力；另一方面，法国开始把一些非洲英语国家如尼日利亚、南非、肯尼亚、加纳等列为重点交往国家，这些国家的市场份额占有率是法国十分关心的问题。此外，加强法国与非洲在私有经济方面的合作，也是法国对非经济外交的重心之一。正是在私有经济合作的重要战略背景下，2016 年 9 月 22 ~ 23 日，法非在巴黎举办了首届“相遇非洲”（Rencontres Africa 2016）的法非私有企业交流盛会，2347 名业内人士参加了此次盛会，共举行 3765 场商务会谈和 20 多场研讨会。这场活动的主要目的是增强法国与非洲之间在经济和人文方面的关系，共建法非未来。2017 年 10 月 2 ~ 3 日，第二届“相遇非洲”在非洲三个国家的首都阿比让、突尼斯市和内罗毕先后举行。3 场交流会大约有 700 家法国企业和 800 家非洲企业参与。法国外长让 - 伊夫·勒·德里昂（Jean-Yves Le Drian）出席了此次盛会的首场开幕式，2017 年法非企业家主要围绕非洲经济的区域一体化、农产品加工实现本地化、人员培训、数字化经济以及企业融资，尤其是中小企业的融资等主题展开交流和讨论。

在地域战略上，当今法国在非洲的经济利益并不在非洲法郎区，法国在非洲的经济合作也不再局限于非洲法语国家，而将非洲英语国家定为主要经济目标，并与非洲经济大国如尼日利亚、安哥拉、南非等交往日益频繁。对法国而言，进入非洲市场尤其是南非市场是法资企业的重要目标。不可否认的是，在非洲法语国家，法资企业仍然享有一定的优势，即统一的语言和统一的货币优势。这使法国在这些传统势力范围国家的市场占有率仍具有绝对优势，2016 年为 13.2%。尽管如此，非洲法郎区的改革仍然是一个备受争议的论题，甚至成为法非之间的一个禁忌话题，因为任何形式的改革都可能引起资本的流失，[①] 这是由于：首先，自法国公开宣称放弃对国际货币基金体系外的非洲国家进行直接的资金援助之后，法国对这些国家的影响力大为减弱，并逐渐让位于布雷顿森林体系；其次，非洲法郎的贬值一定程度上又使这些法郎区国家减少了对法国金融体系的依赖；最后，法国对非洲的援助越来越参照欧盟或英国的范例，即它的对非援助政策更具有整体性，对非援助的预算依据是建立在地方金融和财政的良好运营的基础上，而不再是参照私人关系。在这样一个整体性预算标准框架下，受益于法国金融资助的有些国家反而不是法语国家，如莫桑比克和加纳。

目前，法国最为关心也是最为担忧的是法国在非洲的市场占有率问题。最近 15 年来，法国在非洲的市场份额急剧下降，并且平均每年以 2.5 倍的趋势减少。法国与非洲国家的贸易也日渐减少，对大部分法国企业而言，非洲市场已经成为一个相对边缘化的客户对象。2013 年，时任法国外交部部长于贝尔·韦德里纳（Hubert Védrine）向法国经济部递交一份报告，报告称法国在撒哈拉以南非洲的市场份额从 2000 年的 10.1% 下降到 2011 年的 4.7%。2015 年非洲占法国出口贸易总额的 5%，进口贸易总额的 4%；2016 年非洲占法国出口贸易总额的 6%，进口贸易总额的 4%；而到了 2017 年，法国仅占非洲市场的 4%，而中国一跃成为非洲最大的贸易伙伴，占非洲市场的 22%。法国将这一结果主要归咎于石油价格的波动和来自中国的激烈竞争。

（二）法国对非政治支柱

在政治支柱上，非洲大陆的市场争夺战直接影响了法国对非政治关系的调整。2000 年以来，随着非洲国家逐渐摆脱国际金融体系的束缚，获得经济上的独立，它们对全球化浪潮中的经贸合作伙伴的选择也变得更加自由和多样化，这给法国带来了激烈竞争。因此，为争取更有利的经贸环境，法国

① Philippe HUGON, *La politique africaine de la France, Entre relations complexes et complexées*, mardi 8 mars 2016.

对非政治关系也发生了转折性的变化。今天的法国在处理政治民主化的问题上更加具有灵活性：积极支持非洲发展民主，但不再强制进行民主改革。

一方面，在介入非洲的原则上，法国将不再以民主制度为唯一优先原则，而是更多地趋向于一些“普世性”的标准，如维护领土完整、支持民主选举的新生政权、维护人权等。但这种过渡也并非一帆风顺，并且有时也出现一些例外的行动，比如对多哥和乍得政权的介入曾经引起外界质疑。从与非洲独裁统治者关系来看，希拉克以来的历任法国总统的非洲政策与戴高乐时期的非洲政策无异，仍然是根据法国自身利益的需求与非洲独裁统治者结盟。因此，非洲诸多连任多年的独裁总统如乍得的伊德里斯·代比（Idriss Déby）总统、刚果（布）的德尼·萨苏·恩格索（Denis Sassou Nguesso）总统、喀麦隆的保尔·比亚（Paul Biya）总统和多哥福雷·纳辛贝（Faure Gnassingbé）总统仍然与弗朗索瓦·奥朗德保持着友好的关系。除军事行动以外，法国政府针对非洲的其他主要渠道还有社会主义国际（International socialiste）和共济会。①

另一方面，在介入非洲的方式上，法国不再独立行动或单方介入，而是越来越趋向于加强区域合作，如与非洲联盟（UA）、西非国家经济共同体（CEDEAO），以及其他区域或国际性组织，如欧盟、联合国等。这样的好处是一旦行动被质疑，责任不至于被推到自己身上。实际上，这种多边行动的趋势几乎已经不可逆转。首先，因为冷战结束后，非洲大陆的形势发生了巨大的变化，非洲成为全球化的主要阵地之一，美国以及新兴国家如中国、印度、巴西和其他发达国家如日本等也积极参与非洲事务，它们在能源、商贸甚至宗教利益上存在激烈竞争。其次，法国对非政策越来越受到欧盟对外政策的影响，而欧盟其他成员国并没有像法国那样与非洲有着同样深厚的历史渊源或利益驱动，因此欧盟对待非洲并无特殊照顾，资金均在欧洲发展基金（FED）框架下运作，法国今后对非的运作程序也更加透明和“普通”化。

① 法国在非洲的共济会（Franc-maçonnerie）秘密联络体制主要涉及几内亚、马里、尼日尔和中非这几个国家。

再次，法国普通民众对非洲的兴趣下降，尤其是撒哈拉以南的非洲往往被看作具有高度移民风险的区域。而新的领导层也不再像以前的领导人那样对非洲精英有着深厚的私交关系或者深厚的情感。而从非洲国家来看，非洲国家领导人的视野也不再仅仅局限于法语国家，他们当中有部分接触过法语国家以外的文化，有着更为广阔的视野，如科特迪瓦前总统洛朗·巴博（Laurent Gbabo）和卢旺达总统保尔·卡加梅（Paul Kagamé）等；此外，非洲不可忽视的一面是它超过60%为年轻人口，即25岁及以下的人口。年轻的一代已经远离殖民时代模式，倾向一种更为独特的新的发展模式，并带来了一股新动力。另外，尽管法国对外宣称要积极支持非洲的公共发展援助，但法国对非洲的援助金额实际更多地转向于多边组织机构，如联合国艾滋病规划署，世界抗击艾滋病、肺结核和疟疾全球基金会等。最后，在双边关系上，1998年法国确立了“优先援助国家”（ZSP）合作政策，但这些援助对象国不再仅局限于非洲国家，而是包括如黎巴嫩、越南、也门、阿富汗等国家在内。尽管法国有意在这些国家中以非洲国家为重，但仍然缺乏新的实际有效的手段。

（三）法国对非军事支柱

法国在非洲独立初期即与非洲16个国家签订了军事合作协议。通过一系列技术与军事合作协议，法国对非洲提供军事人才培训和军事装备。至今法国与非洲的军事协定中仍然有8个含有秘密条款，即对签约政权的保护，甚至包括对国内反对独裁游行的镇压，以此换来法国对非洲石油、钨矿等资源的开采权。

法国在非洲的军事存在是维护法国在非洲利益的重要保障。20世纪60年代非洲独立至今，法国在非洲的军事存在已经有近70年的历史。法国在非洲的军事支出每年超过10亿欧元。尽管法国在非洲的军事人员逐年减少，但是它的军事存在在非洲大陆仍然非常明显：吉布提、达喀尔、利伯维尔、留尼汪岛四大指挥部仍然存在巨大的影响力，这使法国在科特迪瓦阿比让和乍得恩贾梅纳的军事存在的影响力反而显得相对次要。2017年9月15日，法国国防部宣称：“法国当今在国外的军事存在到了历史最为重要的时刻。”至今，法国在非洲 8 个国家分布有 7500 名兵力，此外需加上 3000 ~ 4000 名特种部队士兵。法国在非洲的军事存在形式多样。其中有根据双边国防合作协议建立的合法的常驻军事基地，如塞内加尔（350 兵力）、加蓬（900 兵力）和吉布提（1700 兵力）空军基地；也有临时对外行动的军事基地（OPEX），如在马里的薮猫行动（Serval）、中非的红蝴蝶行动（Sangaris）；还有一些因临时对外行动最后却变成了事实上的常驻军事基地，如 1986 年法国在乍得介入的雀鹰行动（Epervier）①，以及在科特迪瓦的独角兽行动（Licorne）等；除此以外，还有一些法国的特别行动部队分布在乍得、中非、马里、科特迪瓦、利比亚等，从而进一步丰富了法国在非洲的军事存在。在留尼汪岛和科摩罗岛也各有一处法国军事基地，在尼日尔还有一个航空情报基地，为法国在当地执行任务的无人驾驶机提供航空情报。实际上，法国 70% 的军事行动都针对非洲大陆。从非洲独立运动至今，法国在非洲的正式或非正式的军事行动多达 60 余次。在一些非洲国家，如塞内加尔、科特迪瓦、加蓬、吉布提和乍得等，法国的兵力从 1960 年至今从未在真正意义上撤出过；而在另一些国家，法国的军事行动反复出现，如中非共和国、喀麦隆、刚果（布）、毛里塔尼亚、布基纳法索和尼日尔等；还有一些国家，如马里，1961 年马里要求法国军事力量彻底撤离出马里，但最近两年来萨赫勒地区的恐怖主义活动升级，马里又不得不求助法国重新介入，这在一定程度上是法国军事存在的重新植入。总体上，随着非传统安全威胁的升级，法国在非洲的军事行动有增强的趋势。在武器方面，法国的武器出口在世界上排名位于第三至第五，早些年法国在撒哈拉以南非洲的武器买卖数量很少，近些年数量有所上升，尤其是以反恐或平叛地方叛乱为借口的军事行动，例如法国阵风战斗机（Avion Rafale）正是由于在 2011 年利比亚和 2013 年在马里的军事介入，得以在 2015 年销售给埃及等国家，这一定程度上也为法国军

① 雀鹰行动军事存在在 2013 年先后分别有部分兵力被调入马里的薮猫行动和中非的红蝴蝶行动执行任务。2014 年又参与并入新月形沙丘行动，成为法国在非洲大陆的灵活支援部队。

事武器做了推广。

当今法国对非军事行动的最大特点之一是法国在联合国的授权下进行军事行动，对于地区冲突，法国也更加谨慎，尽量不让自己卷入冲突，而是争取在联合国等多边框架下进行。当今法国对非洲的军事行动也越来越不拘泥于与非洲国家在20世纪60年代签订的防务协定，比如巴博总统在2002年9月请求法国介入平定国内叛乱，但法国并没有介入；同样，尽管从1960年以来法国在不断减少它在非洲的军事人员数量，塞内加尔和加蓬两处军事基地人数近几年被减少了几百人，法国还对法非军事技术合作协议也进行了大力改革，有意逐渐隐退，比如减少技术合作人员和对非洲军事人员培训，而更多地采用合作项目的方式进行军事合作，但其终极目标却是“减少人数，增强影响力”。可以确定的是，法国今后关于非洲安全方面的对非政策将更多地趋向于维护地区安全与和平，加强与西方其他国家合作，同时也使非洲军事力量更多地参与到非洲和平的维护中来。

从尼古拉·萨科齐总统上任以来，法国要求法非关系增强透明度，但是法国以军事介入的传统行事方式没有实质改变。弗朗索瓦·奥朗德总统与布基纳法索、马里、毛里塔尼亚、乍得等国签订的新的反恐协议仍然再次凸显了法国对非的军事支柱的惯性。埃马纽埃尔·马克龙上任之初也一再强调法国对非洲的反恐政策不变。

（四）法国对非“影响力外交”

除以上三大支柱以外，法国对非文化外交也值得一提。法国对非洲国家没有专门的文化外交策略，而采用与全球一致的对外文化政策，但主要侧重于语言推广与教育援助，尤其是高等教育领域的合作。在文化外交概念上，法国为应对新形势和来自全世界的竞争压力，2009年前后调整了对外文化策略，并推出“影响力外交”新概念。这是一种建立在文化和科技基础上的外交概念，主要指对外文化和科技关系。新时期法国“影响力外交”具体内涵包括：文化交流、艺术创新、社会问题大辩论、法语国家与地区科学合作与大学合作、精英培养、创新项目、专家外派、访问交流项目、影视媒体合作、图书推广等政策。在法国的影响力外交中，语言推广与教育援助仍然占据其文化外交的核心地位，法国海外教育署、法国国际学校、法国高等教育署、法语联盟、法国文化中心、世界法语大学联盟（法语国家与地区国际组织）等承担重要角色；科学技术合作与推广成为当前对非文化外交的关键，法国通过单边或多边的专业技术合作项目实现科研、高等教育、语言与基础教育、文化管理（包括文化遗产、艺术、视听资源的管理）、民主法治与政府管理、环境与可持续发展、经济、私有经济和私有企业等领域的推广。艺术交流与推广也是法国对非文化关系拓展的重要领域，主要涉及艺术品展览、电影推广、图书出版和推广。对文化产业以及数字媒体技术的倚重是法国当前及未来“影响力外交”的大趋势，也是当前法国“影响力外交”的主要手段。

“影响力外交”是法国在非洲的强项，尤其是在非洲法语国家。相比之下，世界其他国家望尘莫及。至 2017 年 10 月，法国在全球建立了共计 98 个法国文化中心（其中非洲 25 个），363 个签约法语联盟机构（非洲 34 个国家建立了 117 所），在 120 个国家设置了 236 个法国高等教育推广署，26 家法国驻外科研机构（IFRE）以及 160 支法国考古队，每年超过 27000 场文化演出，共计 6000 名文化外交服务人员分布在 154 个合作服务部门和 8 个科研部门，这些机构和工作人员都受当地驻外使馆的管辖，被纳入法国外交网络体系，同时也构成了法国的一个外交特色。此外，法语国家与地区国际组织（OIF）也是法国“影响力外交”的重要机制。法国是法语国家与地区国际组织最重要的轴心国之一。2016 年 12 月第 16 届国际法语峰会在马达加斯加举办，弗朗索瓦·奥朗德出席了此次法语国家与地区首脑峰会。

三　弗朗索瓦·奥朗德与埃马纽埃尔·马克龙的法国对非关系特点

在过去的一年里，以 2017 年 5 月为分界线，法非关系因法国总统的换届而出现一些新趋势，但总体上仍然是传统法非关系的延续。同时，弗朗索瓦·奥朗德与埃马纽埃尔·马克龙在对非关系方面也呈现各自的亮点。

（一）弗朗索瓦·奥朗德对非关系三大特点

首先从前总统弗朗索瓦·奥朗德来看，2012 年，弗朗索瓦·奥朗德上台，宣布要结束“法非特殊关系”，并确立了三大主线：经贸关系的透明化、尊重国家主权及建立平等关系，以及加强民主制度的推广实施。他执政时期对非关系有三大特点。

第一，法国对非军事行动的可见度和影响力已经超过传统外交。从现实情况来看，除了出现了恐怖主义威胁新现象，比如在利比亚、马里以及萨赫勒地区的恐怖主义，法国国防部把马格里布地区和非洲视为法国南部的边界线，直接影响萨赫勒地区的安全形势。弗朗索瓦·奥朗德执政期间的两次军事行动充分凸显了他的对非态度。第一场军事行动是 2013 年 1 月 11 日在马里的薮猫行动。此次军事行动最初是为了打压对巴马科造成威胁的“基地”组织，随后演变成了针对占据马里北部的瓦哈比教派武装教徒的解放战役。虽然薮猫行动给马里北部的“基地”组织一记重拳，但法国与恐怖组织的瓜葛远没有停歇。三年后，“基地”组织的恐怖行动已经威胁到整个萨赫勒地区，并延伸至整个西非地区。法国因此也把在非洲的反恐军事行动扩展至萨赫勒－撒哈拉地带五国（G5）：毛里塔尼亚、马里、尼日尔、布基纳法索和乍得。从 2014 年开始，薮猫行动改名为新月形沙丘行动（Barkhane），并出动了 4000 名兵力。第二场军事行动是法国介入中非内部分裂的镇压行动。2013 年 12 月，面对中非国内分裂局势，弗朗索瓦·奥朗德决定出兵干涉，发动了红蝴蝶行动，使中非避免了国家分裂的局面。但 2013 年至今，法国仍然未能够控制非洲反叛武装力量。

第二，除了政府高层之间的私交关系，某些重要的法国企业也在法非关系中扮演着重要角色，甚至超过法国驻外使领馆的影响力。这些企业在非洲甚至充当着许多非洲国家与法国政府间的协调人的角色，如道达尔集团（TOTAL）。

第三，法非环保与反恐合作两大新主题也成为新时期法非关系的重要内容。环保方面，2013 年，弗朗索瓦·奥朗德在法国爱丽舍宫举办了主题为“安全、发展和全球气候变暖”的法非峰会。非洲今天的可持续发展受到经济发展不均衡和社会变革过快的挑战，如何应对高速增长的人口消费缺口，同时不以牺牲非洲的可持续发展为代价。法国积极与非洲国家展开在森林保护、城市管理、水资源管理等方面的技术合作，以帮助非洲在绿色可持续发展道路上繁荣非洲经济。

2017 年 1 月 13 ~ 14 日，第 27 届法非峰会在非洲马里首都巴马科举行，这也是弗朗索瓦·奥朗德作为法国总统在任期内最后一次登上非洲大陆。此次峰会以“合作、和平与崛起”为主题，以“政治和安全形势、发展和经济问题”为主要讨论目标。峰会大约有 40 个国家和政府首领，以及部分国际组织代表出席。这次选择巴马科作为峰会的地点是因为非洲国家和法国均希望马里的主权和新式民主受到各国的关注。而马里所面临的挑战也是整个非洲的挑战：青年人员的教育培训、农业发展、公共和私有领域的经济投资、能源和水资源的获取、国家北部的发展以及基础设施建设等。除马里以外，非洲大陆的其他国家与地区大多长期受军事冲突之苦，普遍面临恐怖主义、军事冲突和政治欠缺安全的挑战。近年来，非洲的安全形势和风险也增添了新元素，如新的安全风险、新威胁、网络犯罪、各种形式的非法买卖，以及激进极端化活动逐年升级。因而巴马科峰会另一主要目的是要让各国领导对新形势下的威胁非洲安全的因素有一个新的视野，找出方式共同应对，以加强非洲的稳定、安全与和平。弗朗索瓦·奥朗德在第 27 届法非峰会上表示，他在离任之际对非洲的努力仍然有一种意犹未尽的感觉，并承诺法国将继续为非洲的发展和安全做努力，更多地帮助非洲发展可再生能源。

弗朗索瓦·奥朗德在任期间曾 32 次对非洲进行正式访问。由于他在任时期对非洲的政策没有新意，也没有重大影响，因此可以说他的对非政策基本还是沿袭了法国对非传统支柱策略。

（二）埃马纽埃尔·马克龙成立非洲事务总统委员会

新上任的马克龙在竞选时关于非洲的政策不明确，大方向仍然是延续前任总统的对非政策，并且他也明确提出要结束“法非特殊关系”。现任法国外交部非洲司司长是雷米·马雷绍（Rémi Maréchaux）。

埃马纽埃尔·马克龙上任之后最大的亮点之一在于对非关系智囊团方面有了新动向。2017 年 8 月 29 日，埃马纽埃尔·马克龙正式成立了非洲事务总统委员会（CPA）。委员会的主要成员由企业家构成，成为总统的非洲事务顾问团队。这个组织既不是一个智库，也不是一个非洲爱好者俱乐部，而是一个与总统直接相关联的，协助总统做决策或谈判的顾问体制。这个机构最重要的宗旨是对法非关系的传统形象进行更新。埃马纽埃尔·马克龙每次在访问非洲之前都会前往会见这个机构的委员，委员们起草总统在非洲大陆的重要演讲。这个机构的常设办公室设立在法国发展署（AFD）内部，人员不超过 15 人，其中 11 人为企业家，由法国外交部直接遴选推荐。

表 1　首任非洲事务总统委员会名单

序号	名字	年龄	身份
1	Jean-Marc Adjovi-Boco	54 岁	退役足球队队员，法国－贝宁企业家
2	Jules-Armand Aniambossou	55 岁	原法国驻贝宁大使
3	Diane Binder	37 岁	法国苏伊士集团国际部副主任。她曾提倡“难民工作行动”，一个旨在将企业主与法国难民联系起来的工作平台
4	Yves-Justice Djimi	38 岁	法国律师
5	Liz Gomis	36 岁	法国记者兼导演
6	Jeremy Hajdenberg	43 岁	投资与合作（Investisseurs et Partenaires）集团副总裁
7	Yvonne Mburu	35 岁	肯尼亚医疗顾问及研究员
8	Vanessa Moungar	33 岁	她曾在世界经济论坛工作，随后担任非洲发展银行“性别、女性和公民社会”部法国－乍得联合主任
9	Nomaza Nongqunga Coupez	36 岁	南非女企业家
10	Karim Sy	49 岁	法国－黎巴嫩－马里企业家
11	Sarah Toumi	30 岁	法国－突尼斯女企业家

资料来源：《青年非洲》①。

① Mathieu Olivier，France-Afrique，«Emmanuel Macron dévoile son Conseil présidentiel pour l'Afrique»，*Jeune Afrique*，29 août 2017 à 12h58，disponible sur，http：//www.jeuneafrique.com/469187/politique/france－afrique－emmanuel－macron－devoile－son－conseil－presidentiel－pour－lafrique/ 2017/10/17.

非洲被埃马纽埃尔·马克龙定义为“希望的大陆”。他竞选总统前接受《青年非洲》（*Jeune Afrique*）采访时表示：希望在未来提升法国对非政策的透明度，改变法国过去右派尤其是极右派唯利是图的影响导向，对非政策应加强与非洲民众的联系，并寄希望于充分利用知识分子、无政府组织、法国和非洲企业、法国在非侨民以及非洲在法侨民等的力量，同时他还呼吁对活跃且富于创新精神的广大非洲青年给予更多的关注，对非洲私有领域的发展给予更大的支持。《世界报》（*Le Monde*）2017 年 4 月 12 日报道：埃马纽埃尔·马克龙期待进一步加强与非洲的双边关系，调动公共和私有资金支持非洲中小企业和非洲基础设施建设，提升女性在男女平等中的资金支持力度。关于西非经济货币联盟（UEMOA）和西非国家经济共同体（CEDEAO）的未来，埃马纽埃尔·马克龙表示愿意尊重和倾听非洲国家的意见。关于非洲大陆的安全问题，他表示今后会进一步加强国家间的合作，在美国情报的支持下，尤其加强与相关组织或国家如非洲联盟、萨赫勒－撒哈拉地带五国（G5）以及阿尔及利亚、突尼斯和摩洛哥等国家的合作。因此，撒哈拉沙漠周边地区的国家将会是今后安全军事行动的主战场，法国军事力量在短期内不会撤出这些地区。

在高层政治互访方面，2017 年 6 月 11 日，科特迪瓦总统阿拉萨纳·瓦塔拉（Alassane Ouattara）成为埃马纽埃尔·马克龙上任后会见的第一位非洲总统，科特迪瓦是法国在非洲最为重要的合作伙伴之一，法国也将它视为地区稳定的重要支柱。法国企业布依格（Bouygues）承建阿比让城郊火车，2017 年为该项目预支 15 亿欧元。6 月 12 日，马克龙会见塞内加尔总统马基·萨勒（Macky Sall），塞内加尔也是法国最为重要的非洲合作伙伴之一，两国目前主要合作项目是塞内加尔达喀尔城郊火车的建设，以及塞内加尔安全问题和打击恐怖主义合作。2017 年 6 月 14 日，马克龙飞往摩洛哥，成为法国新总统在马格里布地区访问的首个国家，法国是摩洛哥最大的投资国之一；随后，马克龙还访问了阿尔及利亚的阿尔及尔；2017 年 9 月，马克龙赴布基纳法索进行国事访问，双方主要围绕非传统安全问题进行讨论；2017 年 10 月 24 日，马克龙在巴黎接见了埃及总统阿卜杜勒·法塔赫·塞西

（Abdel Fattah al-Sisi），埃及是法国重要的贸易伙伴，此次会面双方在人权和反恐问题上进行深入讨论。

四　2016～2017年法国对非关系相关数据

（一）法非关系经济数据

根据法国商务投资署（Business France）2017 年 1 月发布的关于欧盟与非洲商贸合作的统计数据：2016 年，法国是非洲第一大欧洲贸易合作伙伴，对非出口贸易在欧洲大陆名列第一，其中法国向非洲出口额达 2560 万欧元，非洲占法国总出口额的 6.3%。2016 年，超过 38156 家法国企业向非洲出口产品，法国向非洲的出口量占欧盟向非洲出口量的 18%。2000～2015 年，法国向非洲的直接投资额增长了 8 倍，至 2015 年年末达 4780 万欧元。在航空运输方面，巴黎是世界各地飞往非洲大陆的最重要中心机场，巴黎与 30 多个非洲国家开通了直航。随着非洲城市化的进展，非洲市场仍然被法国看好，因此法国依然在不遗余力地加强与非洲大陆的经济联系。至今非洲有超过 50 个国家向法国开放市场。2016 年，法国与西非、东非和南部非洲的相关国家签订了三份经济合作协议。[①] 在法国与单个非洲国家的双边贸易上，阿尔及利亚、摩洛哥、突尼斯、南非、埃及、尼日利亚、科特迪瓦、塞内加尔、喀麦隆、刚果（布）[②] 排在前十位。但在全球范围内，没有一个非洲国家进入法国海外市场的前三十名，这再一次证明了非洲在法国对外经济中的地位的下降趋势。

① Business France，«Hub vers l’Afrique，La France：une plateforme industrielle et commerciale entre l’Europe et l’Arique»，disponible sur，http：//www. businessfrance. fr/Media/Default/BlogPost/Fiche%20Hub%20afrique_ 2017 －1. pdf 2017 /11/18.

② Mays Moussi，«Les principaux partetaires commerciaux de la France en Afrique»，13，décembre 2016，disponible sur：https：//africapostnews. com/2016/12/13/les －principaux －partenaires －commerciaux －de －la －france －en －afrique/ 2017/11/08.

表 2　法国与非洲主要贸易合作伙伴双边进出口贸易数据

单位：百万欧元

国家名称	贸易指标	2012 年	2013 年	2014 年	2015 年	2016 年	2015/2016 年变化趋势	2012/2016 年变化趋势	2016 年在法国对外贸易中的排名
1. 阿尔及利亚	贸易总额	10266	10143	10548	10108	5068	-20%	-6%	第 15 名（法国在北非-中东地区的第一大贸易伙伴）
	贸易平衡	2429	1660	1767	2321	2093	-10%	-4%	
	法国所占市场比重（%）	10.5%	11.3%	11.0%	10.5%	—	—	—	
2. 摩洛哥	贸易总额	7303	7186	7402	7842	8522	+9%	+4%	第 20 名（法国在北非-中东地区的第二大贸易伙伴）
	贸易平衡	753	526	153	-319	25	—	—	
	法国所占市场比重（%）	12.5%	13.0%	13.1%	12.5%	—	—	—	
3. 突尼斯	贸易总额	7379	7448	7409	7573	7401	-2%	+0%	第 29 名（法国在北非-中东地区的第五大贸易伙伴）
	贸易平衡	-152	-42	-701	-390	-928	—	—	
	法国所占市场比重（%）	—	—	—	—	—	—	—	
4. 南非	贸易总额	2731	2594	2822	2645	2758	+4%	+0%	第 41 名（法国在非洲-印度洋地区的第一大贸易伙伴）
	贸易平衡	1034	977	1072	963	879	-9%	-4%	
	法国所占市场比重（%）	2.3%	2.3%	2.3%	2.3%	—	—	—	
5. 埃及	贸易总额	3045	2545	2613	2583	2027	-22%	-10%	第 44 名（法国在北非-中东地区的第七大贸易伙伴）
	贸易平衡	397	151	541	1638	1042	-36%	+27%	
	法国所占市场比重（%）	3.4%	3.2%	3.1%	3.4%	—	—	—	

续表

国家名称	贸易指标	2012 年	2013 年	2014 年	2015 年	2016 年	2015/2016 年变化趋势	2012/2016 年变化趋势	2016 年在法国对外贸易中的排名
6. 尼日利亚	贸易总额	5066	5317	5632	4241	3294	-22%	-10%	第 49 名（法国在非洲 - 印度洋地区的第二大贸易伙伴）
	贸易平衡	-2374	-2275	-2600	-1643	981	—	—	
	法国所占市场比重（%）	—	—	—	—	—	—	—	
7. 科特迪瓦	贸易总额	1546	1688	1695	1878	1861	-1%	+5%	第 51 名（法国在非洲 - 印度洋地区的第三大贸易伙伴）
	贸易平衡	454	362	435	335	286	-15%	-11%	
	法国所占市场比重（%）	12.5%	10.8%	12.3%	12.5%	—	—	—	
8. 塞内加尔	贸易总额	898	796	811	853	834	-2%	-2%	第 55 名（法国在非洲 - 印度洋地区的第四大贸易伙伴）
	贸易平衡	758	616	647	681	682	+0%	-3%	
	法国所占市场比重（%）	18.3%	18.0%	19.6%	18.3%	—	—	—	
9. 喀麦隆	贸易总额	889	935	885	938	893	-5%	+0%	第 60 名（法国在非洲 - 印度洋地区的第五大贸易伙伴）
	贸易平衡	455	480	423	350	369	+5%	-5%	
	法国所占市场比重（%）	—	—	—	—	—	—	—	
10. 刚果布	贸易总额	1458	1005	837	743	562	-24%	-21%	第 64 名（法国在非洲 - 印度洋地区的第六大贸易伙伴）
	贸易平衡	-280	156	435	566	478	—	—	
	法国所占市场比重（%）	—	—	—	—	—	—	—	

资料来源：法国外交部官网（https：//www. diplomatie. gouv. fr/fr/）/法国海关/国际货币基金组织。

（二）法国对非文化与教育合作数据

与非洲国家的科研合作是法非关系的重要内容。根据法国高等教育署在2017年6月的一份报告，在撒哈拉沙漠以南的非洲国家中，法国主要与南非、科特迪瓦、肯尼亚、马达加斯加、尼日尔、尼日利亚、塞内加尔这七个国家建立了较为广泛和深入的科研合作。合作方式主要是通过于贝尔·居里安合作项目（PHC PROTEA）、法国驻外科学研究中心（IFRA）、法国国家科学研究中心（CNRS）、法国发展研究院（IRD）、法国农业研究中心（CIRAD）、研究生（硕士、博士及博士后）政府奖学金、巴斯德研究所、留学生交换项目和学者交流等方式促进与这些国家的人文交流。①

在教育合作方面，法国也成为非洲大陆留学生首选的留学目的地。2016年，法国成为全球第四大留学生接收国。根据法国高等教育署2017年9月的一份报告显示，截至2015年共计458302名非洲学生赴法留学，相比2013年增长了17%，是全球赴法留学生平均数的2倍。在这些非洲留学生中，有18%的留学生来自马格里布地区，而撒哈拉沙漠以南的非洲国家则以尼日利亚、喀麦隆、津巴布韦、肯尼亚为主，并且这些国家的留学生占法国的非洲留学生总数的40%。从整个非洲大陆来看，尼日利亚、摩洛哥、喀麦隆是前三大非洲留学生来源国，占非洲大陆留学生的1/3。从不同语言来源国来看，其中来自法语国家的非洲留学生占一半，来自非洲英语国家的留学生占45%。此外，在赴法的非洲留学生中，仅43%的学生是来自交换项目，并且绝大多数来自马格里布地区。在学校选择方面，非洲留学生仍然首选公立大学（78%），但同时也有越来越多的学生开始选择工程院校（5.4%）、工商管理院校（4.9%），或者是其他专业性院校如艺术院校，大学预科班等。每个国家学生的选择都非常具有多样性。2015年，共计133893名非洲留学生在法国高等院校注册学习，与另外三大非洲留学生接

① Campus France，«Fiches de recherche 7 pays de l'Afrique 2017»，disponible sur：https：//ressources. campusfrance. org/publi_ institu/etude_ prospect/fiches_ recherche_ pays/fr/Fiches_ Recherche_ 7Pays_ Afrique_ 2017. pdf 2017/11/05.

收国——美国、南非、英国相比，法国仍然是非洲留学生的首选。但与此同时，非洲留学生最近两年也逐渐流向阿拉伯、加拿大、意大利、乌克兰和阿联酋等国家。这份报告同时也指出，在留学生吸引力方面，法国面临着来自南非、加纳、突尼斯和摩洛哥等国家的竞争，同时，阿联酋和沙特阿拉伯伊斯兰文化学习奖学金也吸引了越来越多的伊斯兰国家的留学生。除了非洲和中东以外，土耳其、乌克兰、印度和中国也被视为法国在撒哈拉沙漠以南的非洲教育吸引力的竞争对手。①

表 3　2015 ~ 2016 年非洲大陆赴法国留学人数

序号	来源国	人数(人)	与法国交换项目比例(%)
1	阿尔及利亚	22660	81
2	马达加斯加	4138	71
3	塞内加尔	8975	66
4	摩洛哥	36768	60
8	加蓬	4154	54
9	几内亚	3826	52
10	突尼斯	12077	50
11	吉布提	1180	47
12	科特迪瓦	6238	45
13	贝宁	2686	40
14	中非共和国	712	36
15	马里	2728	36
16	多哥	2008	33
17	毛里塔尼亚	1274	31
18	布基纳法索	1586	29
19	科摩罗	2535	27
20	刚果(布)	3967	24

① Campus France, Les notes septembre 2017, «la mobilité internationale des étudiants africains», disponible sur: https: //ressources. campusfrance. org/publi_ institu/etude_ prospect/mobilite_ continent/fr/note_ 16_ hs_ fr. pdf 2017/11/10.

续表

序号	来源国	人数(人)	与法国交换项目比例(%)
21	喀麦隆	6933	21
22	尼日尔	895	21
23	毛里求斯	1748	20
24	佛得角	210	3
25	几内亚比绍	72	2
26	加纳	262	2
27	利比里亚	17	1
28	塞拉利昂	27	1
29	冈比亚	25	1
30	尼日利亚	419	0.4
	北部非洲小计	71645	67
	撒哈拉以南非洲小计	61948	14
	非洲总计	133893	27

资料来源：人数数据——法国高等教育与科学研究部/法国国民教育部；比例数据——联合国教科文组织。

表 4　2015～2016 年非洲留学生在法国学习水平及学科选择

2015～2016 学年	水平及学科人数比例							
学科领域	学士		硕士		博士		总注册人数	
	注册人数(人)	占留学生比例(%)	注册人数(人)	占留学生比例(%)	注册人数(人)	占留学生比例(%)	总注册人数	总比例(%)
语言、文学和人文科学	10243	48.0	8868	41.6	2211	10.4	21322	100
自然科学、运动与体育科学	16128	42.8	18120	48.1	3391	9.0	37639	100
经济学、社会经济与管理学	11835	49.2	11296	47.0	905	3.8	24036	100
法学、政治科学	5557	45.3	5337	43.5	1378	11.2	12272	100
医学、药学、牙医学	2150	24.1	6649	74.6	112	1.3	8911	100
总计	45913	44.1	50270	48.3	7997	7.7	104180	100

资料来源：法国高等教育与科学研究部/法国国民教育部/学生信息跟踪系统（SISE）。

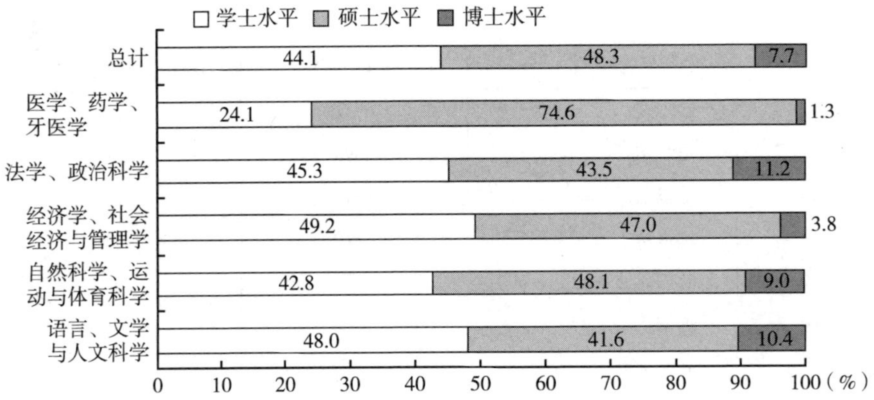

图1 非洲留学生在法国学习的水平和学科领域比例（2015～2016 学年）

资料来源：法国高等教育署官网。

（三）法国对非援助数据

在对非援助方面，2016 年，法国对外发展援助占其国内生产总值的 0.38%，远低于联合国建议的 0.7%。在弗朗索瓦·奥朗德执政 5 年间，法国对非援助总体上略比往年下降，并且，他对非洲的援助仍然以民主为“标准”：主要针对那些严格遵守两届总统任期，以及西非政权和平交接过渡的国家，如贝宁、科特迪瓦、加纳、几内亚、尼日利亚、塞内加尔等。2017 年 7 月，新上任总统埃马纽埃尔·马克龙显得更加“务实”，他承诺到 2022 年法国对外援助水平要到达到其国内生产总值的 0.55%，到 2030 年之前提升到 0.7%。然而就在 7 月 10 日，马克龙在刚上任不久即宣称将对外援助减少 1.41 亿欧元。

尽管如此，非洲仍然是法国对非援助的最大受益者。法国对非援助的重点领域是教育、就业、城市和区域可持续发展问题、水资源处理、医疗卫生、社会政府治理等领域。在对非援助上，非洲被看作一个整体，对外援助不区分南北非洲。法国每年的对外援助大约 50% 都用在了非洲大陆，其中政府援助占 84%。而实际上，撒哈拉沙漠以南的非洲仍然是法国援助的主要区域，占法国对非援助 59%，并且这其中的一半以上是支援中小型企业。

法国发展署是法国最重要的对外援助机构。来自法国发展署的援助资金比例占30%，并且其中80%是以贷款的形式借出。另有30%的法国援助是在多边框架下实现。2010～2016年法国共计约220亿欧元对外援助资金投在了非洲大陆。[①] 其中2016年法国对外援助金额达94亿欧元，比2015年增长了13%，近40亿欧元都用在了非洲大陆，比往年增长了25%，44个非洲国家享受到了来自法国的援助，超过500名项目合作人员参与援助工作，其中包括非洲大陆460名法国发展署工作人员。[②]

此外，法国在近些年来还不断更新承诺。第一，在打击恐怖主义和安全方面：2013年的上一届爱丽舍宫法非峰会中定下的2万名非洲士兵培训计划已经实现并远超初始目标。因而2017年巴马科峰会的新目标是每年为非洲培养2.5万士兵，将比2013年增加25%。第二，在经济和发展方面：法国为非洲拨付200亿欧元助力非洲经济发展的承诺已经实现，因为2013年以来法国每年拨付40亿美元给非洲。而在2017年法非峰会上，弗朗索瓦·奥朗德又宣布法国还将每年为非洲增加10亿美元，以资助非洲大陆的新发展项目，即三年内对非援助将增长25%。并且，“法非投资基金”将很快在近期成立，基金总资产为7600万美元，主要针对非洲中小企业投资。第三，在气候方面：2013年定下的目标也已经实现，以“巴黎协定”为标志，法国将在2020年之前为非洲可再生能源的发展援助20亿欧元，巴马科峰会上，法国还将宣布每年新增30亿欧元，即相比2013年的初定目标增长了50%。[③]

---

① France diplomatie, «Infographie: l'aide publique au développement en chiffres», mise à jour, novembre 2016, disponible sur, https://www.diplomatie.gouv.fr/fr/politique-etrangere-de-la-france/aide-au-developpement/l-aide-publique-au-developpement-francaise-et-ses-principes/l-aide-publique-au-developpement-francaise/article/infographie-l-aide-publique-au-developpement-en-chiffres 2017/11/13.

② Data.gouv.fr, «Données de l'aide au développement de l'AFD», disponible sur, https://www.data.gouv.fr/fr/datasets/donnees-de-laide-au-developpement-de-lafd-1/ 2017/11/05.

③ La France au Mali, Ambassade de France à Bamako, 27ème Sommet Afrique-France-Sommet de Bamako pour le Partenariat, «la Paix et l'Emergence» (13-14 janvier 2017), mise à jour le 14/03/2017, disponible sur, https://ml.ambafrance.org/27eme-Sommet-Afrique-France-Sommet-de-Bamako-pour-le-Partenariat-la-Paix-et-l 2017/11/09.

五　结语

从弗朗索瓦·奥朗德到埃马纽埃尔·马克龙的法非关系总体上是稳中有变。法国与非洲相互之间也体现了一些矛盾性，即法国对非洲事务在介入与放任之间犹豫，非洲也在被抛弃和新殖民干预之间徘徊。目前，法国的外交任务在于重新开拓外交影响力，与非洲加强文化交流；同时，在经济外交方面介入人文、政治和军事外交。军事服务于经济，法国对非的军事行动仍然以保持它在非洲的市场份额为重要目标，并时刻与中国和美国保持竞争对手的关系。未来法国对非关系呈现两大趋势。一大趋势是反恐怖主义是法国与萨赫勒地区非洲国家当前最重要的合作项目之一，同时也是代替之前的“民主”的一种重要的合作方式；另一大趋势是，法国在对非关系上一直在寻求某种“平衡”，一方面它在努力寻求突破传统的对非政治话语，以试图改变它的殖民者形象；另一方面法国越来越倾向于以欧盟名义与非洲对话：怀着试图将法非关系从“国家对大陆”到“大陆对大陆”的关系转变的雄心。正是在这个背景之下，2017 年 11 月 18 日，欧非峰会在科特迪瓦阿比让举办。移民潮问题、恐怖主义、医疗卫生合作、和平安全的维持、气候变暖等诸多问题成为欧非和法非关系接下来几年重点关注的问题。

中文参考文献

1. 张宏明：《法国开拓非洲市场的成效、动因和前景》，《国际经济合作》2017 年第 6 期，第 82 ~ 86 页。
2. 周亮亮、张见、于宝林、列昂尼德·费杜尼：《非洲在后单极世界中的军事战略意义》，《现代军事》2017 年第 8 期，第 49 ~ 57 页。

外文参考文献

1. Institut Montaigne, «Prêt pour l'Afrique aujourd'hui ? Rapport septembre 2017», disponible sur, www. institutmontaigne. org 17/11/2017.
2. Jean-François Bayart, «Réflexions sur la politique africaine de la France», *Politique africaine*, 1995 /06 (n° 58), pp. 41 –50.
3. Jean-Louis Borloo, «Les relations entre la France et l'Afrique. Sortir de laconfusion d'une histoire pesante pour entrer dans le cercle vertueux d'une reconstruction», *Géoéconomie* 2013/3 (n° 66), pp. 7 –20.
4. Philippe Hugon, *Comprendre les Afriques*, Paris, Armand colin, sous presse, 2016.
5. Philippe Hugon, *Géopolitique de l'Afrique*, Coll. 128, Paris, Armand colin, 4ème éd 2016.
6. Philippe Hugon, «La politique africaine de la France, Entre relations complexes et complexées», mardi 8 mars 2016, disponible sur: https: //www. diploweb. com/La – politique – africaine – de – la. html 2017/11/18 .

相关网站

1. 法国高等教育署：www. campusfrance. org。
2. 法国外交部官网：https：//www. diplomatie. gouv. fr/fr/。
3. 法国外交政府数据对外公开网：http：//www. data. gouv. fr/fr/。

B.16

2017年法国总统大选与马克龙政府外交政策*

张 骥**

摘 要： 法国总统大选中的民粹主义倾向和极端政党的崛起不是暂时性现象，而是对经济持续低迷、国际地位下降和安全环境恶化的结构性反应。这深刻地影响着大选中的外交政策辩论和新政府的外交政策选择。大选中的外交政策争论实质上是马克龙的“开放的独立外交”路线和勒庞的“封闭的独立外交”的路线之争。它并未完全超越法国外交传统中维护独立主权与维持欧洲合作这一基本矛盾，是其在全球化危机和欧洲一体化危机中的再现与强化。马克龙新政府“开放的独立外交”既有对推进欧洲一体化和多边主义的再承诺，又体现出政府间主义和大国合作的色彩；既有对国家安全和反恐的强调，又体现出某种程度的战略收缩和现实主义色彩，在大国关系中更是重现了法国外交的独立特征。

关键词： 法国总统大选　法国外交政策　马克龙　法国欧洲政策

---

* 本文系2013年度国家社科基金青年项目“欧债危机背景下中法新型大国关系构建研究”（项目批准号：13CGJ006）的阶段性研究成果。

** 张骥，复旦大学中外人文交流研究中心主任、复旦大学法国研究中心副主任、复旦大学国际关系与公共事务学院副教授。

2017 年法国总统大选前所未有地引起了全球瞩目。民粹主义和极端政治力量的崛起，大选中疑欧、脱欧主张和反全球化甚嚣尘上，使人们普遍担忧欧洲一体化的前景和民粹主义的进一步泛滥。埃马纽埃尔·马克龙（Emmanuel Macron）的当选不仅暂时缓解了这些忧虑，还带来了某种乐观的情绪，人们仿佛看到了重振法国和欧洲一体化的前景。从悲观与乐观情绪的迅速转换中并没有检视到法国对外部世界尤其是对欧洲一体化的复杂态度，及其所处环境的变化。玛琳娜·勒庞（Marine Le Pen）的主张并非无本之木，法国是否存在走向封闭和民粹的可能性？马克龙的主张也并非革命性的，超越"祖国"的欧洲对今天的法国更加不可能。那么，新政府将做出什么外交政策选择？本文将基于大选对法国外交政策的影响，分析马克龙政府外交政策的走向及挑战。

一　走向封闭和民粹的法国？

尽管马克龙最终当选，但 2017 年的法国总统大选无疑展现了民粹主义和极端政治力量在欧洲的崛起，法国总统大选也前所未有地牵动着国际政治的走向，产生了广泛而深刻的国际政治影响。这种影响主要体现在对法国走向封闭、民粹和脱欧的担忧。具体体现在以下四个方面。

第一，舆论将法国大选视为能否阻挡民粹主义浪潮在欧洲和全球泛滥的关键。[①] 2016 年以来，国际政治更加动荡多变，"逆全球化"和民粹主义浪潮在全球泛起，"黑天鹅"事件频发。唐纳德·特朗普（Donald Trump）在美国的当选和英国通过公投开启脱欧进程，使民粹主义在世界大国格局中进一步扩散，同时也为法国内部反对全球化的势力、民粹主义势力和"反体制"的势力提供了示范和鼓舞，形成了国际土壤。如果没有特朗普的当选和英国的脱欧，法国大选不会引起如此大的关注。法国大选及其结果成为影响国际政治走势关键的一环。

---

① Philip Stephens, "France Could Turn the Populist Tide", *Financial Times* website, February 2, 2017, https: //www. ft. com/content/b0f45f12 - e7c8 - 11e6 - 967b - c88452263daf, last accessed on April 8, 2017.

第二，民粹主义和极端政治力量在大选中获得前所未有的民意支持。奉行民粹主义、反全球化、反欧盟、反移民主张的极右翼政党国民阵线（Front National）候选人勒庞在竞选中支持率稳居前列，获得该党建立40多年来最高的支持，并在第一轮投票中胜出，她还在国际上出乎寻常地得到弗拉基米尔·普京（Vladimir Putin）的会见和特朗普的“示好”，颇有问鼎总统之势。国际舆论普遍担心国际政治的“黑天鹅”再度从法国飞起。不仅如此，极左翼力量“不屈的法国”候选人让-吕克·梅朗雄（Jean-Luc Mélenchon）也在第一轮投票中创历史新高，获得近19.58%的支持。他的竞选主张也具有民粹主义和反体制、反欧盟的色彩。极右（21.3%）和极左（19.58%）候选人在第一轮投票中获得超过40%的支持，[①] 这体现了他们具有了相当的社会基础，已经成为一支不可忽视的政治力量。

第三，脱欧在法国大选中成为一个政策选项，引发人们对欧盟前景的普遍忧虑。近年来欧盟已深受债务危机、乌克兰危机、难民危机、恐怖袭击危机的困扰，2016年6月英国脱欧公投意外通过，更进一步加剧了欧盟面临的危机。尽管历史上有过1965年的“空椅子危机”和2005年否决《欧盟宪法条约》的公投，但欧洲一体化建设是战后至今法国实现发展和安全、外交最重要的战略依托，在国内一直有普遍的共识。[②] 如果没有英国脱欧，人们难以想象法国会脱离欧盟。和历史上一直与欧洲大陆保持“若即若离”关系的英国不同，法国是欧洲一体化的创始者和欧盟的核心发动机，如果这台发动机熄灭了，对欧洲一体化进程将是毁灭性的打击。

然而在法国大选中，11位候选人中竟有8人提出了不同形式的脱离欧盟（或欧元区）的主张。在勒庞等持反欧、疑欧立场的候选人的推动下，大选议题被引向全球化与反全球化、欧洲一体化与反欧洲一体化、“祖国与欧洲”这样的非理性的二元对立，使国际社会特别是欧盟普遍担心反欧盟

---

① 法国内政部（Ministère de l'Intérieur）2017年总统大选官方网站：http://elections.interieur.gouv.fr/presidentielle-2017/FE.html，最后访问日期：2017年5月19日。

② 张骥：《欧洲化的双向运动——法国与欧盟共同安全与防务政策》，上海人民出版社，2014，第70页。

候选人上台后法国脱欧的可能。以至于欧盟和德国等欧洲国家领导人罕见地对法国大选表达立场，对持支持欧盟立场的候选人表达支持。尽管持坚定欧洲一体化立场的马克龙的当选缓解了这场危机，但在竞选过程中，反欧、疑欧的主张得到了大张旗鼓的宣传和广泛的动员，法国社会中存在的对欧盟的不满再也不能为当政者和欧洲领导人们所忽视。

第四，传统政党的旁落和新兴政治力量带来的不确定性。这次法国大选备受关注还有一个重要原因就是其不同以往的不确定性。这种不确定性既是由法国国内政治力量演变带来的，也同样具有国际背景。尽管最后的选举结果表明，法国的民调相对可靠，[①] 但此前英国脱欧和美国大选的“意外”结果使人们对法国大选的民调持谨慎态度，加之上述原因，普遍担心法国再度发生“黑天鹅”事件。当然，这种不确定性根源来自法国内政，表现为传统政党的出局、极端政治力量的上升、非传统新兴力量胜出和投票率创历史新低，[②] 总体上呈现出“反体制”的特征。大选打破了法国传统上中左、中右两翼角逐的局面，传统大党共和党和社会党在第一轮投票中就提前出局，这是第五共和国以来首次由两位均不属于传统左右翼政党的候选人进入第二轮投票。异军突起的马克龙及其“前进运动”（En Marche！）在选前名不见经传，更不为国际社会所知，他的当选是选民对现状普遍不满和传统政党分裂衰落共同作用的结果，是民心思变而又无可奈何的选择。选举进程、选举结果和当选总统都存在不确定性。

法国大选中出现的封闭、民粹和脱欧的倾向并非偶然和暂时性的现象，不能简单地归因为极端政党的煽动。大选中反全球化、反欧盟、反移民主张和民粹主义思潮甚嚣尘上，以及极端政党和反体制力量的崛起，是法国民众对所处经济社会状况、国际境遇和安全环境的反应，是结构性的。社会党五年执政，没能使法国摆脱低迷的经济增长和长期持续的高失业率。法国经济

① 这与法国民调采取的方法有别于美、英等国有关。

② 在第二轮投票中，有25.44%的选民没有投票，有11.52%的投票选民投了白票或废票，双双创1969年以来的历史新高。法国内政部（Ministère de l'Intérieur）2017年总统大选官方网站：http：//elections. interieur. gouv. fr/presidentielle－2017/FE. html，最后访问日期：2017年5月19日。

增长率一直徘徊在1%左右，失业率则维持在10%，年轻人的失业率更高达24%。[①] 大量难民的涌入不仅加剧了社会内部的矛盾，还逐渐演变成一个安全问题。更为严重的是，接连不断的恐怖袭击使法国本土的安全状况严重恶化。2015年以来，在短短两年的时间中，法国本土已先后遭受20余次规模不等的恐怖袭击，造成超过300人丧生，其中巴塔克兰音乐厅恐怖袭击一次就造成130人死亡，360多人受伤。法国的国家紧急状态从2015年11月巴黎连环恐怖袭击后延续至今，已六次延长。法国人普遍对国家持悲观情绪，在益普索（Ipsos）最近进行的一项针对22个发达国家和新兴经济体的调查中，法国人对国家的悲观情绪高居第八位，在欧洲仅次于意大利和西班牙，67%的受访者认为法国处于衰落之中，对全球化的负面效应高度忧虑。[②]

面对经济持续低迷、国际地位的下降和安全环境的恶化，民众对国家在全球化和欧洲一体化中的收益和代价更加敏感，对现状和“体制”普遍不满。这构成了民粹主义和极端政党（极右和极左）兴起的社会基础。在大选中，法国传统的左右之争被演化为全球化与反全球化、支持欧洲一体化与反对欧洲一体化之争，民粹力量利用民众的不满，转移焦点，将国内经济、社会危机的原因外部化，指向欧盟和全球化，试图将法国塑造为全球化和欧洲一体化的受害者。如果这样的经济、社会和安全状况得不到改善，民粹主义和极端政党的社会基础就将继续扩大，在未来的选举中不是没有可能最终走上执政的道路。

二　外交政策的继承与背离：开放的独立还是封闭的独立

对于法国所面临的问题与危机，马克龙和勒庞显然给出了不同的药方。

① 欧洲统计局（Eurostat）失业率统计数据：http://ec.europa.eu/eurostat/tgm/table.do?tab=table&init=1&language=en&pcode=tsdec450&plugin=1，最后访问日期：2017年7月20日。

② Fabrice Nodé-Langlois, «Les Français sont les plus pessimistes face à la mondialisation», *Le Figaro* website, February 6, 2017, http://www.lefigaro.fr/conjoncture/2017/02/06/20002-20170206ARTFIG00002-les-francais-sont-les-plus-pessimistes-au-monde-face-a-la-mondialisation.php, last accessed on June 27, 2017.

在大选中，由于国内经济、社会问题被外部化，有关对待欧盟和全球化的不同甚至相反的政策主张成为候选人政策辩论的焦点，特别是以马克龙和勒庞的政策之争为代表。他们不同的对外政策主张，代表了在全球化竞争和内外危机中，法国做出的不同回应。然而如果深入探究，他们的政策之争并未完全超越当代法国外交传统中维护法国独立主权与维持欧洲合作这一基本矛盾，而展现出这一基本矛盾在全球化危机和欧洲一体化危机中的再现与强化。勒庞走向了极端，而马克龙也并非彻底的欧洲主义者。马克龙最终胜出，尽管体现了开放对封闭、竞争对退却、挺欧对反欧取得了相对优势，但也预示着当选者将受到的政策选择制约，马克龙政府将不能忽视大选中反映出的对全球化和欧洲一体化建设的负面民意。

（一）欧债危机以来的外交政策

作为一个外交大国，法兰西第五共和国的外交政策具有相对的稳定性，建立在所谓的“戴高乐－密特朗共识”（consensus gaullo-mitterrandien）的基础之上，即“独立的大国外交”。这一外交传统由三个支柱构成：在联盟体系中的战略独立，基于法德合作的欧洲一体化建设，基于联合国安理会常任理事国的外交多边主义；其宗旨是保持法国在世界上的地位（le rang）和伟大（la grandeur）。[①] 这一外交传统中也存在一个基本矛盾，即维护法国独立主权与维持欧洲合作之间的矛盾，[②] 是一个矛盾统一体。1958 年以来的法国外交政策，基本上延续了这一传统，也在独立主权与国际合作特别是欧洲一体化建设的矛盾中徘徊前进。

---

① 参见：Thomas Gomart, Marc Hecker dir.，«L'agenda diplomatique du nouveau president», *Études de l'Ifri*，avril 2017，p. 7，Ifri（Institut français des relations internationales），http：//www. ifri. org/fr/publications/etudes – de – lifri/lagenda – diplomatique – nouveau – president，last accessed on April 10，2017；Manuel Lafont Rapnouil，Jeremy Shapiro，«La politique étrangère de Macron：invoquer la tradition»，ECFR（European Council of Foreign Relations），May 8，2017，http：//www. ecfr. eu/paris/post/la _ politique _ etrangere _ de _ macron _ invoquer _ la _ tradition，last accessed on June 10，2017；张骥：《欧洲化的双向运动——法国与欧盟共同安全与防务政策》，第 69 ~ 70 页。

② 张骥：《欧洲化的双向运动——法国与欧盟共同安全与防务政策》，第 73 页。

进入21世纪以来，特别是全球金融危机和欧洲债务危机的爆发改变了欧洲的权力结构，法国的国力遭到进一步削弱，国家实力与外交政策目标间的矛盾日益明显，维护独立主权与维持国际合作/欧洲合作间的矛盾也更加突出。尼古拉·萨科齐（Nicolas Sarkozy）政府和弗朗索瓦·奥朗德（François Hollande）政府的外交政策正是在这样的新背景下展开的。

萨科齐把重振法国的领导地位作为外交政策的核心，但面对法国在欧盟权力结构中地位的下降，其欧洲政策表现出不同的路径：在外交和安全政策领域展现强势的领导和进攻性，在经济治理和危机应对领域与德国共同领导，并在一定程度上追随德国，展现出妥协性。[①] 在大国关系上，萨科齐政府表现出明显的“大西洋主义倾向”，并重返北约军事一体化结构，引发对其背离“独立外交”和“戴高乐主义”的质疑。萨科齐政府还奉行积极的干预主义，在利比亚战争中充当急先锋，实施了对科特迪瓦的军事干预。面对国家实力的下降，萨科齐政府的外交政策依然表现出对欧洲一体化的支持和对在一体化中领导地位的谋求，尽管外交政策呈现出很强的进攻性特征，但体现了法国对全球事务的关注和积极的干预主义。然而，尽管萨科齐在带领法国和欧洲应对危机方面展现出了强有力的领导，但仍受欧债危机的拖累下台。

在2012年的大选中，法国政治生态已经出现了左转的倾向，经济危机激发了反对金融资本和新自由主义的浪潮，候选人纷纷提出保护主义的主张。社会党正是在这样的背景下，在时隔17年后夺得政权。奥朗德政府的欧洲政策延续了对欧洲领导权的追求，不过其激烈批评萨科齐对德国的让步，尤其是强烈反对紧缩政策而主张通过促进经济增长保护劳工权益，试图通过内部制衡和外部制衡来平衡德国日益增长的经济权势。[②] 尽管奥朗德政府的外交表现相对平庸，但在对外干预方面却保持了进攻性，发动了对马里的军事干预，并积极寻求武力干预叙利亚。奥朗德政府在坚持欧洲一体化方

① 张骥：《欧债危机中法国的欧洲政策——在失衡的欧盟中追求领导》，《欧洲研究》2012年第5期，第32页。

② 张骥：《欧债危机中法国的欧洲政策——在失衡的欧盟中追求领导》，《欧洲研究》2012年第5期，第42页。

向和谋求领导权的同时，已经在经济治理领域展现出某种保护主义的特征，而在外交上政权更迭式的对外干预则给法国和欧洲的安全造成了后果，难民危机和恐怖袭击危机接踵而至。

萨科齐政府的外交政策和奥朗德政府的外交政策总体上继承了“独立大国外交”的传统，坚持把欧洲一体化作为实现对外政策目标的最重要的战略依托。然而，在欧债危机的冲击下，法国外交力不从心的一面也愈加突出，进取甚至进攻性的外交政策未能从根本上提升法国的国际地位、保障法国的国家安全，法国从欧洲一体化和国际干预中的收益减小，损失增大。这为封闭、民粹和脱欧的主张提供了市场。

（二）大选中的外交政策之争

在对外政策的论证中，马克龙和勒庞都同样寻求法国外交传统的合法性，都声称要维护法国的独立和伟大。但对于如何实现“独立的大国外交”，他们主张采取完全不同的路径。马克龙与勒庞外交政策争论的实质，是“开放的独立外交”路线与“封闭的独立外交”路线之争。

马克龙主张，法国应该成为一个“独立的、人道主义的、欧洲的大国”。① 勒庞则强调“独立、法国认同和秩序”。② 马克龙外交政策的核心是在一个开放和相互联系的世界中，通过改革、合作、多边主义来捍卫法国的主权、独立和国际地位。他主张，“主权不是一个抽象的原则”，③ 封闭和孤立将大大削弱法国的能力和地位，损害法国的利益，使法国丧失其作为大国

① 马克龙关于外交政策的竞选主张见“前进运动”官方网站：Emmanuel Macron, “International”, En Marche!, https://en-marche.fr/emmanuel-macron/le-programme/international, last accessed on June 17, 2017。

② 勒庞关于外交政策的竞选主张见勒庞竞选官方网站：Marine Le Pen, «La politique internationale de la France dans un monde multipolaire», Marine Présidente, février 24, 2017, https://www.marine2017.fr/2017/02/24/conference-presidentielle-n2-politique-internationale-de-france-monde-multipolaire/, last accessed on June 17, 2017。

③ Emmanuel Macron, “Europe Holds Its Destiny in Its Own Hands”, *Financial Times* website, January 24, 2017, https://www.ft.com/content/3d0cc856-e187-11e6-9645-c9357a75844a, last accessed on January 27, 2017.

的认同。勒庞则主张“法国人优先”“法国利益至上”，采用民族主义的立场和国家的手段，主要依靠法国自己来捍卫法国的国家利益，只有当国际合作能直接促进法国利益并建立在严格的主权平等的基础上才是可以接受的。①

马克龙认为全球化既带来挑战也带来机遇，要适应全球化，对贸易和投资持开放态度，通过改革提升法国在全球化中的竞争力，扭转法国的衰落。勒庞则主张法国是全球化的受害者，反对自由贸易和相互依赖。马克龙主张法国要积极参与多边国际组织，在联合国、世界贸易组织等多边组织中发挥应有作用，影响国际进程，而不应拱手将国际事务的决策权让与美国和中国。勒庞则认为法国面临的最大威胁是“法国认同”的丧失，移民、欧盟、自由贸易、恐怖主义都在威胁法国的认同。国际机制拿走了法国人民决定内部事务的权利，要维持秩序就要保护国家免受外部影响。勒庞主张法国退出北约一体化军事机构、申根协定、欧元、欧盟以及自由贸易协定，反对世界贸易组织和二十国集团（G20），主张不要承担那些限制法国权益的国际义务，反对为了联盟承诺而参加其他国家发动的战争和国际干预。②

关于欧盟，马克龙认为欧洲一体化是实现法国外交政策目标、维持法国全球影响力所不可或缺的，与欧洲伙伴的合作增进了而不是损害了法国的利益，捍卫了而不是削弱了法国的主权与独立。同时，欧盟的机构和政策都需要改革，要增强欧盟的民主基础，以更好地回应欧洲各国人民的需求。在英国脱欧的情况下，法德合作显得更加重要，将为带领欧盟走出危机提供领导力。欧盟要加强团结和提高效率，增强“核心欧洲”，采取“多速欧洲”的方

---

① Manuel Lafont Rapnouil, Jeremy Shapiro, « La politique étrangère de Macron: invoquer la tradition»; Manuel Lafont Rapnouil, Jeremy Shapiro, «Marine Le Pen's Bait-and-Switch Foreign Policy», *Foreign Policy* website, April 19, 2017, http: //foreignpolicy. com/2017/04/19/marine – le – pens – bait – and – switch – foreign – policy/, last accessed on June 10, 2017; Thomas Gomart, Marc Hecker dir., «L'agenda diplomatique du nouveau president».

② Manuel Lafont Rapnouil, Jeremy Shapiro, « La politique étrangère de Macron: invoquer la tradition»; Manuel Lafont Rapnouil, Jeremy Shapiro, «Marine Le Pen's Bait-and-Switch Foreign Policy», *Foreign Policy* website, April 19, 2017, http: //foreignpolicy. com/2017/04/19/marine – le – pens – bait – and – switch – foreign – policy/, last accessed on June 10, 2017; Thomas Gomart, Marc Hecker dir., «L'agenda diplomatique du nouveau president».

式。面对奉行保护主义和单边色彩浓厚的美国特朗普政府，欧盟要加强团结，提升捍卫欧洲利益和欧洲安全的能力。面对不确定性增加的联盟（北约），欧盟要发展自己的防务能力，建立欧盟防务基金，以及能够独立实施行动计划和指挥的常设司令部。如果美国实施单边主义的贸易和税收政策影响到欧洲的企业、就业和税收，欧洲将调整贸易和税收政策加以反击。他主张开放边界，移民不仅仅带来了麻烦，也带来了“经济机遇”。[①] 勒庞的主张则主要围绕将主权归还法国人民、组织退欧公投、退出欧元区恢复法郎、退出申根协定恢复国家边界、反对欧盟难民政策和限制移民展开。马克龙强调与德、美合作的重要性，勒庞则激烈批评德国，而强调与俄罗斯改善关系。[②]

（三）外交政策的继承与背离

可以看出，无论是马克龙的“开放的独立外交”路线，还是勒庞的“封闭的独立外交”路线，都试图说服选民，他们将捍卫法国的独立和伟大，而他们的政策之争正是法国外交传统中基本矛盾的再现和强化。这在当代法国历史上并不是第一次，2016 年以来国际大背景中民粹主义和保护主义的汹涌，使这一矛盾更加突出和激化。

面对在全球化竞争中的国力和国际地位的衰落，在欧洲一体化进程中领导权的下滑，法国外交传统中维护法国独立主权与维持国际（欧洲）合作之间的矛盾愈发突出。对于那些在全球化和欧盟发展进程中利益受损的阶层和群体，对于在难民潮和恐怖袭击阴云中安全受到现实威胁的大众，勒庞的主张提供了简单的外化的原因解释，而通过封闭、排外和保护主义营造的只不过是一个过去的伟大和光荣的“海市蜃楼”。它给欧洲和国际社会带来的是倒退、忧虑和恐惧。它不可能引领法国走出危机，不可能给法国带来真正的安全，也与法国世界大国的抱负南辕北辙，实质是对法国外交政策传统共识的背离。

法国的脱欧尽管在大选中成为一个选项，但离脱欧的现实可能性还相距

---

① Emmanuel Macron, “Europe Holds Its Destiny in Its Own Hands”; Manuel Lafont Rapnouil, Jeremy Shapiro, «La politique étrangère de Macron: invoquer la tradition».

② Thomas Gomart, Marc Hecker dir. , «L'agenda diplomatique du nouveau president».

遥远。事实上，脱欧的主张主要是在支持国民阵线的选民群体中得到认同，这一群体中仅有30%的人认为留在欧盟对法国有益。而且，这一群体在本次大选中有相当的增长，勒庞在第一轮投票中获得760多万张选票，在第二轮投票中获得1000多万张选票。但从让·饶勒斯基金会（Fondation Jean Jaurès）和IFOP在2016年进行的一项大型民意调查来看，仍有67%的受访者认为继续留在欧盟符合法国的国家利益。①

马克龙的主张则在实质上继承了第五共和国的外交传统，建基于独立、欧洲一体化和多边主义，对法国所处的国际环境和挑战也有更加理性和清醒的认识，因此不仅在国内，也在欧洲和国际上得到更多的支持，甚至被寄予厚望。

“开放的独立外交”，首先表现在其开放性。它再次表明，法国外交政策目标甚至国家目标的实现已经深深嵌入欧洲一体化的框架，尽管在欧洲一体化中的相对收益下降，法国的领导权也由于欧盟的扩大遭到一定程度的“稀释”，但放弃欧洲一体化、重回单纯依靠民族国家的路径不可能像极右翼描述的那样实现法国的国家利益，欧洲一体化已经成为法国实现国家目标不得不依赖的路径，法国的影响力和权力也必须依赖欧洲一体化这个框架发挥。尽管欧洲一体化面临重重危机，但它仍是欧洲国家实现和平、稳定与繁荣不可或缺的路径。尽管欧洲一体化需要国家让渡部分主权，但这些国家主权的实现必须依赖欧洲一体化，一体化本身已经成为实现国家主权的一种形式。

另外，法国从来没有在一体化中放弃主权，“开放”并非超国家主义的，“主权”和“独立”仍然是法国外交的基本诉求。当法国在欧洲一体化、全球化中的相对收益下降，甚至利益遭到损害时，强调保护的一面就会上升，这不仅体现在这次大选中，在2012年的大选中亦复如是。在马克龙的“开放的独立外交”中，他同样强调了“主权”的概念以及“主权的欧洲”，回应了对法国国家安全构成威胁的恐怖袭击、难民问题，强调对国家安全的重视；强调欧盟的效率、“多速欧洲”，以及在东西欧关系中对国家

---

① Philippe Le Corre, “France: A Critical Player in A Weakened Europe”, Brookings U. S. -Europe Analysis Series, No. 59, April 2017, pp. 13 – 14, https://www.brookings.edu/research/france – a – critical – player – in – a – weakened – europe/, last accessed on April 27, 2017.

利益和欧洲规范的捍卫。维护独立主权与维持欧洲合作关系将在新的条件下寻求调整。

三　开放的独立外交：马克龙政府的外交政策

继赢得总统大选后，“共和国前进运动”（La République en marche ！）① 与结盟的民主运动（Mouvement démocrate）阵营又在6月举行的国民议会选举中赢得577个席位中的350席，其中“共和国前进运动”赢得308席。② 议会选举的结果避免了出现“共治”（Cohabitation）对总统的牵制，进一步巩固了马克龙的执政地位，稳固了马克龙推行对外政策的政治基础，也带来了某种乐观的情绪。在国际舞台上，马克龙一改近年来法国领导人保守、沉闷的形象，从首访德国，先后邀请正受欧美制裁的俄罗斯总统普京、与欧洲发生龃龉的美国总统特朗普访法，到参加北约峰会、欧盟峰会、G20峰会和联合国大会，再到提出“重启欧洲”的倡议③，似乎令国内外耳目一新，大有欲重执欧洲牛耳之势。其对外政策尤其是欧洲政策的框架也逐渐清晰。

在其雄心勃勃的“重启欧洲”的倡议中，既有对欧洲一体化的坚定再承诺，也呈现出政府间主义和大国合作的色彩，安全关切和防务问题被置于议程的前列；在重申多边主义的原则和国际义务的同时，也呈现出某些战略收缩的成分和现实主义的色彩；而在大国关系中，法国外交的独立性更加凸

① 马克龙当选总统后，辞去“前进运动”（En Marche!）主席，“前进运动”（En Marche!）更名为“共和国前进运动”（La République en marche ！）。

② 法国内政部（Ministère de l'Intérieur）公布的2017年国民议会选举结果：https：//www. interieur. gouv. fr/Elections/Les – resultats/Legislatives/elecresult _ _ legislatives – 2017/（path）/legislatives – 2017/FE. html，最后访问日期：2017年6月19日。

③ 2017年9月26日，马克龙在法国索邦大学发表重要演讲，阐述“重启欧洲”的倡议。Emmanuel Macron，« Initiative pour l'Europe-Discours d'Emmanuel Macron pour une Europe souveraine，unie，démocratique»，Présidence de la République française – Élysée. fr，Septembre 26 2017，http：//www. elysee. fr/declarations/article/initiative – pour – l – europe – discours – d – emmanuel – macron – pour – une – europe – souveraine – unie – democratique/，最后访问日期：2017年9月28日。

显。这些构成了马克龙政府“开放的独立外交”的基本特点。

第一，居于对外政策核心的是欧洲政策。马克龙系统提出了要建设一个“主权的、团结的和民主的欧洲”，[①] 体现了在民粹主义和疑欧、反欧情绪上升的法国，对坚定推行欧洲一体化的再承诺，同时更加强调要建设一个“能够提供保护的欧洲”（Europe qui protège）和更有效率的欧洲，回应一体化带来的损害。

重塑以法德合作为基础的欧洲领导权是马克龙政府对外政策的首要重点。在奥朗德总统治下，法国在欧洲的领导权下滑，法德在欧债危机应对、欧洲经济治理、对外干预等一系列问题上存在分歧，德国越来越成为欧洲事务中一个“不情愿的霸权”，对德国的不满也在日益增长。[②] 这是法国民粹主义和退欧、反欧、疑欧情绪的重要根源。马克龙的政策框架十分清晰：一是通过重振欧洲来重振法国，法国的发展只能在欧洲的框架中才能更好地实现，法国的影响力只有通过欧洲联合才能更好地发挥；二是在欧盟中重振法国的领导权，实现途径是法德合作，在法德合作中改变“德强法弱”的格局。英国的脱欧在加重欧盟面临的危机的同时，也对欧盟团结和法德领导提供了动力。

欧洲建设要回应人民的需要，保障欧洲的安全、繁荣和可持续发展。欧洲面临的威胁主要来自世界秩序变革带来的不平等、伊斯兰极端主义、气候变化、民粹主义和美国的“推脱”，重振欧洲的核心是建设一个“能够提供保护的欧洲”，能够在安全、经济和价值上保护欧洲各国人民，特别是感到利益受损的中产阶级和劳工阶级。一是强化欧盟的外交和军事能力，要和德国一道，带领那些愿意参与的国家构建一个实实在在的共同安全和防务政策，特别是在美国不愿介入的情况下能够保证欧洲自己有能力提供防卫能力；二是要提升欧盟应对大规模难民潮的效率，改革欧盟难民政策，在保护

① Emmanuel Macron, « Initiative pour l'Europe-Discours d'Emmanuel Macron pour une Europe souveraine, unie, démocratique ».

② Philippe Le Corre, "France: A Critical Player in A Weakened Europe", Brookings U. S. – Europe Analysis Series, No. 59, April 2017, pp. 12 – 13, https: //www. brookings. edu/research/france – a – critical – player – in – a – weakened – europe/, last accessed on April 27, 2017.

欧洲边界和保护难民庇护权之间寻求平衡，加强欧洲外部边境管控，建立欧洲边境宪兵署（l'Agence européenne des gardes-frontières），同时改革难民庇护体系，还应在反恐中加强政策和司法合作；三是重振欧洲经济，深化欧元区的一体化，要提升欧洲经济治理的民主性，强化欧元区的风险分担功能，制定欧元区共同预算，加强共同的公共投资，保障民生，刺激经济增长和就业。①

实现上述欧洲建设目标的关键是法德合作，为欧洲提供领导力，带领那些愿意参与合作的国家加强团结、提高效率（多速的欧洲）。而要实现法德合作，有两个必要的条件。其一，马克龙也认识到，要说服德国支持法国的倡议，法国必须进行彻底的经济和社会改革，以扭转法德核心内部的“德强法弱”的不平衡，② 特别是经济地位的失衡和在经济政策上的分歧。其挑战是马克龙将进行的劳动法改革等提振经济的改革措施，将面临国内强大的工会力量和议会内部极右极左等反对派的强大阻力。其二，德国也需要做出适当妥协，特别是调整在欧洲经济治理领域的强硬态度，在欧元区内承担更多的风险分担责任，以及同意提升共同的公共投资。这将有利于缓解法国民众的忧虑和反德情绪（极右翼候选人勒庞和极左翼候选人梅朗雄都在大选中激烈批评德国的自私和霸道）。③ 安格拉·默克尔（Angela Merkel）对马克龙新政府总体上持合作态度，但德国大选后新的政治格局对法德合作的前景也带来了一定的不确定性。

具有象征意义的是，7 月 13 日，马克龙和默克尔在巴黎主持法德联合内阁会议，就加强法德在欧洲反恐、防务、气变、经济、文教等领域的合作达成多项共识，包括联合研制新一代战机供两国军队共同使用，积极参与欧

---

① Interview d'Emmanuel Macron, « L'Europe n'est pas un supermarché. », Présidence de la République française - Élysée. fr, Juin 22 2017, http://www. elysee. fr/interviews/article/interview - d - emmanuel - macron - l - europe - n - est - pas - un - supermarche/, last accessed on Juin 27, 2017.

② 张骥：《欧债危机中法国的欧洲政策——在失衡的欧盟中追求领导》，《欧洲研究》2012 年第 5 期，第 32 页。

③ Thorsten Benner, Thomas Gomart, “Meeting Macron in the Middle: How France and Germany Can Revive the EU”, *Foreign Affairs* website, May 8, 2017, https://www. foreignaffairs. com/articles/europe/2017 - 05 - 08/meeting - macron - middle, last accessed on May 10, 2017.

洲无人机研制计划，在卫星、数字技术和网络安全等领域加强合作等，两国还将在制定欧洲虎式直升机新标准、研发空地战术导弹等项目中进一步加强双边合作。可以看出，双方合作的亮点是在争议和分歧较小的防务和安全领域。特朗普对欧洲盟友在承担安全预算上的批评、对北约的“过时”论调、对欧洲安全的“推脱”态度，以及一直以来在欧盟安全与防务合作中强调“大西洋主义”的英国的脱欧，为强化欧盟自主的共同安全与防务合作带来了机遇，也带来了紧迫性。而在进一步一体化财政政策和共同投资等议题上，可能进入德国联合政府的自民党持消极和反对的立场，缩小法德分歧的困难加大。

在中东欧国家的问题上，马克龙持较为强硬的立场，体现出某种保护主义的色彩。他声称“欧盟不是一个超市”,① 不遵守规则的国家应该面临政治后果。他在大选中严词批评了波兰、匈牙利等国在难民问题上拒绝合作的立场。同时，他也指出欧盟劳工政策方面的缺陷，要解决所谓“东欧工人抢走西欧工人饭碗”的问题。在英国脱欧谈判的问题上，他在大选中主张强硬谈判立场，认为应该为那些试图脱欧的国家树立一个教训。在最近的采访中，他强调要采取务实的态度，与脱欧后的英国保持合作关系，脱欧谈判必须顾及欧盟近期、中期和远期的利益。

第二，将国家安全作为法国对外政策中的重中之重，这是对法国面临的安全形势和选民不安全感的直接回应。2015 年以来法国本土的安全形势由于接连不断的恐怖袭击急剧恶化，国家长期处于紧急状态。大量难民的涌入也逐渐演化为一个安全问题。“安全”成为极右势力在大选中的一个主要议题，构成了极右和民粹主义崛起的重要社会基础。但法国本土安全确实面临现实威胁，必须做出有效应对。同时，美国日渐浓厚的“孤立主义”倾向，也迫使欧洲盟友要更多依靠自己承担防务和安全责任。马克龙将国家安全放

---

① Interview d'Emmanuel Macron, “L'Europe n'est pas un supermarché.”, Présidence de la République française-Élysée. fr, Juin 22 2017, http://www. elysee. fr/interviews/article/interview - d - emmanuel - macron - l - europe - n - est - pas - un - supermarche/, last accessed on Juin 27, 2017.

在外交政策的突出位置，任命具有丰富国防和安全事务经验的奥朗德政府国防部长让—伊夫·勒德里昂（Jean – Yves Le Drian）担任新政府外交部部长。其政策框架是：一是加强欧洲和法国的防务能力，逐步增加防务开支，到 2025 年实现军费占 GDP 2% 的目标，如前所述，在提升法国自身防务能力的同时主要依靠欧洲合作来保障安全；二是强化打击恐怖主义的努力，加强打击恐怖主义的国际合作，集中针对那些直接威胁法国的地区和来源，而不是宽泛的参与打击恐怖主义的行动；三是通过欧洲合作，加强欧盟外部边界管控和改革避难保护体系双措并举缓解难民危机。

马克龙新政府加强国家安全的努力面临艰巨的财政挑战。为了兑现减少财政赤字的承诺，马克龙政府计划削减 45 亿欧元的财政支出，其中包括削减 8.5 亿欧元的军费，这对法国已经十分紧张的军费来说无异于雪上加霜，引发军方不满并最终导致与马克龙争吵的总参谋长皮埃尔·德维里耶（Pierre de Villiers）辞职。为此，马克龙承诺，2018 年在不增加其他部门预算的情况下将军费由 2017 年的 327 亿欧元增加到 342 亿欧元，并在 2025 年前实现军费增加到占 GDP 的 2% 目标。但是，如果法国的经济和财政状况得不到有效改善，安全、福利、发展之间对资源需求的矛盾将长期困扰法国政府。

第三，在对外政策中放弃新保守主义。尽管马克龙将安全和反恐置于外交议程的优先地位，但他决定改变前两届政府对外武装干预的新保守主义路线，体现了某种程度的战略收缩。近年来，法国先后发动了对利比亚的政权更迭式的干预战争，以及对科特迪瓦、马里以及中非共和国的武装干预。这些对外干预消耗巨大，又未能有效维护法国的利益，反而使法国成为恐怖主义报复的主要对象。马克龙认为，民主不是从外部强加的，对利比亚的干预战争是一个错误，干预的结果造成了失败国家，成为恐怖主义的温床。① 马克龙政府对外反恐军事行动的政策框架是：一是以打击恐怖主义势力，特别

① Interview d'Emmanuel Macron, " L'Europe n'est pas un supermarché. ", Présidence de la République française-Élysée. fr, Juin 22 2017, http://www.elysee.fr/interviews/article/interview – d – emmanuel – macron – l – europe – n – est – pas – un – supermarche/, last accessed on Juin 27, 2017.

是对法国安全构成威胁的“伊斯兰国”等恐怖组织为目的，而不是以政权更迭为目的；二是要加强反恐行动中的国际合作，不以意识形态划线，特别是需要得到俄罗斯的合作，以及土耳其、伊朗等国的合作；三是更加注重外交和政治手段的作用，不是一味使用武力；四是利用当地的力量（代理人）开展反恐军事行动,① 而不是法国直接出兵。

马克龙认为对叙利亚的政策不应重蹈叙利亚的覆辙。马克龙不坚持巴萨尔·阿萨德（Bachar el-Assad）的下台作为解决叙利亚问题的前提条件，而是划定“使用化学武器”和“人道主义通道”两条红线，如果找到使用化学武器的证据，法国将做出军事反应，甚至单方面采取军事行动。马克龙确定了对叙利亚问题的政策框架：一是军事行动只针对恐怖组织，任何有助于根除恐怖主义势力的合作都是欢迎的，特别是需要俄罗斯的合作；二是需要叙利亚的稳定，而不是出现一个失败国家；三是“使用化学武器”和“人道主义通道”两条红线，在这个问题上法国与美国坚定地站在一起；四是中期目标是实现一个稳定的叙利亚，这包括尊重少数群体的权利。②

第四，更加平衡和灵活的大国关系。马克龙在上台不到两个月的时间里，先后邀请正受欧美制裁的俄罗斯和与欧洲盟友龃龉的美国的领导人访法，显示出在处理大国关系上的灵活手腕，在国际舞台上凸显法国“独立”外交的传统。法俄、欧俄关系由于乌克兰危机、叙利亚问题和法、欧对俄制裁持续紧张，马克龙调整对俄政策，在欧美大国中率先邀请普京访法，以务实态度推动与俄罗斯的对话，一方面寻求俄罗斯在反恐和叙利亚问题上的合作，另一方面也继续在乌克兰、叙利亚和人权问题上向俄罗斯表明不同立场。更令人意外的是，马克龙邀请与欧洲盟友特别是德国发生龃龉的特朗普

---

① John Irish, “France’s Macron Puts National Security at Heart of Foreign Policy”, Reuters, June 23, 2017, http://www.reuters.com/article/us－france－foreign－analysis－idUSKBN19D2OE, last accessed on June 27, 2017.

② Interview d’Emmanuel Macron, “L’Europe n’est pas un supermarché.”, Présidence de la République française-Élysée.fr, Juin 22 2017, http://www.elysee.fr/interviews/article/interview－d－emmanuel－macron－l－europe－n－est－pas－un－supermarche/, last accessed on Juin 27, 2017.

总统访法，试图说服特朗普改变退出《巴黎协定》的立场，而此前他曾公开批评美国准备退出《巴黎协定》的决定。虽然由于特朗普政府的孤立主义和单边主义倾向，欧美在北约、欧洲安全、自由贸易协定等问题上矛盾扩大，① 但马克龙仍然强调在国际反恐、叙利亚等问题上与美国合作的重要性；而在英国脱欧、美德关系龃龉的情况下，法国也成为美国在欧盟中重要的对话伙伴。② 此外，马克龙主张与脱欧后的英国保持务实和紧密的关系，在安全、防务、反恐、移民等领域加强合作。他还在打击恐怖主义和叙利亚问题上寻求与土耳其和伊朗的合作。可以看出，法国新政府试图在对美俄关系方面寻求某种新的平衡，并试图在存在严重意识形态和战略矛盾的大国中发挥对话者的角色。

四　结论

2017 年法国总统大选中的民粹主义倾向和极端政党的崛起不是暂时性的现象，具有广泛的社会基础和国际环境。它是法国社会对经济持续低迷、国际地位下降和安全环境恶化的结构性反映，同样也受到民粹主义在欧美大国兴起的示范与鼓舞。法国民众对国家在全球化和欧洲一体化中的收益和代价更加敏感。民粹主义力量加以利用，将国内经济、社会危机的原因外部化，指向欧盟和全球化，法国传统的左右之争被演化为全球化与反全球化、支持欧洲一体化与反对欧洲一体化之争。这深刻地影响着大选中的外交政策辩论和新政府的外交政策选择。

大选中的外交政策争论的实质上是以马克龙为代表的“开放的独立外交”路线和以勒庞为代表的“封闭的独立外交”路线之争。这一政策之争并未完全超越法国外交传统中维护独立主权与维持欧洲合作这一基本矛盾，

---

① 赵怀普、赵健哲：《“特朗普冲击波”对美欧关系的影响》，《欧洲研究》2017 年第 1 期。

② Philippe Le Corre, “France: A Critical Player in A Weakened Europe”, Brookings U. S. – Europe Analysis Series, No. 59, April 2017, pp. 12 – 13, https://www.brookings.edu/research/france – a – critical – player – in – a – weakened – europe/, last accessed on April 27, 2017.

而是这一矛盾在全球化危机和欧洲一体化危机中的再现与强化。尽管他们都声称求诸法国外交传统的正当性，但勒庞通过封闭、排外和保护主义给欧洲和国际社会带来的是忧虑和恐惧，不可能给法国带来真正的安全，实质是对法国外交传统共识的背离；马克龙的主张建基于独立、欧洲一体化和多边主义，在实质上继承了第五共和国的外交政策传统共识。与此同时，大选中反映出的对全球化和欧洲一体化的负面民意也对新政府的外交政策选择施加了制约。

“开放的独立外交”再次表明，尽管法国在欧洲一体化和全球化中的相对收益下降甚至受损，但欧洲一体化仍是法国实现国家目标不得不依赖的路径，一体化本身已经成为实现国家主权的一种形式。同时，“开放”并非超国家主义的，“主权”和“独立”仍然是法国外交的基本诉求，而且当在一体化和全球化中利益受损时，强调保护的一面就会上升。维护独立主权与维持欧洲合作的矛盾仍是法国外交中的基本矛盾。

马克龙新政府的外交政策框架已经逐渐清晰：一是将重塑以法德合作为基础的欧洲领导权作为对外政策的首要重点；二是将国家安全置于外交议程的优先地位；三是放弃对外武装干预的新保守主义路线，强调有针对性地反恐和加强国际合作；四是更加平衡和灵活的大国外交。其中既有对坚定推进欧洲一体化和多边主义的再承诺，又体现出政府间主义和大国合作的色彩；既有对国家安全和反恐的强调，又体现出某种程度的战略收缩和现实主义色彩；在大国关系中更重现法国外交的独立特征，这些构成了马克龙新政府“开放的独立外交”的基本特征。马克龙的当选暂时扭转了法国走向封闭、民粹和脱欧的危机，当前的危机也许能给欧洲一体化建设带来改革和前进的动力，但所有的努力既需要真正务实的推进，也需要回应法国民意的关切。能否在捍卫独立主权与维持欧洲合作之间寻求到新的平衡，仍然在考验着法国新政府。

B.17

中法关系新篇章*

李洪峰　全 慧**

摘　要： 2017年中法关系总体上延续了稳定发展的态势。法国总统大选带来的政治生态变化并未影响法国对于中法关系重要性的认知，而中国在世界格局和全球治理中的角色以及中国努力参与和推动国际合作的努力则为中法关系的发展提供了新的机遇。中法两国在政治、经济、人文等方面的交流与合作均取得了可喜的成果。但不能忽视的是，中法关系的进一步发展仍然需要面对法国政治外交的变量，两国需要坚持求同存异的原则，加强对话，以实现创新和突破。

关键词： 中法关系　“一带一路”倡议　国际合作　马克龙

对于中国和法国的国内政治生活来说，2017年是非常重要的一年。上半年，法国举行总统大选和立法选举，政治生态发生了1958年以来最大的一次变化，两大党轮流执政的格局被打破，中间派马克龙成为最大黑马当选总统，其创立的共和国前进党在随后进行的议会选举中又获得了国民议会绝对多数。新政府对内要推行劳动法改革，提高就业率和经济增长率，对外力图以法德合作推动英国脱欧后的欧盟发展进程，并在国际重大问题上发挥法

---

* 本文受北京外国语大学一流学科建设资助，项目名称：马克龙时期的法国外交。

** 李洪峰，北京外国语大学法语系教授，北京外国语大学魁北克研究中心主任，法语国家与地区研究中心副主任，主要研究方向：法国外交、法语国家与地区国情、和平安全问题研究等；全慧，北京外国语大学法语系馆员，主要研究方向：中法关系史、法国汉学。

国作用。对中国而言，10 月召开的中国共产党第十九次全国代表大会是一次重要的会议，对中国全面建成小康社会，对统筹和协调推进国内发展的战略布局、保持经济平稳健康发展和社会和谐稳定有重大意义。

在此背景下，中法关系迎来了发展的新机遇。2017 年，双边关系取得了丰硕的成果，同时也面临着既有和新生的挑战。

一　中法关系发展的新机遇

第一，两国政府对双边关系发展的重要性有深刻共识，在涉及双边关系发展优先领域等问题上保持着高度一致。中国方面的立场一直十分坚定，正如外交部部长王毅在法国大选前夕接见法国前外长艾罗时所表示的，中国愿继续同法方共同努力，确保中法全面战略伙伴关系高水平运行。法国方面虽然发生政府更迭，为未来数年中法关系带来新变量，但马克龙及其政府对中国在世界经济政治中的角色有足够认知。双方共识一方面由来已久，拥有比较牢固的历史基础，更得到了近年来逐步建立和完善的一整套务实有效的合作机制框架的助力。这套机制中级别最高的当属战略对话、经济财金对话和高级别人文交流机制，这三大机制为重大议题的讨论提供了平台，为合作项目提供了渠道，为民心相通提供了融合剂，从长远看，不论从双边合作角度看，还是从国际多边合作角度看，将发挥不可估量的作用。法国现政府的很多政要和现届议会的不少议员对中国有比较深入的了解，有过比较实际的接触，已经参加过中法战略伙伴合作关系相关机制的运行。如法国现任总理爱德华·菲利普（Edouard Philippe）、内政部部长吉拉尔·克洛布（Gérard Collomb）、经济部部长布鲁诺·勒梅尔（Bruno Le Maire）、生态部部长尼古拉·于洛（Nicolas Hulot）、外交部部长让－伊夫·勒德里昂（Jean－Yves Le Drian）等都是其中的活跃者。应该说，法国现政府拥有一定的对华工作经验，有能力在现有机制的基础上，与中国政府一起提升中法关系的战略高度。

此外，近年来法国部分精英阶层人士不断呼吁加强中法人文交流，客观认识中国扮演的国际角色，有利于营造有利的合作氛围。国际关系与战略研究院学者库尔蒙（Barthélemy Courmont）等认为法国的精英阶层并不真正了解中国，他们极力呼吁从文化上了解中国，通过各个层面上的人文交流，尤其呼吁法国各地区积极参与，不要局限于政府和外交机构，推动对话和互信。①

第二，当前中国的国际合作能力为中法关系打开新篇章提供了坚实的依托。从经济和金融的角度看，中国的经济增速保持了稳定性，对外投资能力和外汇储备都令人无法忽视（2016 年中国对外投资达到 1830 亿美元，首次成为全球第二大对外投资国；截至 2017 年 6 月末，中国外汇储备规模 30568 亿美元②），在国际经济金融合作中采取了积极主动的姿态。从金砖国际合作机制到“一带一路”倡议，从亚洲基础设施投资银行（简称亚投行）到二十国峰会，这些新机制的出现不断为中法关系发展提供新的切入点和生发点。2015 年，法国紧随英国之后作为创始成员国加入亚投行就是很好的证明。“一带一路”倡议得到全球性的积极反响，法国也希望能够进一步借力于中国经济增长的东风。2017 年，“一带一路”国际合作高峰论坛正值法国总统大选，法国参加论坛的代表是前总理拉法兰和德维尔潘，二人充分肯定了“一带一路”倡议为亚欧非全面合作带来的机遇。这也从一个侧面表明了马克龙本人对于这一合作机遇的关注。在此框架内，中法在贸易、金融、安全、卫生、人文交流等领域都可以寻找到合作点。6 月 29 日，中国驻法使馆与法国独立智库国际关系与战略研究院（IRIS）就共建“一带一路”在巴黎论坛签署合作协议，该论坛是中国驻外使领馆首次携手欧美主流智库在“一带一路”倡议框架下建立的机制化交流平台，以中法、中欧合作中的重要议题为主题，为中欧“一带一路”合作贡献智慧。

---

① Barthélemy Courmont, Emmanuel Lincot, «La relation diplomatique Franco-chinoise à l'horizon 2020», *Monde chinois*, 2012/4 (N° 32), pp. 6 – 15.

② 国家外汇管理局,《2017 年上半年中国国际收支报告》, http://www.safe.gov.cn/wps/wcm/connect/02c1c10042c6f609897fdf072c7d8f4d/2017%E5%B9%B4%E4%B8%8A%E5%8D%8A%E5%B9%B4%E4%B8%AD%E5%9B%BD%E5%9B%BD%E9%99%85%E6%94%B6%E6%94%AF%E6%8A%A5%E5%91%8A.pdf?MOD=AJPERES&CACHEID=02c1c10042c6f609897fdf072c7d8f4d，最后访问日期：2017 年 9 月 20 日。

第三，不断演变中的国际形势也为中法提供了更多的共同利益边界以及合作机会。特朗普执政，美国单边主义加强，制造出了更多的国际摩擦和矛盾，但同时也为其他国家提高国际话语权提供了空间；英国脱欧后，欧盟一体化需要注入新的活力，需要法德发挥更大作用；叙利亚、利比亚等地区问题需要各国的协调应对，而国际反恐合作面临着更大挑战。中国近年来勇于承担国际责任，在国际经贸金融体系、安全合作机制、气候与环境等重大议题上不断发出自己的声音，中国可以成为法国有力的合作伙伴。马克龙上台伊始，即表现出了调动大国关系、凸显法国声音的高调风格。在处理对美关系方面，一方面马克龙显示强硬态度，在美国退出《巴黎协定》后高调反对美国的做法，强调《巴黎协定》的不可逆转；另一方面，他又把握各种机会与美国总统进行沟通，邀请特朗普访法，力图利用英国脱欧、德美关系紧张之机，强化法美合作。在对俄关系方面，他打破了西方制裁俄罗斯后形成的法俄关系僵局，邀请普京访法，希望推动法俄在反恐方面的合作。在法国的新外交战略中，中国作为合作者的地位更为重要。从法国外交部官网对中法关系的定位中可以看到法方在环境、气候等重大国际议题上对与中国合作的期待。[①] 马克龙新任命的法国驻华大使的人选也表明了法国赋予中法关系更多国际影响力的期待。新任驻华大使黎想（Jean-Maurice Ripert）先后担任法国常驻联合国代表、联合国副秘书长、法国驻俄罗斯大使等职，是一个具有丰富的国际事务经验、了解欧亚地区问题的人选。他的到任应该会十分有利于中法在国际重大问题上的对话与合作。正如法国学者高大伟（David Gosset）所称，在一个全球化的世界中，国内与国际问题紧密相关；在一个中国重新发挥重要作用的时代，对于法中关系不仅需要给予重大关注，也需要进行战略考量。[②]

---

① 可参阅：法国外交部官网，“France-Chine，un partenariat stratégique global”，http：//www.diplomatie.gouv.fr/fr/dossiers－pays/chine/relations－bilaterales/france－chine－un－partenariat－strategique－global/。

② David Gosset，“Sino-French ties matter even more now”，http：//europe.chinadaily.com.cn/epaper/2017－05/05/content_29213561.htm.

二　2017年中法关系的成果

2017 年，中法双边关系在既定轨道内运行，在外交军事、经贸科技、文化交流、能源与环境等各个领域中取得了丰硕的成果。

（一）外交和军事

在高层领导人往来方面，虽然有法国总统大选和政府、议会更迭，两国高层对话和互访仍保持了一定热度，实现了稳定的过渡和交接。2017 年 2 月，法国时任总理贝尔纳·卡泽纳夫对中国进行正式访问，与习近平主席会见，并与李克强总理共同参加了一系列协议的签署仪式，协议涉及核能、科研、应对老龄化等领域。中法还达成了《中法驾照互认协议》。4 月，法国外长让－马克·艾罗应王毅部长邀请访华，与国务委员杨洁篪会面。艾罗表示，法国支持“一带一路”倡议，重申法国愿继续同中国深化合作的立场。① 当月，应法国饶勒斯基金会邀请，全国人大常委会副委员长、中国国际交流协会副会长张宝文率团访法，与饶勒斯基金会以及法中委员会围绕双边关系、中欧关系和“一带一路”进行了交流。

5 月 7 日，马克龙当选法国总统。次日，习近平主席向其致贺电，指出中法关系具有重要的战略意义和国际影响，中国愿意推动中法全面战略伙伴关系持续发展。5 月 9 日，习近平主席同马克龙通电话。马克龙表示，法国新政府将继续奉行积极友好的对华方针，深化双方在外交、经贸、工业等领域和“一带一路”建设框架内务实合作，在应对气候变化、二十国集团合作等重大国际议题上继续沟通。法国新政府成立后，中法两国外长通电话，表达了对中法战略合作成效的满意，并就《巴黎协定》的落实及朝鲜半岛形势等问题交换了意见。5 月 14 日，前总理拉法兰和德维尔潘代表马克龙参加了在北京

① 《杨洁篪会见法国外长艾罗》，新华网，http://news.xinhuanet.com/politics/2017－04/14/c_129533666.htm。

举行的“一带一路”国际合作高峰论坛，表明了法国的积极立场。

7月7日，王毅部长会见法国新任外长勒德里昂。双方共同表示，在当前国际形势下，中法关系稳定发展具有重要意义。双方将按照两国元首共识，推进各层级交往和各领域务实合作，在国际事务中加强沟通配合。

7月8日，习近平主席在汉堡出席20国集团首脑会议时，会见了马克龙总统。习近平指出，维护好、发展好中法全面战略伙伴关系，是两国应当共同承担的历史责任。中方愿同欧盟发展长期稳定的合作关系，希望法国继续在中欧关系中发挥积极带头作用，为扩大中欧贸易、促进双向投资、实现高水平互利共赢多做贡献。马克龙表示，法中友好历史悠久，两国关系已经达到历史最好水平。法方高度重视法中全面战略伙伴关系，视中方为重要合作伙伴和国际事务中的重要力量。法方愿密切同中方在经贸、投资、核能、汽车制造、食品等广泛领域的合作。两国在重大国际问题上立场相近，应当密切在联合国等多边框架下沟通协作，共同促进世界和平与繁荣。

在军事方面，第13轮中法两军防务战略磋商于4月17日在北京举行，代表双方的分别是中共中央军委联合参谋部副参谋长邵元明和法国国防部国际关系与战略事务总局副总局长博纳旺蒂尔。双方就国际和地区安全形势、国防和军队建设等共同关心的问题进行了讨论。

（二）经贸与科技领域

中国政府有“中国制造2025”的计划，法国政府有“未来工业”计划的发展战略，中法两国愿意使两国的发展规划相对接。在这一背景下，中法经济贸易和科技合作不断呈现出时代的新特点。

第一，在合作多元化趋势加强的同时，优势合作领域继续巩固。2017年，中法在工业制造、航空、能源、医药、奢侈品、生态、大数据等各个领域中的交流合作顺利进行。3月23日，中法产业合作交流会在南京举行。包括中法产业合作备忘录、中法产业发展基金、标致雪铁龙、中法新能源联合应用开发中心等22个项目举行了签约仪式，生命健康、高端制造、通用航空、金融服务及文化创意等都是重点发展领域。人们从中可以看到中法未来数年合作的广度与深度。

在双边层面上，中法 2017 年在环境与生态问题上的合作也是可圈可点。3 月 22 日，中国城市科学研究会在“中法生态城市合作与创新分论坛”上与法国建筑科学技术中心正式签署了《中法生态城市合作战略框架协议》，约定中法将在绿色建筑、生态城市及生态社区、特色小镇以及美丽乡村建设方面开展广泛合作，并开发一套适用于中国的空间质量与环境质量评估与认证系统。4 月 13 日，法国可持续城市特别代表、中法武汉生态示范城项目法方总协调人杰拉德·沃尔夫一行来汉访问，中法双方决心建设好中法武汉生态示范城。在核安全方面，4 月 4 日，中法核安全合作指导委员会会议在法国巴黎召开，中法对话继续深入。

此外，还值得指出的是，中法合作的覆盖地理区域不断扩展，辐射到其他国家与地区。2017 年开工的法国马赛国际商贸城项目建成后将成为全法第二大、法国南部最大的华商贸易批发商城以及连接旅法华商与南欧、北非的唯一商贸平台。

第二，在国际竞争日益激烈的背景下，创新是中法经贸、科技合作的主要关键词之一。3 月 23 日，中国工业和信息化部国际经济技术合作中心与法国未来工业联盟在北京共同举办了中法工业合作圆桌会，并签署了《中法工业联合创新中心谅解备忘录》（简称《备忘录》）。在该《备忘录》框架内，6 月 20 日，中国航空工业集团公司与法国达索系统公司在第 52 届巴黎—布尔歇国际航空航天展览会期间就中法工业联合创新中心合作建设签署了协议。8 月 31 日，法国总理菲利普考察中国无人机初创企业，这是菲利普总理上任后首次在公开场合与中国企业交流。9 月 7 日，由法国商务投资署和法国国家投资银行共同发起、旨在加强法国创新企业的国际竞争力、开拓市场发展空间及海外合作的“‘法国科技之门’2017 北美与中国之旅”在巴黎国家投资银行总部启动。法国的 21 家创新企业将接受一系列关于两国市场及投资环境的培训，于 10 月分赴纽约、旧金山、蒙特利尔、多伦多、深圳、香港、上海及北京等城市，与当地政府机构、投资商及商业合作伙伴进行对接。

第三，经贸科技活动与文化活动的结合也是中法合作的一个亮点。2017年4月，第三届中法品牌高峰论坛在联合国教科文组织总部所在地法国巴黎隆重启幕。4月28日，“一带一路”中法经贸文化论坛——中国茶对话法国酒活动在武汉东湖国际会议中心开幕。5月4日，湖南法国文化经贸交流会在巴黎举行。湖南代表团还同期参加了2017年巴黎国际博览会，展示湖南丰富多彩的非物质文化遗产。6月底7月初，“2017中国国际食品安全与创新”技术展览会在北京举办，展会上进行了由中国经济网主办的“一带一路”沿线国家——法国旅游美食文化推介活动。

从两国2016年的贸易额看，法国是中国在欧洲的第三大经贸伙伴，中国则是法国在亚洲第一大经贸伙伴。应该说，中法贸易额的上升有很大空间，但是法国在贸易方面对华合作规模在欧洲仍然落后于德国和英国。2017年第一季度中法贸易额比同期有所下降。①

（三）文化、艺术交流方面

中法两国作为文化大国，都十分重视文化交流在加强两国人民互相理解、营造良好人文交流氛围方面的作用。2017年，两国文化交流活动具有规模大、活动多，注重对话和互动，大城市与中小城市齐头并进的特点。

2017年，中法文化交流活动场次非常多，其中规模最大、为期最长的活动当属第12届中法文化之春。5月6日至7月9日，60项活动在中国30个城市举行，涉及话剧、舞蹈、古典及现代音乐、当代音乐、视觉艺术、新媒体、电影、图书等领域。香港地区举行了第25届法国五月艺术节，以“法式庆祝及艺术生活”为主题，推出了一系列文化艺术活动。其他具有相当分量的活动还有1月中国国家博物馆联手法国卢浮宫博物馆推出的“卢浮宫的创想”展览，展出了126件（套）卢浮宫珍贵藏品。

突出中法文化对话的主题活动有：3月北京国展艺术中心与欧洲艺术影

---

① 《2017年1~3月中国与法国双边贸易概况：贸易额下降2.4%》，http://www.askci.com/news/chanye/20170526/11482999032_2.shtml。

像协会承办的“升东吉西”——2017 中法当代艺术对话展；4 月由法国艺术 8、中国园林博物馆、中国插花艺术博物馆、北京汽车博物馆共同主办的主题为“西遇花朝——中法文化汇流”活动，这是“一带一路：中法文化汇流”第二届中法文化论坛的预热活动；9 月，分别在巴黎中国文化中心和里昂汇流博物馆举办了“中国钧瓷四海行——共和国钧官窑 30 年精品展（1958 ~ 1988）”和“刺桐古韵，瓷恒茶香”展览，后者是第二届中法文化论坛“一带一路：文化汇流与共享”的主要项目。

中法文化交流活动在中法大城市与中小城市同时推进的势头继续加强。在法国，首都巴黎的角色仍然不可替代。2017 年 5 月，第七届法国中国电影节在巴黎高蒙玛里扬影院开幕，展映了 11 部风格多元的中国电影作品，使法国观众可以通过电影了解发展中的中国。6 月，巴黎举行了中法旅游交流会，中法在旅游包机、商务旅游、科技旅游、研学旅游和旅游基础设施建设等议题上的讨论不断深化。同月，巴黎还举办了“巴黎中国戏剧之夜”活动。同时，也可以看到，法国各地的中国主题活动也颇有活力。6 月，法国东南部小城阿讷西举行的国际动画电影节上，中国是主宾国。西部拉罗谢尔的第 28 届法国国际阳光纪录片节上，“中国联合展台”首次亮相，受到广泛关注并取得实质性的交流成果。5 月，成都国际金融中心与巴黎左岸圣日耳曼德佩委员会（Le Comité Saint Germain des Prés）正式签署“国际友好街区”战略友好合作协议，双方在艺术、文化、商业、旅游联合推广等方面开启交流与合作。8 月，首届“中法文化音乐交流会”在武汉举行，来自法国的萨克斯大师，以及北京、上海、武汉三地的艺术家、文化学者、音乐家围绕中法两国民间文化艺术交流、音乐常态化互动往来展开了探讨。

中法文化交流也进一步关注儿童和青少年层面，这关系到未来一代人相处的前景。寒暑假成为组织青少年交流活动的最佳阶段，比如 2 月的“金帆起航——你好，2017”和 7 月的“扬起和平的风帆”中法中小学文化艺术交流活动。

可以想见，在未来数年中，文化交流将成为带动中法人文交流和经贸交流的一个重要推动力。

三　中法关系面临的挑战

2017 年，中法关系平稳发展，但历史问题仍然存在，新问题出现的可能性也仍然存在。

马克龙上台后的法国外交政策走务实路线，重视欧洲一体化发展，重视法国和欧洲的工业、农业和经济利益。马克龙政府重视中国的作用，希望与中国保持密切合作，发展经贸，但是也有利益冲突之处。马克龙担任经济部长时，对于法中贸易逆差问题和反倾销问题，都表明了其坚持法国利益和欧洲利益的一面。2017 年 6 月在布鲁塞尔举行的欧盟峰会上，马克龙提出了“创建欧盟机制对欧盟以外的战略性投资项目进行审查”的建议，针对中国的意味十分明显。虽然未能得到多数国家的支持，但 7 月 13 日，德国政府通过政令，扩大某些情况下使用否决权的权限，加强了对外资收购具有“战略意义”公司的管制。法德的相似态度对于欧盟对华经贸政策会产生什么样的影响，是我们需要正视的问题。

同时，不可忽视的是，这届政府成员在对华交往中不可避免地带有对中国的防备心理，以及传统的意识形态成见和人权色彩。勒德里昂在担任国防部长时曾与前外长法比尤斯访问日本，与日签署“二加二”合作协议，加强军事合作，似有在亚洲平衡中国军事实力之嫌。对于南海问题，他认为，近年来南海问题的相关国家在领海争议问题和行为准则的制定上没有取得实质进展，各国应加强对话；称中国南海地区的形势与欧盟直接相关，不仅为保证其经济利益，更要保证航行自由得到尊重；希望加大欧盟国家在亚洲海域常规的、可见的巡航力度。这表明法国很重视在亚洲的安全利益。2017 年 7 月 13 日，勒德里昂在刘晓波去世时发表声明，称人权问题在法国外交中占据重要地位，是与中国的重要对话内容。[①] 勒梅尔则认为，中国善于用

① 声明全文见法国外交部官网，«Déclaration de Jean-Yves Le Drian (13 juillet 2017)»，http://www.diplomatie.gouv.fr/fr/dossiers-pays/chine/evenements/article/chine-deces-de-liu-xiaobo-declaration-de-jean-yves-le-drian-13-07-17。

各种规则实施贸易保护，认为承认中国的市场经济地位为时尚早，但他认为这并不妨碍中法经贸关系发展。

总体看来，中法关系整体上会保持正常的发展势头，传统的老问题仍然存在，新问题也会随着双方利益冲突以及在国际问题上的立场磨合过程而不断出现。但是，合作仍然是不可逆转的潮流，只要中法对双方合作的必要性、重要性有共识，合作的大基调应该不会有突兀的改变。

四　结语

2017 年法国新政府上台伊始，需要处理的国内经济问题和安全问题很多，在对华政策方面尚未能采取更多创议，其走向还需观望。对于马克龙及其政府来说，需要进一步为法国企业、科研学术界、媒体和民众更好地认识中国提供动力、契机和正确的视角。在增强互信的基础上，才能够真正进行优势互补，持续创新。马克龙当选后，我国驻法大使翟隽在狄德罗研究院发表演讲，提出了中法关系发展的原则。一是正确看待和处理双方的差异性。中法文化传统、政治制度、发展水平存在较大差异，对一些问题的看法和处理方式也不尽相同。二是深入挖掘双方互补性，取长补短。三是保持两国关系发展的延续性，不断增强创新性。① 对这三条原则的践行将能够有力地保障未来中法全面战略合作伙伴关系的良性发展。

① 《推动中法关系在新起点上迈上新台阶——驻法国大使翟隽在狄德罗研究院的演讲》，中国外交部官网，http：//www. fmprc. gov. cn/web/dszlsjt_ 673036/t1463532. shtml。

社会文化篇

Society and Culture

B.18 法语的国际话语权[*]

戴冬梅[**]

摘　要： 法语国际话语权指的是法语在国际上的地位和影响力。法语在法国国内的战略地位没有动摇，但在实际使用中切实经受着英语的挑战。法国外交始终把法语的对外推广视为国家实力和国际影响力的重要组成部分。尽管面临财政困难，法国近年来仍努力整合资源、积极进行机制改革。在联合国、欧盟和非洲联盟（简称非盟）中，法语的地位虽远不及英语重要，且与历史最好时期相比有所下降，但是法语较其他语言仍有很大优势。此外，多语主义原则的普及使法语地位较前几年有所提高，法语因此保持了国际语言的地位，并在某些方面有突出表现。在多语主义深入实施及非洲人口高速增长的前景下，法语的国际地位有望继续提高。

* 本文受北京外国语大学一流学科建设经费资助，项目名称：法国的国际话语权。

** 戴冬梅，北京外国语大学法语系副主任，副教授。

关键词： 法语 法国 国际组织 话语权

一 导言

一般而言，广义的国际话语权往往指一个国家在国际舞台上，就政治、经济、科技、文化和军事等诸多领域的问题发表看法，并受到别人尊重。正如梁凯音所说："国际话语权指以国家利益为核心，就社会发展事务和国家事务等发表意见的权利。"① 而本文中涉及的"法语的国际话语权"则是狭义上的，指法语在国际舞台上的地位和影响力，具体指法语在具有国际意义的公共空间中使用的层次与频率。当然，广义和狭义上的国际话语权仍然有所关联。因为无论是一个国家的国际话语权还是一门语言的国际话语权，实际都与相关国家的实力（包括硬实力和软实力）息息相关，正如李宇明指出的："一个国家在世界各个领域能否用自己的语言阐述自己的观点，即话语权的获取，不仅受制于经济、政治、文化、教育、科技、军事等诸多因素，语言文字也会起很重要作用。"②

17～19世纪，法国是世界强国。法语也曾作为"普世语言"辉煌一时。它曾是启蒙思想家的语言，是文学艺术大师的语言，是宫廷的语言和外交的语言。但是，从1919年《凡尔赛条约》用英法双语签署且同等有效开始，法语的国际地位受到英语的挑战。20世纪两次世界大战之后，美国的崛起和科学技术的迅猛发展，都为英语的传播提供了极其便利的条件。21世纪以来，无论是在法国国内还是在国际舞台上，英语都延续了100百年来的强劲发展势头，而法语则在一片"保护"声中日渐式微。

首先，由于外交是内政的延伸，语言在国际舞台上的影响力也与它在相关国家内部的地位尤其是与国家的语言对外推广政策有密切的关系。要了解法国外交视角下的法语国际话语权，我们首先需要了解法语在法国国内的地

① 梁凯音：《论国际话语权与中国拓展国际话语权的新思路》，《当代世界与社会主义》2009年第3期，第110页。

② 李宇明：《中国的话语权问题》，《河北大学学报》2006年第6期，第1页。

位和使用情况、法语的对外推广政策，这是法语获得国际话语权的根基。其次，法语在国际组织和地区组织（如欧盟、联合国和非洲联盟）的使用情况是法语国际话语权的“晴雨表”。最后，我们也需要了解法语在主要的非法语国家与地区的使用情况。

二 在法国

（一）法语的战略地位

对法国而言，共和国是国家、民族、语言三者的结合体，[①] 国家认同、民族认同和语言认同达到高度重合。对外，法国始终把法语视为法国实力和国际影响力的组成部分，甚至谈及国防的文件，如《防务与国家安全白皮书》（以下简称《国防白皮书》）也会谈及法语的重要性。第五共和国共发布了 4 本《国防白皮书》。除了 2008 年的，其他的几本（1972 年、1994 年、2013 年）都提及了法语。其中，2013 年 4 月发布的白皮书论述尤为详细，共 3 次提到法语。第一次是在总统奥朗德所撰写的《前言》中。《前言》只有一页半，介绍了白皮书的重点考量和主旨思想，可谓字字珠玑。总统在开篇先描述了新时期世界形势面临的挑战，之后在第二段就谈到了法语，为了说明“法国的历史与世界历史从来都是联系在一起的”：“这种世界新局势并未使法国措手不及。法国根据其利益和价值观，通过其经济、思想、语言、外交和军事能力以及在联合国安理会的地位在世界舞台上发挥作用。它与欧洲合作伙伴及其盟国密切协作，但是也保留了自己的倡导能力。”[②] 我们可以看到，从某种程度上，总统认为，法语的作用是同法国在安理会的常任理事国

---

① B. Cerquiglini, «La Politique linguistique», in Gérald Antoine & Bernard Cerquiglini (eds.), *Histoire de la langue française*. 1945 – 2000, Paris: CNRS, 2000, p. 606.

② 法国国防部：《防务与国家安全白皮书》（2013），法国国防部官网：https://www.defense.gouv.fr/portail/enjeux2/politique-de-defense/le-livre-blanc-sur-la-defense-et-la-securite-nationale-2013/livre-blanc-2013，p. 7。

地位、法国的经济、军事和外交实力以及法国思想的影响力并驾齐驱的，是法国国家实力的重要组成部分。

而且，法语作为法国世界影响力的组成部分不是凭空而言，而是有数据、论据证明的。2013 年的《国防白皮书》在正文中进一步阐述了《前言》中的思想和观点。它认为，法国的命运与世界发展紧密相连，而语言也是其中的重要因素："由于法国的地理、历史、语言以及其经济的开放性和它在国际舞台上希望发挥的政治作用，法国的命运与世界的总体发展深刻地联系在一起。法国的未来和繁荣与世界总体发展不可分。"具体而言，"法国的国际地位也同样通过其语言的传播、文化和价值观的影响力表现出来。世界上超过 2.2 亿的人能流利地讲法语，这一现实赋予法语国家与地区国际组织重要的政治意义。大约 10% 译为外文的图书是从法语翻译而来的。同样，法国在全世界科技图书出版中占比 4.2%，位居世界第六。"①

法语是法国民族国家的组成部分，这一观点深入人心。例如，法国视听高级委员会（Conseil supérieur de l'Audiovisuel，CSA）主席什哈麦克（Olivier Schrameck）在解释为何建立"视听媒体法语日"时曾说："我们的国家和其他欧洲国家一样正处在困难时期，国家的根基——言论自由、权力平等和社会不同组成部分之间情如手足——甚至都有些不稳固的时候，我们的角色，甚至可以说我们的责任，就是让人看到我们语言的博大精深，这是我们国家的基础。"②

（二）法语在国内的使用情况

法国对于法语的使用规定既具体又严格。1994 年 8 月 4 日，为了规范国内法语的使用，法国通过了著名的《图邦法》（Loi Toubon），阐明了"法

① 法国国防部：《防务与国家安全白皮书》（2013），法国国防部官网：https：//www. defense. gouv. fr/portail/enjeux2/politique – de – defense/le – livre – blanc – sur – la – defense – et – la – securite – nationale – 2013/livre – blanc – 2013，pp. 13 – 14。

② Olivier Schrameck，cité dans «Journée de la langue française dans les médias audiovisuels»，http：//www. langue – francaise. org/2016_ journee_ langue_ francaise_ 2016. pdf，p. 5.

语是教育、工作、交流以及政府部门所使用的语言”（第一条），同时规定：各类外国广告、产品说明等必须使用法语，外语广告和说明需要配有同等地位（同样可视、可读、可听）的法语译文（第二条、第四条）。随后，法国出台了该法实施条例，详细规定了违反规定的处罚办法。

但是，在商业、广告、娱乐等领域，英语的使用越来越频繁，没有按照法律规定配上法语译文的情况越来越多。根据法国文化与传媒部法语与法国境内语言司的统计，2009 年以来检查案例的 10% ~14%①都存在违规情况。例如，位于巴黎西北部著名商务区拉德芳斯（La Défense）的最高楼宇被命名为“First”（高 231 米），不久之后该区将建成更高的、名为“The Link”的大楼（244 米）；巴黎还有一座“Home”大厦，西南郊布洛涅—比阳古（Boulogne-Billancourt）镇的一座大厦被命名为“CityLights”，里昂则有一座“Incity”大厦；梅斯市（Metz）和南锡市（Nancy）的机场正式名称为“Lorraine Airport”（洛林机场）；法航的广告词是“France is in the Air”；另外，还出现了名为“The Voice”“Secret Story”“Masterchef”的电视节目②……更有甚者，法国申请 2024 年夏季奥运会主办权的主打口号是“Made for sharing”。虽然配有法语译文（Venez partager），但是英文版的地位明显高于法语版。2017 年 2 月 3 日，英文口号在点亮的埃菲尔铁塔上一经揭晓，一时间激起轩然大波。很多人指责巴黎奥申委此举抬高了英语地位，并开始为法语的国际地位担忧。针对广播电视节目中英语名称层出不穷以及不规范或错误使用法语的现象，法国视听高级委员会从 2015 年开始每年 3 月在国际法语活动节期间举办“视听媒体法语日”，鼓励媒体使用并且正确使用法语，开始仅限于法国媒体参加，后来也邀请其他法语国家和地区的媒体参加活动。

在高等教育领域，英语的使用已经达到了倒逼法律进行修改的地步。

---

① 法国文化部，《法语使用报告》（2016），法国文化部官网：http：//www. culture. gouv. fr/Thematiques/Langue – francaise – et – langues – de – France/La – DGLFLF/Nos – priorites/Rapport – au – Parlement – sur – l – emploi – de – la – langue – francaise – 2016，第 18 页。

② Michel Guerrin，«On ne compte plus les manifestations culturelles qui parlent un anglais non traduit»，*Le Monde*，le 9 juin 2015.

2013年7月，以当时的高等教育与科学研究部长名字命名的《费奥拉佐法》（loi Fioraso）修改了《图邦法》，它规定：在满足法律规定的条件下，法国允许大学里使用外语——实际也就是英语——进行教学。尽管这一规定饱受法语保护人士的诟病，但实际上，与其说允许使用英语教学是一种变革，不如说是对现实情况的认可。不少著名的高等学府（如商校）早就有为数众多的可用英语学习的项目了。第戎（Dijon）的一所商校干脆取了个英语名字（"Burgundy Schoolof Business"：勃艮第商校）。法兰西学术院（Académie française）曾在上述法律草案甫一出台就要求收回这一法律，担心它将造成法语的边缘化。但是，法国国家科学研究中心（CNRS）负责人则针锋相对地说，拒绝英语将造成法国科研的边缘化，并将损害法国的利益。这一点倒是确有先例。由于未用英语发表成果，法国第二位诺贝尔经济学奖获得者莫里斯·阿莱（Maurice Allais）的许多成果都被错以为是英语学者的首创。

2013年6月，法国国家人口研究所公布了一项关于法国教育与科研中现代语言的使用的调查结果。该调查显示，2007～2009年，在1963名研究所负责人和8883名研究人员中，83%基本使用英语，且42%只使用英语，只有10%使用法语，只使用法语的仅占8%。这一趋势在自然科学领域尤其明显，大约96%的研究所负责人认为英语是最重要的语言，只有2%认为法语最重要。在人文社科领域，59%认为英语最重要，23%则认为法语更重要。而且，越年轻的研究者对英语的认可度越高，多种语言的使用频率越低。根据该调查，95%的大学教师曾在2007～2008学年承担教学任务。其中，9%曾"经常"使用英语授课，17%曾"偶尔"使用英语授课，总计为26%。专职科研人员教学较少，只有55%在该学年执过教鞭，但他们使用英语的比例更高：13%曾"经常"使用英语授课，34%曾"偶尔"使用英语授课，总计为47%。按学科计算，政治学（15%经常使用，22%偶尔使用）和管理学（10%经常使用，23%偶尔使用）的英语使用频率也相当高。法国高等教育中的英语授课科目与日俱增。另外，法国法律规定，如果研讨会以外语为工作语言，那么必须配备法语翻译。但是，只有10%的此类会议采取了相应的翻译措施。①

在中学，法国可提供多门现代语言语种供学生学习，法国常引以为傲。不过，学生的选择非常集中，英语以绝对的优势傲视群雄。例如，根据2015年《法语使用报告》的数据，在2014学年，可供法国中学生选择学习的现代语言达到31门（包括18门外国语言和13门地方语言）。但是，学习英语的中学生比例为98.9%，学西班牙语的占比47.3%，15.3%的中学生选择学习德语，4.3%学习意大利语，其他语言占比均在1%以下。②

法国精英层甚至总统本人也有越来越多明显违反法语使用规定的例子。2017年，马克龙曾先用法语、后用英语发表讲话，谴责特朗普单方面决定美国退出《巴黎协定》。同时，他对美国相关领域科学家发出邀请，请他们到法国工作。他使用英语演讲确有积极的一面。第一，大家发现他的英语水平远超他的前任总统，是完全可以进行正常交流和工作的；第二，英语的使用使得他的演讲受众更多，影响大增，比如多家美国媒体都进行了转播或转载；第三，他不仅在道义上胜出一筹，并且某种程度上，他代表整个反对美国退出《巴黎协定》的阵营发声，可谓法国外交的胜利。只是，他的这种行事方式明显违反了《图邦法》第一条的规定。总统作为法国的公务人员，他在工作时应该使用法语。与此相关联的，作为培养国家高级公务员的法国国立行政学院（Ecole nationale d'Administration，ENA）在2017年尚维持了8门外语的考试选择。但从2018年开始，英语成为外语必考科目了。

（三）法语的对外推广

一个多世纪以来，法国民间和官方均不遗余力地对外推广法语和法国文化，建立了庞大的海外网络。民间机构如法语联盟（Alliance française，以

---

① François Héran, «L'anglais hors la loi? Enquête sur les langues de recherche et d'enseignement en France», *Population &Société*, numéro 501, mai - juin 2013，法国国家人口研究所官网：https：//www. ined. fr/fichier/s_ rubrique/1327/popsoc_ pr. publ_ heran. fr. pdf。

② 法国文化部，《法语使用报告》（2015）第81页。由于法国中学生可以学习第一、第二甚至第三外语，所以此处总数超过100%。

下简称“法盟”）是法语对外推广的“先锋”，自1883年成立以来一直不断发展。官方推广法语工作的参与者众多。传统的官方传播体系包括三大部分：决策者、执行者和传播网络。决策者包括国家最高领导人及外交部、文化部和教育部等部长。推广法语是法国外交的重要组成部分，也是文化外交的重要内容。外交部因此被戏称为世界最大的“文化跨国公司”。[①] 执行者是各部委和相关机构主管部门。传播网络则包括法国使馆文化处、法国文化学院（Institut français，以下简称“文化学院”）或文化中心（Centre culturel français）以及部分法盟。2011年，法国成立了法国对外文化教育局（Institut français，以下简称“对外文教局”），对法语推广机构进行了整合。根据法国2010年7月27日颁布的《国家对外文化行动法》（Loi n°2010－873 relative à l’action extérieure de l’Etat）第9条第1款规定：“创建具有工业、商业性质的公立机构，命名为‘对外文化教育局’，负责对外文化行动，按照本法第一章的规定，由外交部监管。”[②] 同条第2款明确说明，对外文教局执行外交部部长和文化部部长共同制定的方针政策。同年12月30日，法国总理发布了上述法律的实施细则，详细规定了该局的性质、组织架构、资金来源和运行方式。作为法国官方唯一的对外文化行动执行机构，对外文教局首先进行了机构整合。世界各地的文化学院和文化中心全部归对外文教局管理，成为该局的分支机构。各分支机构的法文名称统一采用“所在地名＋Institut français”的格式。当然，外文译名可以自由些。如中文就保留了“法国文化中心”的名称。

截至2016年6月，法国在世界各地共有98家法国文化中心，大多数正常运转，但是也不乏遭遇困境者。例如，由于经济或外交的原因，一些有历史意义的、隶属法国外交部下属文化中心的海外不动产被变卖，带来的后果时常是中心关门、法语课与文化活动停办。2016年6月30日，因为法国无法承担面积达4000平方米、拥有400年历史的古建筑的维修费用，荷兰阿

---

① Louis Porcher, *Le français langue étrangère. Emergence d’une discipline*, Paris: Hachette, 1995, p. 5.

② 法国司法部，法律法规总汇官网：https://www.legifrance.gouv.fr/affichTexte.do?cidTexte=JORFTEXT000022521532。

姆斯特丹法国文化中心和法国领馆所在地——笛卡尔大厦关闭，30 位员工被解聘。2015 年 11 月 11 日，位于奥地利首都维也纳的克拉姆 - 嘎拉斯大厦（Clam-Gallas）卖给了卡塔尔王国做大使馆。位于马来西亚首都吉隆坡市中心的法国使团所在地卖了近 2 亿欧元，法国驻摩纳哥大使官邸卖了 5000 万欧元，法国驻纽约联合国总部大使官邸出售的价格为 5100 万欧元。①

综上所述，虽然法语的战略地位没有动摇，但是英语在法国的使用范围和影响逐渐扩大，违反法语使用规定的情况越来越多。同时，相关法律法规有所变化，总体趋向由紧而松。另外，国家对外推广法语的意愿依旧强烈，并于近年来针对历史的沉疴积弊进行了机构整合改革，但是依然面临诸如财政等方面的困难。

三　法国在欧盟的话语权

法语在欧盟的地位较高、使用较广。它是欧洲多个国家的官方语言，也是欧洲范围内中小学阶段学习人数最多的第二外语。另外，欧盟成员国中有 17 个是法语国家与地区国际组织的成员国或者观察国。欧盟法语大使团成员有 59 个。如果按照操母语人口计算，在欧盟的 24 门官方语言中，德语是欧盟最大的语种（16% 的欧盟成员的母语是德语），其次是英语和意大利语（13%），接着依次是法语（12%）、西班牙语和波兰语（8%）。从讲法语的人占人口的比例来看，欧洲的法语人口如下：法国人口的 97%；卢森堡人口的 96%；比利时人口的 72%，葡萄牙人口的 23%，英国人口的 16%，意大利人口的 15%，德国人口的 14%，奥地利和马其顿人口的 11%，罗马尼亚人口的 9%。② 目前，欧盟的工作语言只有 3 门，即英语、法语和德语。这 3 门工作语言在不同机构中的使用频率也是不同的。英语显然是最重要的欧盟工作语言，其次是法语，德语的使用率最低。当然，在不同的机构和不

---

① Blaise Gauquelin, «Les instituts français en voie de destitution», *Le Monde*, le 25 mai 2016.

② 法国文化部：《法语使用报告》（2016），第 129 ~ 130 页。

同的场合，英语、法语、德语各自有不同的特点。例如，由于沿用欧洲一体化初期的惯例，法语是欧盟司法机构审议时使用的语言。欧盟法院和欧盟初审法庭的判决和意见都使用法语，然后再翻译成欧盟其他官方语言。不过，从文件起草语言来看，在所有欧盟机构中，法语的使用都趋向减少。例如在欧盟委员会，根据翻译部门的统计，相比德语和其他语言，法语起草文件占比下降最为明显，2015 年占比甚至不及 1998 年的十分之一（见表 1）。

表 1　欧盟委员会文件起草语言比例

单位：%

年份＼语言	英语	法语	德语	其他语言
1998	48	37	5	10
2015	81	3.6	2.8	12.6

资料来源：欧盟笔译司。引自：《法语使用报告》（2016），第 132 页。

其中，2005 年（16.5%）比 2003 年（26%）直降近 10 个百分点。同一阶段，英语的使用率直升 10 个百分点（从 2003 年的 59% 到 2005 年的 69%），[①] 德语和其他语言的使用率也略有提高。这与 2004 年欧盟接纳 10 个新成员国不无关系。我们可以看到，成员国越多，英语的势力越大，法语的话语权越少。

在欧洲理事会，法语的文件起草率很低。除了卢森堡担任轮值主席国时曾达到创纪录的 25.2%、法国担任轮值主席国时达到 16.4%，自 2011 年以来，这一占例未超过 5%，通常在 2% 至 4% 徘徊。在对外行动署，英语起草文件占比 97.7%，法语 1.7%，德语 0.3%，其他语言 0.3%。相比之下，法语在欧洲议会中的使用率是最高的。从 2009 年以来基本在 15% 至 16%，2014 年曾偶然跃至 24%。[②]

在领导人发言方面，欧洲理事会主席图斯克（Tusk）只用英语发言。欧盟委员会主席容克（Juncker）既用英语，也用法语。在 2017 年 5 月 5 日

① 法国文化部：《法语使用报告》（2016），第 132 页。

② 法国文化部：《法语使用报告》（2016），第 133 ~ 134 页。

的一次欧盟会议上，他曾经选择使用法语发言挤兑英国，称英国脱欧后英语也将失去其重要性。不过，参加会议的欧盟脱欧谈判首席代表、前法国外长巴尼耶（Barnier）却选择讲英语，他说希望英国人能听懂他的讲话。

欧盟委员会的新闻发布通常一半使用英语，一半使用法语。但是，回答记者提问部分通常使用英语。如果记者使用法语提问的话，那么回答一般是法语。目前用法语提问的记者并不在少数，不过负责回答的多位发言人的法语都不够好，往往在回答问题时又回到英语，这引起了讲法语记者们的不满。欧盟委员会委员有时也会发言。他们大多时候用英语，母语是法语的委员一般一半用英语，一半用法语发言。欧洲议会议长通常用英、法、德三门工作语言讲话，议员们发言通常用英语，但是母语为法语或德语的议员通常用母语发言。

从欧盟机构的网站来看，欧洲议会也是恪守多语原则最好的欧盟机构。其官网的首页有欧盟 24 种官方语言版本。大多数的工作材料和会议纪要也都如此。视频都配有所有官方语言的字幕。除了总秘书处的时讯和某些报告会只有英文版外，网站的主要内容都有法语和德语的版本。欧盟法院和欧盟经济社会委员会官网的所有内容也都有 24 种官方语言的版本。欧盟委员会的大多数内容也有法语版。但是视频和时讯只有英语版本。2016 年，欧盟委员会下属 34 个业务司的官网中，有 20 个的部分或全部内容译成了法语，比 2015 年的 17 个有所增加，并且全部内容翻译成法语的比例有所增加。[①] 遗憾的是，有些负责关键领域立法的部门（能源、环境、贸易等）的网站没有完整的法文翻译版本，所有部门的时讯栏目基本只有英语版。

欧盟对外行动署的官网最近两年只有不到一半的内容有法语版。有些关键栏目，例如首页、机构介绍和高级代表的介绍只有英语版。“对外行动署与公民”专栏负责与公民对话，负责政务公开，但也只有英语版。欧洲理事会官网严格执行多语原则，绝大多数内容都有 24 种官方语言的版本。时讯先有英语的，然后译成其他 23 门语言。法语版以前是同英语版同时出现的，现在是同其他 22 门语言一起上线，比英语版落后一拍。

---

① 法国文化部：《法语使用报告》（2016），第 134 页。

在欧盟机构考录工作人员的语言考试中，法语的地位尚可。语言考试只涉及3门工作语言，测试的不同科目分别要求使用第一语言和第二语言。如果希望在入职后顺利晋升则需要进行第三语言的能力审核。在四种审核方式中（文凭、欧盟人员考录办公室语言测试、配有考试的语言培训、欧盟人员考录办公室认定机构的语言测试），法语在前两种方式中的出现率都遥遥领先于其他语言。欧盟各个机构中开设多种语言的培训班。在欧盟委员会和欧盟议会中，法语的注册学习人数均领先于其他语言。

2015年，104位法语国家与地区驻比利时或欧盟的大使在布鲁塞尔聚集在一起。他们除了按照政治、经济和可持续发展等主题组成工作小组，还在语言与文化多样性方面持续努力，希望提升法语在欧洲地区或国际组织中的地位。

四　法语在联合国机构的话语权

法语在联合国的地位也十分值得关注。联合国是非常有代表性的国际组织，世界上几乎所有的国家都是其成员国。从某种程度上来说，法语在联合国的地位可以反映严格意义上的“国际话语权”。

表2列出了联合国6大主要机构的官方语言和工作语言。可以看出，从名义上说，法语的官方地位仅次于英语。

表2　联合国主要机构官方语言和工作语言

主要机构	官方语言	工作语言
联合国大会/委员会或分委会/安理会	英语,阿拉伯语,汉语,西班牙语,法语,俄语	英语,阿拉伯语,汉语,西班牙语,法语,俄语
经济与社会委员会	英语,阿拉伯语,汉语,西班牙语,法语,俄语	英语,西班牙语,法语
海牙国际法庭	法语,英语	
秘书处		英语,法语

资料来源：OIF, *Vade-mecum relatif à l'usage de la langue française dans les organisations internationales* (*2016*), https://www.francophonie.org/IMG/pdf/oif-5e_vade-mecum.pdf, p.61，最后访问日期：2018年4月2日。

从1995年开始，联合国制定了“联合国大会关于多语主义的决议”，旨在尽可能纠正6门工作语言中英语独占鳌头、其他5门语言受冷落的状况。这当然是有利于法语的。从法语国家与地区在联合国大会发言实际使用法语的情况，我们可以看出近年来法语在发言中的使用情况还是比较稳定的。

表3 法语国家与地区在联合国大会发言所用语言统计

单位：个

时间（发言国家数/法语国家与地区国际组织总成员数）	只用法语	只用英语	英法双语	其他语言	未发言/信息未知
2007年（65/68）	21	21	6	15	2
2012年（74/77）	24	21	6	22	1
2015年（76/80）	23	26	1	25	1

资料来源：OIF，*Vade-mecum relatif à l'usage de la langue française dans les organisations internationales*（*2016*），https：//www.francophonie.org/IMG/pdf/oif－5e_ vade－mecum.pdf，p.71，最后访问日期：2018年4月2日。

从联合国文件翻译的比例来看，英语的使用还是遥遥领先的。不过，联合国不同的总部之间也有些差异。比如，2015年，联合国纽约总部翻译字数总量的91%是英语的，4%是法语的（按文件数计算，这一比例大致相同，为4.4%）。在日内瓦总部，翻译字数总量的72%是英语的，10%是法语的。法语作为文件翻译目的语的比例在纽约、日内瓦、内罗毕或维也纳有些接近，都在21%～25%徘徊。[①]

从翻译人数来看，法语有所增加。以纽约联合国总部2010～2015年的合同译员为例，我们可以看出，法语翻译的绝对增长数是最大的，达到20人。英语没有增加，阿拉伯语则略有减少（2人）。在日内瓦，无论笔译还是口译的预算和人员数目都在2008～2016年有所增长，法语部亦然。

① OIF，*Vade-mecum relatif à l'usage de la langue française dans les organisations internationales*（2016），https：//www.francophonie.org/IMG/pdf/oif－5e_ vade－mecum.pdf，pp.73－75.

表 4　纽约联合国总部合同译员的人数变化统计（2010～2015 年）

年份	阿拉伯语	汉语	英语	法语	俄语	西班牙语
2010	50	0	40	61	5	63
2011	47	0	40	56	5	54
2012	49	0	37	54	5	58
2013	49	14	36	63	7	62
2014	52	16	39	78	11	63
2015	48	17	40	81	12	66

资料来源：OIF，*Vade-mecum relatif à l'usage de la langue française dans les organisations internationales*（*2016*），https：//www. francophonie. org/IMG/pdf/oif－5e_ vade－mecum. pdf，p. 79，检索日期：2018 年 4 月 2 日。

从联合国不同语种官网的网页浏览数量来看，法语位居 6 门工作语言中的第 3 位，仅次于英语和西班牙语。另外，从各个联合国总部开设的语言课来看，无论在纽约还是日内瓦，法语都是 6 门官方语言中注册学习人数最多的，有时是第 2 位的两倍还多。以 2015 年的统计数字为例，注册学习语言的总人数为 2680 人，学习法语的有 1181 人，学习英语的有 482 人，学习西班牙语的有 464 人，学习中文的人数最少，只有 126 人。①

在海牙国际法庭，英法双语地位的绝对平等是其语言制度的最大特点。从 1945 年法庭设立以来，语言的使用规定没有任何变化。法庭宪章的第 39 条从一开始就规定了语言的使用，英法两门语言同为法庭的官方语言。英语、法语也是其实际的工作语言。如果利益相关各方达成一致，可以选择英法中任何一种语言进行庭审和文件准备。如果没有一致意见，那么法庭可以随意使用英语或法语进行工作。其发布的任何文件都是以两种语言同时出现。法庭在英语和法语口笔译方面的预算也大致相当。近年来，英法双语的绝对平等在两个方面被打破了。一是谈论法庭预算问题时，法庭只使用英语同纽约总部工作。二是图书馆的藏书以英语书为多。尽管国际法庭收藏所有

① OIF，*Vade-mecum relatif à l'usage de la langue française dans les organisations internationales*（*2016*），https：//www. francophonie. org/IMG/pdf/oif－5e_ vade－mecum. pdf，pp. 86－87.

用法语出版的、有关国际公法和国际关系的图书，但是，由于法语的出版数目远远赶不上英语的著作数目，法庭图书馆馆藏法语图书占比下降至25%（英语为59%），电子资源则为17.5%（英语为81%）。[①]

联合国教科文组织拥有205个成员，在语言方面它同联合国其他机构一样，也设立了工作语言机制，不同机构（大会、执行委员会和秘书处）有所不同。教科文组织大会的工作语言同联合国一样，是英语、阿拉伯语、法语、西班牙语、汉语和俄语，共6门。其官方语言共9门，除了工作语言的6门还要加上印地语、意大利语和葡萄牙语。所有国家都可以通过申请，增加一门官方语言。代表团可以使用任何工作语言以外的语言发言，但是要承担向任意一种工作语言的翻译费用，其余工作语言的翻译则由秘书处承担。执行委员会的工作语言与联合国的6门工作语言相同。秘书处的工作语言是英语和法语。

2014～2015年，教科文组织翻译部门收到文件中的70%是用英语撰写的，位居第二的是英法双语写成的（17%），其次是用法语撰写的（2014年为13%，2015年为11%）。在需要进行翻译的文件中，30%是法语撰写的，其次是西语和阿语（约17%）。英语的比例很稳定，在3%左右。[②]

综合看来，法语在联合国的地位虽然远不及英语重要，但是同其他语言相比已经具有较大的优势。

五　法语在非洲联盟的话语权

非洲所有的国家都是非洲联盟的成员国，而非洲又是法语国家与地区集中的大洲。法语在非盟的使用情况可以充分显示出法语在世界第二大洲的“国际”地位。

非盟及其机构的官方语言包括所有非洲语言。工作语言是英语、阿拉伯

---

① OIF, *Vade-mecum relatif à l'usage de la langue française dans les organisations internationales (2016)*, https://www.francophonie.org/IMG/pdf/oif-5e_ vade-mecum.pdf, pp. 88-94.

② OIF, *Vade-mecum relatif à l'usage de la langue française dans les organisations internationales (2016)*, https://www.francophonie.org/IMG/pdf/oif-5e_ vade-mecum.pdf, pp. 98-111.

语、法语和葡萄牙语。除了这两个概念，非盟还有“保障运行的语言”，即非盟最常用的语言，就是英语和法语。在非盟的54个成员国中，30个是法语国家与地区国际组织的成员（29个成员国和1个观察国）。

根据法语国家与地区国际组织的统计，在正式沟通中，使用英语和法语的非盟国家各有27个。在非正式的场合，20个非盟国家选择英语，18个选法语，11个选阿拉伯语，5个选葡萄牙语。[①] 我们可以看到，在非盟中，法语基本是和英语比肩的语言。由于所有非洲国家都是非盟的成员国，我们基本可以推断说，在整个非洲，法语的地位大致和在非盟是一样的：虽比英语使用得少，但与英语基本可以平起平坐。

另外，法语也是非洲、加勒比海和太平洋地区国家集团22个成员国的官方语言，并且是其中11个国家的唯一官方语言。

六　法语在其他国家与地区的话语权

（一）在美国[②]

法语在美国的文化、教育和高校领域有比较深厚的根基。根据2016年《法语使用报告》的统计，目前法语是美国第四大语言，排在英语、西班牙语和汉语之后。但是，法语是公立基础教育体系和高校中的第二大外语（仅次于西班牙语，在德语之前）。学习者总数为130万人，大约2.5万人在67所法语联盟（Alliance française）中学习，有20万大学生学习法语：尽管在小学和中学中法语的学习人数近十年有所减少（小学减少了16%，中学达到18%），但是，总体而言，法语在美国教育体系中的地位比之前有所改善，尤其是英法双语班的开设为法语带来了勃勃生机。2000年，双语班或浸润式学习班数目只有260个，如今却有2000个。法语班目前共有2.5

① OIF, *Vade-mecum relatif à l'usage de la langue française dans les organisations internationales (2016)*, https://www.francophonie.org/IMG/pdf/oif-5e_vade-mecum.pdf, pp. 115-116.

② 法国文化部：《法语使用报告》（2016），第159~160页。

万名学生，分布在美国全国的150所学校中，主要以路易斯安那州、犹他州和纽约州为主要代表。

（二）新兴国家

在中国，改革开放40年以来尤其是与2000年以来，中国与世界的政治和经贸关系越来越紧密，法语的学习人数不断增长。法语本科专业也从20多个发展到现在的152个。学习者近13万人。[①]

法国对外推广法语的新战略之一是推动新兴国家的法语热潮。俄罗斯和中国都是发展迅速的法语学习“市场”。以中国为例，法语联盟从1989年开始进入大陆，发展迅速，现已有17家。[②] 在新东方等培训机构中，法语也是热门的小语种。

七　结语：法语仍旧是有影响力的国际语言

中国学者王义桅认为：“国际话语权有3个要素：一是实，代表世界先进生产力发展方向，体现为外交的影响力；二是广，引导制定更广泛的国际标准，体现为文化的吸引力；三是高，占据道德高地，体现为价值观上的号召力。”[③] 结合上述法语在法国国内和国际上的使用情况，我们看到它依旧保持了一定的“影响力”“吸引力”和“感召力”，在某些方面甚至有出色表现。并且，在法国和法语国家与地区国际组织的不断推动下，在多语主义深入实施以及非洲人口持续高速增长的前景下，法语的国际地位有望继续改善和提高。尽管法语的“功力”已远不及英语，但是不啻仅次于英语的国际语言。

---

① 法国驻华大使馆官网：https：//cn. ambafrance. org/Discours - de - l - ambassadeur - a - la - Conference - des - Ambassadeurs.

② 中国法语联盟官网：http：//www. afchine. org/zh - hans.

③ 王义桅：《中国外交如何争取国际话语权》，《人民论坛·学术前沿》2012年第10期，第62页。

B.19 法国的移民政策及难民未来*

罗定蓉**

摘　要： 经过历史上四次较大的移民输入浪潮，法国从一个单一的民族国家演变为现代移民国家。为了对移民输入进行合理的管控，法国自20世纪中期开始颁布相应的移民政策，主要包括两个方面：入境和入籍方面的移民控制政策，移民社会融入政策。自20世纪70年代开始，受经济危机的影响，法国移民政策开始收紧，而移民法国的华人也在不同时期呈现出不同的特点。近年来受到叙利亚内战等事件的影响，进入法国的移民和难民剧增，由此引发了各种社会冲突与矛盾，甚至恐怖事件。法国政府在着力改善移民、难民接待能力的同时，开始收紧难民政策，加强边境控制，希望通过经济、外交手段稳定区域形式，与欧盟协作，从源头解决难民危机。

关键词： 法国移民政策　法国难民未来

一　法国近年较大的移民潮

19世纪以来，法国经历了4次较大的移民输入浪潮。

1. 第一次浪潮：从19世纪到20世纪初，移民主要来自中欧、南欧和英国。19世纪中期，法国的工业化和城市化进程加快，需要大量的劳动力。

---

* 本文受北京外国语大学一流学科建设经费资助，项目名称：法国移民、难民观察及分析。

** 罗定蓉，北京外国语大学法语系讲师，主要研究方向：法国外语教学法、法国社会与文化。

由于法国本土出生率低，从农村进入城市的人口较少，法国城市劳动力欠缺，只好到相邻的欧洲国家招收外籍劳工。这些劳工主要从事法国人不愿意从事的采矿、建筑等艰苦行业。此次外国移民潮主要是工业化的发展需求所引起。1886 年，在法国的外国人总数达到 112.63 万，1891 年达到 126 万。

2. 第二次浪潮：20 世纪上半叶，以中东欧国家为主要移民来源地，以斯拉夫人为主体，此次移民潮主要由战争引发。第一次世界大战期间，法国失去了数百万国人，大部分为中青年男性劳动力。战后的国内重建需要大量劳动力，因此相邻的西班牙人、比利时人、德国人、意大利人纷纷来到法国，1931 年在法的外国人达到 270 万，占法国当时总人口数的 6.58%。20 世纪 30 年代，世界经济危机和第二次世界大战爆发，外籍劳工潮停止，但战争使大量俄国、波兰等中东欧难民逃离家园涌入法国。法国为大量的政治难民提供了保护，如 1917 反对布尔什维克的十多万白俄罗斯人，遭受德国法西斯迫害的十多万犹太人，1936 年西班牙内战爆发后的约 50 万西班牙难民等。

3. 第三次浪潮：1945 ~ 1973 年，前期以中南欧劳工移民为主体，后期以来自马格里布和亚洲国家的移民为主体，此次移民潮主要由劳工移民及家庭团聚造成。二战后，法国需要社会经济重建，再次面临劳动力短缺的状况。法国首先在中南欧招聘劳工，大量引进外国劳工。在黄金三十年快速发展时期，法国经济高速发展。进入 20 世纪 60 年代，中南欧国家的劳工数量已不能满足法国社会经济发展需求，而此时原法国殖民地阿尔及利亚、摩洛哥、突尼斯此时相继获得独立，于是法国与这些国家及土耳其、南斯拉夫等签署了引进劳工合同。由于法国之前十数年引进大量男性劳动力，20 世纪 70 年代要求家庭团聚的亲属移民活动越来越多。到 1968 年，马格里布人在全法外国移民中的比例增至 23.6%，1974 年，在法外国人达到 400 万，占法国总人口的 7%。

4. 第四次浪潮：1974 年至今，来自世界各地的难民和非法移民成为主体。从 20 世纪 70 年代开始，法国的社会经济在高速发展后出现了滞胀，而 1973 年的石油危机加剧了全球经济的衰落。法国开始实施严厉的移民政策。1993 年，当时的内政部部长提出力争实现“零移民”的目标。虽然进入法国的劳工数量因此急剧减少，但移居法国的民众依然在增加，有申请家庭团聚的合法劳工家属，有欧洲及其他地区的避难者。冷战及东欧剧变都导致了大量的难民，法国接待了其中不少民众。20 世纪 90 年代以后，科索沃、阿富汗、伊拉克等地的战争也促使难民越来越多地奔向西欧。2011 年年初叙利亚内战爆发并持续至今，更是将这股难民潮推向了极致。在这一阶段，来自非洲和东部的非法移民大量进入法国。

历经这四次移民潮，法国已经从一个单纯的民族国家演变为现代移民国家。法国国家统计局（INSEE）统计显示，法国境内的移民人数在 20 世纪后半叶逐步增长，1982 年、1990 年、1999 年、2005 年法国境内移民人口分别为 404 万、417 万、431 万、496 万，2008 年猛增到了 668.48 万人。根据 INSEE 发布的数据，每年进入法国的外国人群中大概 4 万人持有学生居留签证，10 万人合法来到法国与家人团聚，1.3 万人持有工作合同，9000 人可以取得难民居留权。每年还大约有 3 万非法移民进入法国，法国境内目前有 20 万 ~40 万名非法移民。20 世纪 70 年代开始的第四次移民潮与之前相比有了许多新的特征，例如：家庭团聚因素增多、移民中女性人口增加、移民来源国距法国越来越远，非法移民数量大量增加等。

二　法国移民政策

法国的移民政策分为两部分：移民入境入籍控制政策与移民社会融入政策。第二次世界大战之前，法国几乎没有颁布过跟移民相关的政策。1945 年 11 月 2 日，法国第一个移民法案正式出台。在二战结束后的近三十年经济快速发展时期，法国对外来移民持欢迎态度，少有管制，接受移民程序十分简单。1951 年的调查结果显示约一半的法国人认为外国劳工的工作对法国有益，1973 年，持相同观点的法国人比例为 80%，他们认为移民承担了许多繁重的工作，减轻了法国本土人的负担。但不久之后形式便出现变化。虽然在 1976 年颁布的法国家庭团聚政策依然规定外来移民可以将他们的亲属合法接到法国团聚，但此时法国针对外籍劳工的移民政策已经出现转折点。

1973 年爆发的石油危机使法国经济遭受重创，工作岗位减少，失业率升高，社会经济的低迷导致了法国对移民态度的改变。1974 年 5 月，法国政府颁布法令终止接纳外籍劳工入境，并鼓励已在法国境内的外国移民返回来源国。

法国政府在随后的十几年中对移民政策做出了很多收紧修订，如：

第一，取消法国前殖民地国家人民移民法国享有的各种优待。

第二，严苛居留条件，紧缩居留卡发放。

第三，实施工作许可制度，不允许外国人进入某些工作领域。

第四，授予警方更大权力，以驱逐非法移民。

第五，紧缩难民接纳政策。

法国政府收缩移民政策的原因主要是：法国当时人口数量较二战后已经大量增加，经济的衰退也不再需要输入外籍劳工，而且法国国内还出现严重的失业问题，法国民众责怪外来移民抢走了自己的饭碗，反移民浪潮高涨。1981 年，法国左派领导人密特朗上台。为了减少民族矛盾，维护国内安定，密特朗采取了较宽容的移民政策，接纳了大量亚洲地区的难民。1986 年开始，法国对移民采取分类对待方式，严格管制非法移民，给予普通移民有限配额，欢迎能促进法国经济发展的技术移民、季节劳工等，力争在引进部分外籍劳工保证经济发展的同时确保本国人的就业率。法国政府曾在 20 世纪八九十年代采取了三次大规模的移民大赦，这也促使更多人非法偷渡到法国，法国政府不得不再次严格边境管制。

2003 年 7 月 9 日，法国国民议会通过内政部提交的一项新移民法案，反映了对日益猖獗的非法移民活动的担忧。2007 年 5 月，法国右翼领导人萨科齐当选总统。萨科齐历来对非法移民态度强硬，主张只让有资质的工人进入法国。法国移民政策的重点转移到社会融合政策。法国的移民政策如今演变得如此强硬，主要源于本国社会矛盾和经济形势的变化。在法国的移民历史中，经济始终是一个不容忽视的因素，以至于移民情况成了法国经济形势的一个晴雨表：在经济繁荣时期，法国需要增加劳动力，于是放宽准入条件；在经济萧条时期，法国便严格限制移民的进入。

法国社会的移民骚乱自 20 世纪 70 年代以来一直让政府极为头疼。2005 年，一起移民少年死亡的偶发事件引发了巴黎长达二十天的社会骚乱，甚至在短时间内蔓延至全国。由于法国人一直持有绝对的文化自信，他们秉承共和原则，希望进入法国的移民忘记过去，完全接受法国的历史与文化。但在前几次移民浪潮中，法国移民主要来自欧洲邻国，他们与法兰西民族历史文化较为相似，共和模式因此非常成功。但随着社会的发展，到了二战之后，移民主要是来自北非的前殖民地的伊斯兰教清真教徒和其他大洲，新移民拥有完全不同的信仰与文化，因此同化政策尽管在历史上对于和法国同宗同源的欧洲籍移民而言比较有效，但是对在宗教和文化传统上与法国大相径庭的穆斯林而言则基本失灵。从某个方面来看，共和原则甚至加深了移民与主流社会的矛盾，影响了其融入法国社会。

三　法国华人移民状况

法国是最早出现中国移民的欧洲国家之一。1702 年，第一个中国人在巴黎定居。第一次世界大战爆发后，中国政府加入了协约国。段祺瑞政府与法、英、俄等国达成协议，输送华工到欧洲战场代替士兵作战。一战期间，来到法国华工总数有 14 万之多。战争结束后，大约有 3000 人留在了法国，一些来法求学的国内青年完成学业后也留了下来。二战期间，浙南地区的一些小手工业者来到法国谋生，这就是早期移民法国的温州人、青田人。二战以后，少数国民党成员移居法国。法国是第一个与中国建立大使级外交关系的西欧大国。在 1964 年建交之后，前往法国定居的大陆华人逐渐增多，其中包括大量寻亲或谋生的浙江温州人，还有一部分华人移民来自东南亚，如发生战乱的柬埔寨、老挝、越南，以及印尼、泰国、马来西亚等地。

1990 年后，中国对外交往增多，出国变得更加容易，因此赴法的中国移民激增。这批移民主要来自温州、上海、广东、东北三省，法国的华人数量在这一时期大量增加。官方统计，20 世纪 50 年代在法华人仅有 3000 人左右，到 21 世纪初期达到 45 万人，而到了 2009 年，根据 INSEE 颁布的数据，有近百万的华人人口在法国居住，不过其中非法移民不在少数，每年法国非法移民总数中的 12% ~25% 均为华人。

20世纪90年代，大量华人聚居的巴黎美丽城出现大量来自中国东北地区的女性移民。东北新移民潮的形成，既有经济层面的原因，也有中国社会内部体制变迁的原因。法国媒体近年对此移民群体做了大量报道，指出这是一批来自中国东北的下岗女工，在巴黎街头从事卖淫工作。这一现象在法国社会引起各方关注。

法国华人来源地多种多样，进入法国的途径和目的也各有不同，主要方式有：以学生身份留学法国，探亲方式进入法国和偷渡法国等。许多非法移民是办理的旅游或商务签证，以合法的方式进入法国，但逾期滞留不归，转变为非法移民。有的移民是真到法国来学习，有的是来与家人团聚，还有（尤其许多非法移民）就是到法国来打工赚钱。

法国华人最多的城市是巴黎，巴黎华人主要集中在十三区，大多从事餐饮、皮革、百货、鞋帽店生意。与其他国家的移民相比，从中国大陆移居法国的大多数华人华侨有着这样一些特点：他们既不是作为战争或政治难民进入法国，又不是凭着与法国有着殖民宗主国的关系和地域相近性的条件来到法国，这在很大程度上增加了他们在法国获得合法化的难度。因此他们在法国的政治地位和社会影响方面远不如其他国家的移民，反而在经济领域比同期进入法国并同法国有着亲近社会政治文化关系的其他移民有更好的表现。

2008年，法国华人陈文雄在法国市政选举中当选巴黎十三区副区长。2014年，陈文雄成为巴黎首位华裔市议员，他在各种场合推广中华文化，代表广大旅法华人发声。华人只做生意不参政的传统正在被逐渐打破。

四　法国当前重大移民或难民事件

法国第一个跟庇护权相关的宪法议案出现在1793年宪法的第120条："法国人民赋予那些因自由事业被祖国驱逐的人民以庇护，并对暴君说不。"自法国大革命以来，法国便成为众多外国难民的避难处。法国第一个关于难民的法律诞生于1832年4月21日，它首先区别了移民与难民的身份，只有后者才有权利获得某些援助。

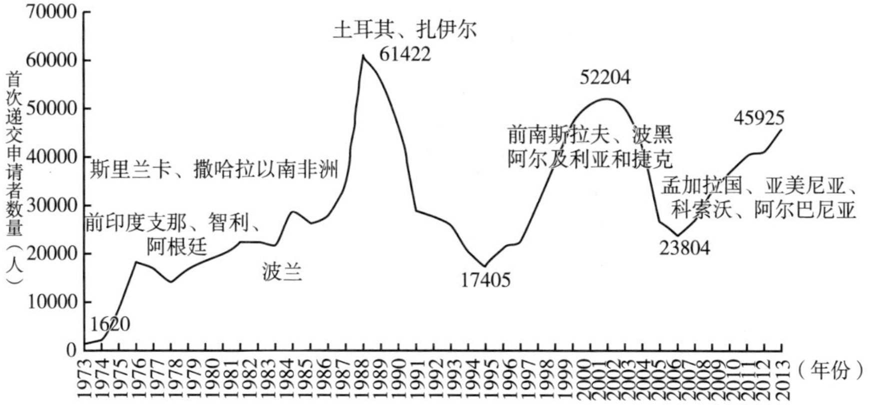

图 1　1973 年以来初次向法国提出国际保护的人数（不计未成年的陪同人员）

图 1 显示了法国自 1973 年以来所收到的避难申请数量及申请人的主要来源地，该数字在 1990 年和 2003 年前后出现了两个峰值，主要原因是 20 世纪 80 年代末至 90 年代初期东欧剧变及前南斯拉夫内战造成的难民剧增。而到了近期，涌入法国的难民数量再次激增，这些难民源于孟加拉国、科索沃等国，2011 年开始的利比亚、叙利亚的内战更是将这股难民潮推向了高潮。

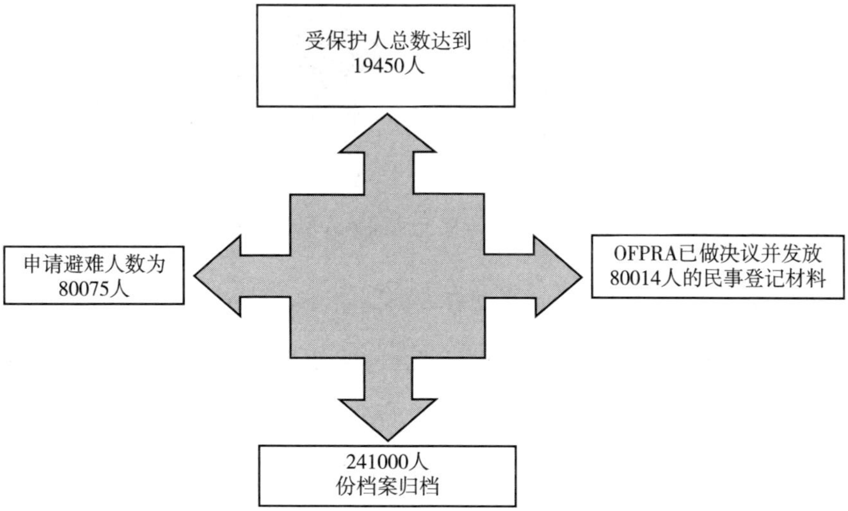

图 2　2015 年法国难民及无国籍人员保护署

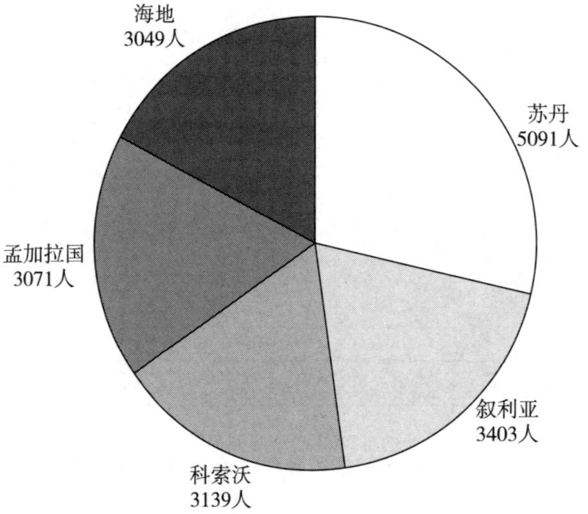

图3　2015年法国难民的5个主要来源国

图4　截至2015年12月31日法国难民及无国籍人员保护署名下的人员性别分布

持续至今的叙利亚内战确实给整个欧洲包括法国带来了一批难民冲击波并延续至今，但法国目前出现的大量难民潮来源并非仅限于叙利亚。法国保护避难者与无国籍者办事处（OFPRA）官方发布数据显示，2015年法国难民前五大来源国分别是：苏丹、叙利亚、科索沃、孟加拉国及海地。苏丹排名第一（5091名难民），其来法难民数远超过叙利亚（3403名难民）。而OFPRA在2015年庇护的难民达到19450人。法国所接受的难民中，男性占 58%，女性占 42%。OFPRA 在 2015 年收到 80075 分避难申请，做出 80014 项决议，共发放 241000 份民事登记材料。OFPRA 负责人帕斯卡·布里斯（Pascal Brice）在 2017 年 7 月的一次采访中确认，法国在 2016 年共保护了 36500 名要求庇护的民众，虽然数字与其他一些国家相比不算十分惊人，但已经创下了法国历史的纪录。而 2017 年前六个月的避难申请数量已经比 2016 年上半年同期超出了 15%。OFPRA 的审核时限也从 2015 年的 8 个月缩短到采访时的 5 个月，布里斯表示将争取在 2017 年年底缩短到 3 个月。

2015 年 9 月 7 日，奥朗德在记者会上宣称，在未来两年内，欧盟委员会计划将 12 万难民份额分配给欧盟各国，“出于维护自身利益、理念与责任”，法国会接收其中的 2.4 万名难民，以帮助整个欧洲应对难民危机。奥朗德还表示希望在意大利和希腊两国边境设立登记中心，对抵达那里的大量难民进行核查，只让符合避难要求的难民进入欧洲。2015 年 9 月，法国总理瓦尔斯承认法国政府将在下一年追加 2.79 亿欧元用以接待难民，2017 年在难民应对上还将投入 6 亿欧元。法国总理也宣布将随时准备关闭法国与邻国间的边境。法国政府在遏制伊斯兰恐怖组织方面表现积极，外界有消息称法国政府当时在叙利亚经常实施侦察飞行，预计将很快打击其境内的“伊斯兰国”恐怖组织。但没过多久，巴黎就遭受了一系列恐怖袭击。

2015 年 11 月 13 日，巴黎当地发生多起枪击事件，其中巴塔克兰剧院的恐怖袭击事件造成 100 余人被害，300 多人受伤。这次自二战以后法国所遭遇的最严重的恐怖袭击发生后，大部分人都认为该事件与欧洲正经历的难民危机有着密切关系。法国警方后来发现制造袭击的恐怖分子携带叙利亚护照，这更促使各界纷纷猜测这些人是通过冒充叙利亚难民混入了法国。恐怖袭击使许多法国人对移民尤其是难民的态度发生了改变。2016 年 3 月，根据法国 IFOP 民调机构的调查结果，大多数法国公民反对接纳数万抵达希腊和意大利沿岸的移民。该报刊文称，60% 的受访者表示对难民持负面态度，只有 29% 的人认为自己的国家有接纳移民的经济和财政能力，还有 27% 的人认为接收难民可以刺激经济。该报还指出，77% 的受访者表示，之所以反对接纳难民是因为担心“潜在的恐怖分子”会伪装成难民混入法国。

近年来涌入法国的难民数量确已超过官方的接待能力，这导致了许多难民在法国境内流浪并随处扎营，加莱难民营便是其中最大的一处。法国北部城市加莱（Calais）位于英吉利海峡中最狭窄的一段，距离英国南部港市多佛仅34公里。由于法国难民身份申请周期长、补贴少，在此期间无法工作也不能申请家庭团聚，大量移民期望从加莱前往接待条件更好的英国，因此这里的难民日益增多，达到数千名，自发聚集形成了一处难民营。法英两国对加莱“丛林”的存在采取了“踢皮球”的态度。法国国内担心如果在加莱设立官方难民营将会鼓励更多的难民涌入，英国政府同样态度强硬，在英吉利海峡隧道加派了警卫人手防止难民偷渡，并认为法国应该对自己国内的难民营情况负全责。

由于加莱难民营卫生条件差、疾病蔓延、犯罪案件频发，当地反移民的民众情绪高涨，法国当局于2016年10月对难民营帐篷进行了拆除。但依然有部分难民在警力离开后重返加莱丛林逗留，还有许多难民选择去往首都巴黎或其他大城市，衍生出许多新的社会问题，前往巴黎的难民人数便明显增加，给巴黎治安带来许多隐患，法国巴黎警方开始不断对难民进行疏散工作。难民的到来在巴黎许多区域均不受欢迎。例如法国巴黎警方在2017年7月便对北部地区的一个难民营进行了疏散，动用60辆大巴，将2500多名难民运往巴黎地区的其他居住地。据《欧洲时报》8月20日报道称，8月中旬，数百名难民在被警方撤离后被直接安置在了巴黎经济较发达的15区，该区区长菲利普·古永为此公开抗议，认为政府这种完全无视地方官员的做法“令人愤慨”。前共和党籍议员让-弗朗索瓦·拉穆尔同巴黎市议会共和党主席佛罗伦萨·贝尔图也批评了省府“无视和区长交流和探讨问题”的做法。

法国许多临时收容中心的名额已满，很多难民无处可去，在城区游荡，打架抢劫事件时有发生。难民的生活环境糟糕，各个群体之间文化差异大，政府作为有限，这给当地社会治安留下不小隐患。2017年8月21日晚上到22日下午，加莱A16公路和港口等地再次发生6起难民群殴事件，参与人数最多达到近200人，有些难民还拿起铁棍和棒子互殴。事件共造成21人受伤，5人被警方拘留。由于国家难民中心已经没有更多空间，法国政府甚至呼吁民众收留难民，并向为难民寻求住所的慈善机构发放补贴。OFPRA负责人布里斯表示，对于合法难民要在法语学习、职业培训、求职、住房、共和理念培养等方面进行持续的帮助，这是法国的义务与机会。

五　法国移民难民前景

法国拥有较完整的社会福利体系，近年来一直是移民输入的大国。要想顺利接纳每年数万的外来移民，允许并帮助移民在法国工作是一个不可或缺的重要条件。移民不仅可以为法国本土经济发展做出贡献，还能让移民本身更好地被法国所接受。因此，大量的移民潮对法国乃至欧洲来说可能是机遇，也可能是一个悲剧。与其说这取决于移民群体，还不如说取决于法国强加在他们身上的各种条款及待遇。虽然法国社会当前经济发展速度放缓，失业率不低，但对合法进入的移民依然需要采取帮扶态度。同时对来自不同文化的移民在文化上宽容以待，不强求文化的同质性。帮助合法移民在法国社会自食其力并独立生活才是一个双赢的方法，既让移民顺利融入，又能解决法国一些行业的劳动力短缺问题，促进经济发展。同时要鼓励法国社会多元文化的发展，充分尊重移民群体的源文化，鼓励文化差异，建立起良好的文化间交流与共存机制，更加有利于新移民融入社会。但难民不是移民，相对于大部分合法进入法国的移民来说，难民的安置相对来说要更复杂得多。

法国总理菲利普在2017年7月12日宣布的法国政府的难民接待计划中指出："2018年将为申请避难者设立4000个接待位子，2019年设立3500个位子，另外，同一时期也将设立5000个位子，以协助难民拥有住所。"法国将竭力缩短审理难民避难申请的时限，力争从过去的14个月缩短到6个月左右。法国政府还将加大对难民的语言培训力度，增加培训时间，促进难民在法国的社会融入。然而这些优待政策只针对申请获得官方承认的难民。2016年，整个法国共有3.1万例避难申请被拒，但因此被递解出境的人数仅为2.5万左右，也就是说尚有6000多被拒难民滞留法国。菲利普认为："这个数字不令人满意，我们必须改善。"他表示今后如果难民的避难申请被法国政府拒绝，申请人将被马上递解出境。

法国的难民危机反映出法国社会所存在的诸多问题，同时难民危机也衍生出一些新的社会问题，这些问题值得关注。

(1) 法国经济不景气。同欧洲许多国家一样，法国国内经济低迷，失业率不断走高。因此在面对大量涌入的难民时，法国没有雄厚的经济实力进行大规模的接待，其应对态度并不积极。同时，政府还担心接受较多难民会对法国国内本已脆弱的经济形势造成更多压力。

(2) 法国排外情绪严重。法国极右势力国民阵线的领导人勒庞将此次难民的大量涌入比喻为"第四个世纪的野蛮入侵"，其极端的排外态度在法国这样一个尊崇"自由、平等、博爱"的国家本应被大众排挤，但由于近年来居高不下的失业率和多次出现的恐怖事件，勒庞竟在法国获得了不少支持，其政党在法国地方选举中获得多个席位，勒庞本人在2017年的总统选举中也跻身第二轮，险些赢得总统大选。随着极右势力的兴起，法国国内批评政府接受难民政策的声音越来越多，在反难民呼声高涨的社会舆论之下，法国政府无法在接待难民方面许下突破性的承诺。

(3) 与难民相关的恐怖袭击和犯罪恶化了法国安全环境。许多法国民众反对接受更多难民的原因之一，就是担心主要来自叙利亚、伊拉克等地的难民群体极易被"伊斯兰国"或其他恐怖组织渗透，给法国带来新的安全风险。在这种情况下，解决难民问题的政治环境无法达成。

在难民来源国内外环境出现较大改善之前，欧洲的难民危机仍将持续。法国可以尝试采取的具体措施包括以下几种。

(1) 合理安置已经入境的难民，对其行踪进行必要管控。

(2) 与其他欧盟国家一起加强共同边境管控，防止难民在欧盟国家之间无序流动，同时保证难民在申根国家之间的基本流通准则。

(3) 加强对难民的甄别及管理，避免类似巴黎恐怖袭击事件及加莱暴力冲突事件的再次发生。

（4）通过经济、外交手段寻求国际合作以稳定周边局势。欧盟正试图更多通过经济、政治和外交手段来发挥其影响力，法国在其中也需要发挥积极和领导作用。

欧洲数家顶级智库在2016年3月初一起为欧洲合作解决难民危机列出数条建议，对法国来说以下3条也适用。

（1）提高难民申请处理速度，以便被接收的难民尽早融入法国社会，未被接收的尽快遣返。

（2）帮助改善叙利亚周边国家的难民生存环境，防止出现难民因为避难条件差而铤而走险到欧洲的情况。

（3）从源头上解决造成危机的暴力冲突，更多参与解决叙利亚问题，并利用伙伴关系政策稳定地中海南部邻国。

要从根本上解决难民危机，需要中东、北非地区出现稳定的政治局面，根除难民产生的根源，这需要解决更深层次的政治、社会和文化矛盾。但仅凭法国或者欧洲目前的能力显然无法在短时间内完成这一任务。因此可以肯定的是，即便短期内难民危机会有所缓解，这一问题也会持续影响法国和整个欧洲相当长一段时间。

中文参考文献

王家宝：《法国移民问题浅析》，《史学理论研究》1996年第3期。

张声：《世界第三移民接纳国》，《人口与经济》1988年第2期。

宋全成：《从民族国家到现代移民国家——论法国的移民历史进程》，《厦门大学学报》2006年第3期。

李明欢：《卡琳娜盖哈西莫夫，共和模式的困境》，《欧洲研究》2003年第4期。

马胜利：《“共和同化原则”面临挑战——法国的移民问题》，《欧洲研究》2003年第3期。

彭姝祎：《法国移民的融入困境——〈查理周刊〉血案引发的思考》，《当代世界》2015年第3期。

《法国华人移民的喜与忧》，中华人民共和国驻法兰西共和国大使馆网站转引自新华网，2012 年 8 月 7 日，http：//www. amb – chine. fr/chn/ljfg/t959159. htm。

《世界报》（*Le Monde*）2005 年 6 月 21 日。

赵晔琴：《传统与延续：法国移民政策的演变及华人移民的历史》，《法国研究》2015 年第 4 期。

外文参考文献

http：//www. insee. fr.

http：//www. fgymw. com/france/questions/question5. shtml.

https：//ofpra. gouv. fr/sites/default/files/atoms/files/graphique _ demandes _ depuis _ 1973. pdf.

https：//www. ofpra. gouv. fr/fr/l – ofpra/l – ofpra – en – chiffres/les – principaux – chiffres – en – 2015.

http：//www. lopinion. fr/edition/politique/pascal – brice – ofpra – droit – d – asile – doit – etre – dissocie – politique – 130897.

http：//www. mofcom. gov. cn/article/i/jyjl/m/201509/20150901117082. shtml.

http：//country. huanqiu. com/eu.

http：//www. lopinion. fr/edition/politique/pascal – brice – ofpra – droit – d – asile – doit – etre – dissocie – politique – 130897.

http：//www. chinanews. com/gj/2017/07 – 13/8276845. shtml.

https：//wallstreetcn. com/articles/236266.

Abstract

France in 2017 has navigated over a period of turbulence. The French presidential election and the subsequent parliamentary election not only stimulated the French people's political enthusiasm but also caused an uproar in the international arena. The election was full of surprises. Many candidates, originally favored by public opinion, had fallen out of favour, while Emmanuel Macron, a so called centrist not so eye-catching, broke out as a dark horse and won the election. In the subsequent parliamentary elections, "la République en marche", a new political party created by Macron worked another miracle. Although the party was founded less than a year ago, it succeeded in obtaining a large majority in the National Assembly, jointly with l'Union pour la Démocratie française, a long-unnoticed small political party in the French political arena and became the undisputed ruling party of course.

France got a "strong" government, which has relieved European public opinion and world public opinion. In 2016, the UK held a referendum to decide to leave the European Union. In the US presidential election, Donald Trump, who had never been involved in politics, was elected. Global public opinion generally believes that this is a manifestation of populism's rise, economic globalization is threatened, and European integration is in jeopardy. However, the French election reversed this trend. Macron was overtly supporting European integration and supporting globalization in the electoral campaign and was finally elected.

After Macron was elected president, he immediately proceeded to carry out two "big actions", engaging France's labor law reform and promoting European integration. Although German Chancellor Angela Merkel was re-elected, there were a lot of uncertainties in the coalition government. Germany's position in the Franco-German axis is declining, and France seems to have the upper hand in promoting the European integration in her way.

Before the end of the Cold War, European integration was carried out according to the French initiatives. West Germany has always supported the French initiated European integration program economically and behind France. "France makes proposal, and Germany pays for it". That has always been the path of European integration. However, after German reunification, Germany began to dominate the European integration route. The EU quickly expanded eastwards without perfecting its own integration rules, due to the promotion of Germany. However, when a loose EU faced the sovereign debt crisis, it was in disarray. Germany and the countries of Southern Europe caught in a sovereign debt crisis were constantly blaming each other. France wants to promote EU fiscal integration in order to resolve the sovereign debt crisis, while Germany is worried that other countries would become free riders, to the detriment of Germany's interests. Germany insists on member countries clearing their domestic debts first before talking about fiscal integration. In a debate similar to the one "which came first, hen or egg", the European integration has been hampered. Now that France seems to have upper hand on the matter of European integration, could France once again join forces with Germany to promote the development of European integration and enable Europe to step out of the economic quagmire faster?

On President Macron's diplomatic agenda, the focus seems to be not only European integration, but also the restoration of France's great power political traditions. France is ready to play a greater and more independent role in the international arena. President Macron wants to strengthen relations with the United States and restore traditional alliance between France, the European Union and the United States. But could President Macron's find a favorable echo with a U. S. president whose only idea is to make the U. S. great again? President Macron wants France to play a greater role in alleviating the tension in Ukraine and promoting the Minsk process, and was sending frequent friendly signals to Russian President Putin. But in the four-party talks in which France, Russia, Ukraine, and Germany participated together, could France be able to grasp the agenda of the negotiations and to promote some kind of compromise? President Macron conducted a state visit to China at the beginning of 2018 and then soon visited

India. France seems to show its presence in the rapidly rising Asia.

France is an unusually great power, because it also has vast overseas provinces and overseas territories, covering the Indian Ocean, the Pacific, and the Caribbean. There is often a dazzling question in TV quiz contests about which country has the largest time zones. Russia stretches across 11 time zones and the most numerous on the continental land. But France crosses 12 time zones, if her overseas territories are accounted for. France is also a major supporter of the Francophone Union and plays a special role in it.

Some French industries are also unique in the world, such as agriculture, luxury goods, and high-end manufacturing. However, those industries have also encountered great difficulties in recent years and are on the decline. For China, studying these French experiences is undoubtedly of special importance because they can enlighten us in numerous ways.

Contents

I General Report

Abstract: 2017 proved an extraordinary year for France. First of all, the French presidential election, a rare political show in France in recent years, became not only a matter of great concern to the French, but also an event of concern to the media in Europe and the world at large. Once again, France made herself the focus of international media and public opinion. Second, a series of moves by the new French government caught the general attention of the chancellevies of Europe and the world. France wants to promote European integration because it is historically the initiator of this integration process and the only country in the EU that can balance German forces in the process of European integration. However, can France reshape the axis of France and Germany as it did in the past? In particular, the European Union of today and the European Community of yesterday are already very different. Could France and Germany enlist the support of other European countries in their joint plan? Finally, France, as a world power that possesses overseas territories in Europe, Asia, Oceania, and the Americas, works to further many interests all over the world. France also hopes to rely on the French-speaking countries as a link to expand its influence in the world.

Keywords: France; Politics; Presidential Election; French Diplomacy

Ⅱ Politics

Abstract: The Fifth Republic of France has a multi-party system, and its political party pattern constantly changes with the evolution of different political forces. Before the 2017 presidential and legislative elections, the pattern of the French political was marked by a period of tripolarization in which the right-wing was predominant, followed by a period of bipolarization in which the right and left gained dominance successively, and then followed by a period of tripolarization in which the left and right alternated in power. With the 2017 election and legislative elections, a new party structure was born. The reason is that French voters had chosen a rising star in the French political arena, Emmanuel Macron, and his La République en Marche, due to the failure of traditional political parties to resolve the deep problems of the French economy, politics, and society, and because of the corruption of traditional political elites. The new pattern of political parties, resulting from the abrupt change in the 2017 presidential and legislative elections, was characterized by the trend of quatripolarization of the left, middle, right, and extreme right, with the new middle party being in a predominant position. The new pattern of political parties occurs under the "Party Law", the volatility and multiplicity of parties becoming more pronounced. The new pattern of political parties has enabled the middle party to participate in the traditional political alternation between left and right, thus breaking the "pendulum principle"; and has contributed to containing the proliferation of nationalism, populism, extremism, and mistrust in France and Europe. It will help to overcome the EU scepticism and restart the process of European integration. It will also facilitate in-depth reform of the Fifth Republic and strengthen France's hard and soft power in furtherance of the dream of General de Gaulle and other presidents of the Fifth Republic, namely that of France as a "Great Power" and "Strong Power".

Keywords: Political Party Pattern; La République en Marche; Middle Party Predomination; Quatripolarization

B. 3 French Presidential Election *Song Qing* / 041

Abstract: The French presidential election in 2017 grasped the whole world's attention. In the context of growing populism and "anti-globalization" sentiments, as well as the emergence of extremist political parties, Emmanuel Macron won the election as a political novice, bringing new hopes for France's future and continuing European integration. This election marks a historic generation shift in French politics, reflecting substantive changes in the French political spectrum. These include traditional political parties' decline with widening internal divisions, likely merging of center-right and extreme-right political parties, the shift in the division line from left versus right to pro-versus anti-globalization, growing trust deficit and democratic fatigue of the French people towards politicians, and a return from Atlanticism to Gaullism in the French political mainstream . Although the overwhelming victory of Macron's party La Republique en Marche in the parliamentary election makes it easier for Macron to carry out his reforms, he is still confronted with many severe challenges both at home and abroad.

Keywords: French Presidential Election; Political Spectrum of France; Emmanuel Macron; Populism

B. 4 The Promulgation and Analysis of French New Labor Law Reform Decree in 2017 *Wang Kun* / 053

Abstract: In 2017, Emanuel Macron was elected president of France. During his campaign, he promised to reform the labor law. In early September,

France introduced a new labor ruling. The introduction of the new ruling arrived only one year after the 2016 Socialist government's labor law reform. The previous Labor act had a tortuous process that indirectly led to the failure of the Socialist party in the presidential election. 2017 labor law reform is the first test for Macron's government. What is the content of the reform? Will it obtain support of the parties? What kind of reaction will they have? What would be the expected effect?

Keywords: Labour Law Reform; Social Movements; Employment Policies

Abstract: In recent years, France's economy and society has been seriously shaken by terrorism violence. After he took office, President Macron fulfilled his campaign promise by placing terrorism fighting as a priority. He launched two major anti-terrorist measures to strengthen France's anti-terrorist capabilities in intelligence and justice. The two measures have inherited France's experience in related fields over the years and contained no substantive innovations, demonstrating Macron's pragmatic and cautious approaches in anti-terrorism affairs.

Keywords: Anti-terrorism; Intelligence; Law

Abstract: Traditionally, France had been a centralized unitary country. Such form of governance was conducive to the formation of a modern France, ensuring the unity and integrity of the country. The local governments of France were strictly supervised by the central government and had very limited autonomy. With the evolution of democratic politics and the development of the economy, starting from the 1980s, France began the decentralization process. Initial achievements have been realized with three major reforms. The respective roles and authorities of the central and local administrations are clearly defined, establishing sound relations of mutual respect, responsibility sharing and constant dialogue between the central and local governments.

Keywords: France; Centralization; Decentralization; Local Administrations

B. 7 Overseas Departments/Overseas Territories and France's Status as a World Power

Zhao Yongsheng / 094

Abstract: Although today France is no longer as powerful before, it nemains a world power, judging by political, economic, military and other metrics. It was France's world power status in the colonial era that endowed France with the Overseas Department (DOM) and Overseas Territories (TOM), precious legacy for today's France. Thanks to these DOM-TOM, France can ensure even today its world power status. This paper divides France into three blocks: the "Atlantic Ocean Block", the "Indian Ocean Block" and the "Pacific Ocean Block".

Keywords: France's Overseas Department (DOM) / Overseas Territories (TOM); World Power; The "Atlantic Ocean Block"; The "Indian Ocean Block"; The "Pacific Ocean Block"

B. 8 Political Prospects of French Polynesia

Qi Jianhua / 102

Abstract: French Polynesia is famous for its paradise-like beauty. This article focuses on a less well-known aspect of this famous tourist attraction i. e. : the political development of the society and its current situation. When European powers were on the rise, amid their geographic explorations of the world, they changed gradually the natural course of development in this region. Britain and France vied with each other in this region, leaving a strong religious influence. France came to possess this land in the middle of the 19th century and has since asserted its sovereignty over this land. Hence it named French Polynesia. With the rise of the decolonization movement after the Second World War, this region also witnessed a weak movement of independence and a strong movement for autonomy. So the autonomy in French Polynesia has been increasing constantly. This article will briefly describe this development trajectory.

Keywords: Polynesia; France; French Polynesia Political System

Abstract: Created in 2016, the French Political Party LREM has achieved great political achievements in only less than two years: the party leader Macron elected French President, an absolute majority obtained in National Assembly, and a series of political reform measures launched. On numerous fronts, from the image of the leader to the social background of the members of Parliament, this young political party always brings people a refreshing feeling. So how did this new political movement came into being? Are we eye-witnessing the emergence of a new political party or the reshuffle of traditional political forces? In this paper, we analyze the formation process, the membership structure and the political program of the newly elected French Progressive Party.

Keywords: France; Political Party; LREM; Rise; Reshuffle; Macron

Ⅲ Economy

Abstract: Since the financial crisis of 2008, France is beset by the economic downturn and high unemployment rate. The government has successively launched a number of industrial revitalization policies aiming to boost France's industrial global competitiveness, the bellwether of which is the manufacturing sector, in order to restore momentum of economic and social development. This article first clarifies the paths and main causes of France's deindustrialization in the past 40 years. It then explains the irreversibility of the deindustrialization process by revealing its nature. Finally, it analyzes the re-industrialization policies or policy orientation of three French presidents since the financial crisis, and suggests that both in theory and practice reindustrialization policies surrounding the return of manufacturing and employment creation look more like a mission impossible, in the face of multiple challenges. Rather, an innovation-driven strategy based on enhancing corporate R&D capabilities and competitiveness serves as the critical path to unleash the stamina for economic growth and tackle high unemployment.

Keywords: French Manufacturing Industry; Re-industrialization Policy; Innovation Driven

Abstract: Along with the rapid development of science and technology, artificial intelligence has become an important strategy to improve national competitiveness and protect national security in many developed countries. In 2017, French government launched an action named "France AI" to establish the National Artificial Intelligence Strategy. Seventeen working groups of principals of government sectors, scientists, economists and social stakeholders took nearly two months to analyze the status of artificial intelligence in France. They emphasized the important position of France in the field of artificial intelligence, promoted the transformation and the application of relevant advanced technologies in the economical field and responded to the social concerns caused by the rapid development of AI. Their report set out approximately 60 practical proposals. The government's promotion of artificial intelligence technology to the level of a national strategy aims at giving full play to French national capability and potential and helping France to become the future leader in the field of artificial intelligence.

Keywords: Artificial Intelligence; National Strategy; Transformation and the Application

Abstract: With a case study of on the development of two French luxury groups (LVMH and Kering) and two independent French luxury bands (Hermès and Chanel), this article examines the evolution of the luxury industry of France at the beginning of the 21st century, as well as the development strategy of French luxury brands in the Chinese market.

Keywords: Luxury Industry of France; Evolution; Development Strategy

Abstract: France's agriculture is very developed and highly efficient. It is one of the world's major agricultural powers. The modernization of French agriculture benefits from the European Common Agricultural Policy. The French government has played an important role in fostering agricultural development.

Not only has it tilted its policy toward agriculture, it has also encouraged the research and development in agriculture and established a mechanism of stabilizing grain prices. The French agricultural cooperative system has enabled French farmers with a small cultivated area to better respond to changes in the market; France has established a unique agricultural financing system; the Agricultural Credit Bank has even become France's largest bank; France has established a specific system of agricultural insurance that protects farmers benefits from weather changes; the French government has taken active measures to hedge against the rural exodus brought about by " urbanization " . France's rich experience in agricultural development and rural development can provide us with many inspirations. However, the new challenges faced by French agriculture in recent years have also reminded us of the new trends of future agricultural development in the world.

Keywords: France; Agriculture; Rural area; EU Common Agricultural Policy

Ⅳ Diplomacy

Abstract: In recent years, the traditional dominant position of France in the EU has been put to the test of multiple crises, especially at the European level, such as the Brexit, refugee crisis and terrorist attacks. This article tries to explore the strategies used by France to meet these political, economic and social challenges, so as to strengthen its leading role in European politics and to maintain its leadership in the process of European integration.

Keywords: France; EU; Crisis; Role

B. 15　The Changes and Constants in France's Relations with Africa

Liu Tiannan / 196

Abstract: Since the 1950s, Franco-African relations have had a three-stage evolution: the period of the "Françafrique", specifically during the first two decades after independence; followed by decolonization in the Cold War context in which democratic multiparty reform became a priority in France's African policy; and today's Africa which is entering an era of pluralistic partnership, where France is confronted with tough competition on the African continent from challenge of the United States and the emerging countries. Thus, France, on the one hand, continues to hold on firmly to its three strategic pillars: economic, political and military towards Africa; on the other, it revises from time to time its African policies and strategies in order to maintain and protect its own interests on the continent. An alternation between "changes" and "constants" thus constitutes the major characteristic of France's foreign policy towards Africa.

Keywords: France; Africa; Relations; State of the Situation

B. 16　2017 French Presidential Election and Macron's Foreign Policy

Zhang Ji / 220

Abstract: The rise of populism and extreme political parties in the 2017 French Presidential Election was not a temporary phenomenon, but a structural reaction to years of economic stagnation, declining international status and the deterioration of security situation in France. This has profoundly influenced the foreign policy debates during the elections campaigns and the foreign policy choice of the new government. The debates between Macron's "Open independence" and Marine Le Pen's "Isolated independence" didn't as yet surpass the basic paradox within the tradition of French foreign policy between preserving independent sovereignty and maintaining European integration. In Macron's

"Open Independence" style of foreign policy, we could find both recommitments to European integration and multilateralism on one hand, and intergovernmentalism and cooperation between great powers on the other; both reiteration of national security and anti-terrorism and some degree of strategic retrenchment.

Keywords: French Presidential Election; French Foreign Policy; Emmanuel Macron; French European Policy

B. 17 The Development of Sino-French Relations

Li Hongfeng, *Quan Hui* / 239

Abstract: In 2017, Sino-French relations continued its trend of stable development. The French presidential election and other political changes did not affect France's perception of the importance of Sino-French relations. China's role under the global context, especially in the global governance, together with China's efforts to participate in and promote international cooperation provide Sino-French relations with new opportunities. China and France have intensified their exchanges in many fields in 2017. However, it cannot be overlooked that the further advancement of Sino-French relations is still facing the variables of French politics and diplomacy. It is therefore necessary to adhere to the principle of seeking common ground while reserving differences and to strengthen dialogues in order to achieve innovation and breakthroughs.

Keywords: Sino-French Relations; One Belt One Road Initiative; International Cooperation; Emmanuel Macron

Ⅴ Society and Culture

B. 18 French International Discourse Power

Dai Dongmei / 250

Abstract: French international discourse power denotes the international standing and international influence of the French language. While its strategic positioning remains intact in France, French is confronted with genuine challenge from English. Promoting French overseas is constantly perceived in French diplomacy as an important component of the power and international influence of France. Regardless of her fiscal difficulties, France has over the past few years sought to marshal resources and proactively pursued institutional reforms. Whereas its role at the United Nations, European Union and African Union lags far behind English and suffers some decline relative to its historical peak, French still enjoys very substantial advantages over other languages. Furthermore, thanks to the general carrying-out of the principle of multilingualism, French has witnessed some improvement in her standing compared to a couple of years ago. French has come to maintain its standing as an international lingua franca, with outstanding performance in certain respects. In light of the in-depth implementation of multilingualism and the projected fast-paced increase of the African population, French is expected to register some further gain in its international prestige.

Keywords: French; France; International Organization; Discourse power

Abstract: After four waves of immigration in the past, France has evolved from a single nation state to a modern immigrant country. In order to properly control immigration inflows, France has promulgated corresponding immigration policies since the middle of the twentieth century, which mainly fall into two categories: immigration control policies on entry and naturalization; and the integration of immigration policies. Since the 1970s, influenced by the economic crisis, the immigration policy of France has been tightened; and the Chinese immigrants in France have also shown different characteristics at different times. In recent years, influenced by events such as the civil war in Syria, immigration and refugees in France have increased dramatically, which has led to various social conflicts and even terrorist attacks. While the French government is trying to improve the reception capacity of refugees, it has begun to further tighten refugee policies and strengthen border control. It hopes to stabilize the regional situation by economic and diplomatic means and cooperate with the European Union to solve the refugee crisis from the source.

Keywords: French Immigration Policy; The Future of French Refugees

皮书起源

“皮书”起源于十七、十八世纪的英国，主要指官方或社会组织正式发表的重要文件或报告，多以“白皮书”命名。在中国，“皮书”这一概念被社会广泛接受，并被成功运作、发展成为一种全新的出版形态，则源于中国社会科学院社会科学文献出版社。

皮书定义

皮书是对中国与世界发展状况和热点问题进行年度监测，以专业的角度、专家的视野和实证研究方法，针对某一领域或区域现状与发展态势展开分析和预测，具备原创性、实证性、专业性、连续性、前沿性、时效性等特点的公开出版物，由一系列权威研究报告组成。

皮书作者

皮书系列的作者以中国社会科学院、著名高校、地方社会科学院的研究人员为主，多为国内一流研究机构的权威专家学者，他们的看法和观点代表了学界对中国与世界的现实和未来最高水平的解读与分析。

皮书荣誉

皮书系列已成为社会科学文献出版社的著名图书品牌和中国社会科学院的知名学术品牌。2016 年，皮书系列正式列入“十三五”国家重点出版规划项目；2013~2018 年，重点皮书列入中国社会科学院承担的国家哲学社会科学创新工程项目；2018 年，59 种院外皮书使用“中国社会科学院创新工程学术出版项目”标识。

S 基本子库
UB DATABASE

中国社会发展数据库（下设 12 个子库）

全面整合国内外中国社会发展研究成果，汇聚独家统计数据、深度分析报告，涉及社会、人口、政治、教育、法律等 12 个领域，为了解中国社会发展动态、跟踪社会核心热点、分析社会发展趋势提供一站式资源搜索和数据分析与挖掘服务。

中国经济发展数据库（下设 12 个子库）

基于“皮书系列”中涉及中国经济发展的研究资料构建，内容涵盖宏观经济、农业经济、工业经济、产业经济等 12 个重点经济领域，为实时掌控经济运行态势、把握经济发展规律、洞察经济形势、进行经济决策提供参考和依据。

中国行业发展数据库（下设 17 个子库）

以中国国民经济行业分类为依据，覆盖金融业、旅游、医疗卫生、交通运输、能源矿产等 100 多个行业，跟踪分析国民经济相关行业市场运行状况和政策导向，汇集行业发展前沿资讯，为投资、从业及各种经济决策提供理论基础和实践指导。

中国区域发展数据库（下设 6 个子库）

对中国特定区域内的经济、社会、文化等领域现状与发展情况进行深度分析和预测，研究层级至县及县以下行政区，涉及地区、区域经济体、城市、农村等不同维度。为地方经济社会宏观态势研究、发展经验研究、案例分析提供数据服务。

中国文化传媒数据库（下设 18 个子库）

汇聚文化传媒领域专家观点、热点资讯，梳理国内外中国文化发展相关学术研究成果、一手统计数据，涵盖文化产业、新闻传播、电影娱乐、文学艺术、群众文化等 18 个重点研究领域。为文化传媒研究提供相关数据、研究报告和综合分析服务。

世界经济与国际关系数据库（下设 6 个子库）

立足“皮书系列”世界经济、国际关系相关学术资源，整合世界经济、国际政治、世界文化与科技、全球性问题、国际组织与国际法、区域研究 6 大领域研究成果，为世界经济与国际关系研究提供全方位数据分析，为决策和形势研判提供参考。

法律声明